Lars Schmoll (Hrsg.)

Kompetenzorientiert unterrichten – Kompetenzorientiert ausbilden

Ein Kompetenzraster für die schulische
Aus- und Fortbildung

3. korrigierte und erweiterte Auflage

Schneider Verlag Hohengehren GmbH

Titelbild: © JiSIGN – Fotolia.com

Leider ist es uns nicht gelungen, die Rechteinhaber aller Texte und Abbildungen zu ermitteln bzw. mit ihnen in Kontakt zu kommen.
Berechtigte Ansprüche werden selbstverständlich im Rahmen der üblichen Vereinbarungen abgegolten.

Bibliografische Information der Deutschen Nationalbibliothek

Die Deutsche Nationalbibliothek verzeichnet diese Publikation in der Deutschen Nationalbibliografie; detaillierte bibliografische Daten sind im Internet über ›http://dnb.dnb.de‹ abrufbar.

ISBN 978-3-8340-1936-3
Schneider Verlag Hohengehren, 73666 Baltmannsweiler
Homepage: www.paedagogik.de

Alle Rechte, insbesondere das Recht der Vervielfältigung sowie der Übersetzung, vorbehalten. Kein Teil des Werkes darf in irgendeiner Form (durch Fotokopie, Mikrofilm oder ein anderes Verfahren) ohne schriftliche Genehmigung des Verlages reproduziert werden.
Die Arbeitsvorlagen dürfen für den Unterrichtsgebrauch in der jeweils benötigten Anzahl vervielfältigt werden.
© Schneider Verlag Hohengehren, 73666 Baltmannsweiler 2019
  Printed in Germany. Druck: WolfMediaPress, Korb

Inhaltverzeichnis

1. Vorwörter 3

2. Kompetenzorientiert ausbilden, kompetenzorientiert unterrichten – eine Einführung 5

3. Zur Entwicklung und zum Umgang mit dem Kompetenzraster 14

4. Ein Kompetenzraster für die Aus- und Fortbildung an Schulen 19

5. Handouts zu einzelnen Stufen des Kompetenzrasters 23

    5.1   Sozialformen einsetzen: Dirk Braun & Lars Schmoll 23

    5.2   Gespräche führen: Dirk Braun & Lars Schmoll 36

    5.3   Medienbildung und Digitales Lernen: Drinka Blome & Lars Schmoll 48

    5.4   Lernaufgaben einsetzen: Dirk Braun 64

    5.5   Mit Heterogenität umgehen: Maria Eloisa Imedio Murillo & Dirk Braun 76

    5.6   Unterricht in inklusiven Klassen planen und gestalten: Lars Schmoll 92

    5.7   Menschliche, freiheitliche und demokratische Werte und Normen entwickeln: Dagmar Wolf & Lars Schmoll 104

    5.8   In einer motivierenden und konstruktiven Arbeitsatmosphäre Beziehungen entwickeln: Julia Vollmer & Dirk Braun 114

    5.9   Lernstand diagnostizieren: Maria Eloisa Imedio Murillo 132

    5.10 Leistungen erfassen: Lars Schmoll 148

    5.11 Beratung initiieren: Lars Schmoll & Dagmar Wolf 160

    5.12 Sich reflektieren und weiterentwickeln: Lars Schmoll & Dirk Braun 174

    5.13 Im Team arbeiten: Julia Vollmer 188

    5.14 Sprachsensibel unterrichten: Lars Schmoll 202

    5.15 Mit Belastungen umgehen: Lars Schmoll & Dirk Braun 212

    5.16 Schulische Prozesse evaluieren und weiterentwickeln: Katharina Neuber ... 224

6. Schlussbemerkung 248

1. Vorwörter

Vorwort zur 3. Auflage

Fast fünf Jahre sind seit dem Erscheinen der ersten Auflage dieses Buches vergangen. Eine Zeit, in der sich die Bildungslandschaft wieder einmal stark gewandelt hat. So hat das Thema eines inklusiven Unterrichts einen großen Stellenwert bekommen. Darüber hinaus wurde mit der Zuwanderung vieler Kinder und Jugendlicher für nahezu alle Schulen das Unterrichten von Flüchtlingskinder relevant. Themen wie Deutsch als Zweit- bzw. Fremdsprache oder migrationssensibler Unterricht beschäftigen zurzeit viele Lehrkräfte[1]. Des Weiteren hat die Verbreitung der sogenannten „Hattie-Studie" den Blick auf Unterricht und Schule geschärft.

In NRW wurde die Schulzeitverkürzung wieder zurückgenommen und die jetzt an Gymnasien eingeschulten Kinder werden ihr Abitur wieder nach neun Jahren ablegen. Zurzeit ist mit der „Digitalisierung des Unterrichts" ein neues Thema auf der Agenda, welches bildungspolitische Debatten beherrscht.

Um die Kompetenzorientierung ist es vergleichsweise still geworden. Ich denke, dass ein Grund darin zu suchen ist, dass mittlerweile eine gewisse Akzeptanz des Prinzips der Kompetenzorientierung erfolgt ist. Lehrpläne werden (selbstverständlich) auf Kompetenzen ausgerichtet, wobei bei der Betrachtung der unterschiedlichen Lehrplangenerationen mit einer Wiederkehr von inhaltlichen Schwerpunkten deutlich eine Entwicklung auch in der didaktischen Diskussion um Kompetenzorientieren Unterricht aufzeigt (vgl. Kap. 2)

In NRW wurde, nicht zuletzt aufgrund der oben erwähnten Umwälzungen, eine neue Ausbildungs- und Prüfungsordnung erlassen. Dem dazugehörigen Kerncurriculum ist eine Leitformel vorangestellt worden, die den Begriff *Vielfalt* als querliegende Kategorie allen Lehrerhandeln bedingen soll. Die Vielfaltskategorie ist dabei als eine Art Brille zu verstehen, mit der die Lehrkraft seine Schülerinnen und Schülerinnen betrachtet. Dabei umfasst die Vielfaltskategorie folgenden Aspekte:

- Interkulturelle Ausprägungen,
- Genderbezogene Ausprägungen,
- Begabungsdifferenzierte Ausprägungen,
- Soziale Ausprägungen,
- Behinderungsspezifische Ausprägungen.

In der hier vorgelegten zweiten Auflage sind aufgrund dieser Entwicklung neben der Korrektur, Erweiterung bzw. völliger Neubearbeitung vorhandener Kapitel zwei Kapitel ergänzt worden: *Sprachsensibler Unterricht* und *Inklusion*. Das Kompetenzraster, als Herzstück des Buches, ist dem neuen Kernlehrplan des Vorbereitungsdienstes in NRW angepasst worden. Des Weiteren ist der Kompetenzbereich zu den „Medien" grundlegend überarbeitet. Außerdem ist das letzte Kapitel der Evaluation vollständig überarbeitet und um den Bereich zum Bereich des Feedbacks ergänzt worden. Die anderen Kapitel sind durchgesehen und – wo es sinnvoll erschien - um aktuelle Literatur ergänzt.

Essen, im Dezember 2018

---

[1] Für die Leserfreundlichkeit wird in diesem Buch jeweils nur die männliche Form verwendet (Schüler, Lehrer, etc.). Alle Schülerinnen, Lehrerinnen, etc. sind dabei ganz explizit mit eingeschlossen!

Vorwort zur 1. Auflage

*„Wenn du nicht weißt, wohin du gehst,
wie willst du jemals dort ankommen?"*

Basil S. Walsh

Das Zitat verdeutlich die Fokussierung der Schulentwicklung der letzten Jahre, in der vor allem eine Ausrichtung auf zu erwerbende Kompetenzen proklamiert wurde. Als Folge diverser Schulleistungsvergleichstest (z. B. TIMSS, PISA etc.) wurde die bisherige Inhaltsorientierung aufgegeben. Curriculare Vorgaben sind dadurch gleichsam „verschlankt" und „reduziert", da lediglich aufgeführt wird, welche Kompetenzen am Ende eines Bildungsabschnittes zu erwerben sind. Dass diese Neuausrichtung an vielen Stellen in der Schule und in der Ausbildung angehender Lehrerinnen und Lehrer einige Probleme bereitete und immer noch bereitet, ist nicht überraschend.

Das hier vorgelegte Buch versucht einen kleinen Beitrag zu leisten, in welcher Weise Kompetenzorientierung gelingen kann. Zunächst werden in einem grundlegenden Beitrag Begrifflichkeiten geklärt und Hinweise zu einem Kompetenzorientierten Unterricht gegeben (Kap. 2). Anschließend erfolgt eine Darstellung, in welcher Weise Kompetenzraster eine mögliche Hilfe darstellen, Unterricht und Lehrveranstaltungen an Kompetenzen auszurichten. Darüber hinaus erfolgen Hinweise, wie mit dem im Folgenden dargestellten Kompetenzraster in der Aus- und Weiterbildung umzugehen ist (Kap. 3). Im Zentrum des Buches steht das entwickelte Kompetenzraster (Kap. 4), welches stark angelehnt ist an die Standards der Kultusministerkonferenz aus dem Jahre 2004 und zunächst ein Format schafft, die Lehrerausbildung in der zweiten Phase zu strukturieren. Das hier vorgelegte Raster formuliert dazu konkretisierte Kompetenzerwartungen und bindet diese an Inhaltsfelder.

Zu nahezu allen konkretisierten Kompetenzerwartungen werden sodann Handouts hinterlegt (Kap. 5), die es ermöglichen, die Kompetenzerwartungen einzulösen. In dieser Arbeit verbinden die Autoren die Hoffnung, dass kompetenzorientierte Lern- und Bildungsprozesse erfahrbar werden und die Lehrkräfte den eigenen Unterricht immer stärker an einzelnen Kompetenzen ausrichten.

Das Kompetenzraster wirkt auf den ersten Blick sicherlich für jede Lehrerin und jeden Lehrer erdrückend, da sehr viel aufgeführt und kaum jemand in allen Kompetenzbereichen gleichermaßen über Expertisen verfügt. Wir sehen das Kompetenzraster aber eher als Hilfe an, um eigene Stärken wahrzunehmen und mögliche Entwicklungsschwerpunkte zu finden. So entspricht das vorgelegte Raster einem Idealbild. Ein solches Raster kann den komplexen Beruf einer Lehrerin bzw. eines Lehrers niemals vollständig abbilden.

Vor diesem Hintergrund versteht sich das Buch als Möglichkeit, den eigenen Professionalisierungsprozess zu unterstützen.

Essen, im November 2013

2. Kompetenzorientiert ausbilden, kompetenzorientiert unterrichten – eine Einführung

Lars Schmoll

Der Kompetenzbegriff war das Schlagwort im Bildungswesen nach dem sogenannten PISA-Schock im Jahre 2001. Mittlerweile scheint der der Wandel **von einer Input- zu einer Outputorientierung** vollzogen. Mittlerweile sind die kritischen Stimmen verstummt, die der Kompetenzorientierung einen verkürzten Bildungsbegriff und eine Art neue Vermessung des Unterrichts im Sinne der lernzielorientierten Didaktik der 1970er Jahre attestierten. Ohnehin waren diese Diskussionen in erster Linie akademisch und für die Unterrichtspraxis nicht von Belang (vgl. zur Einführung Faulstich-Christ et al 2010). Leider sind brauchbare Praxisbeispiele eines kompetenzorientieren Unterrichts noch Mangelware.

Ein wichtiger Schritt zur Kompetenzorientierung in der Lehrerausbildung waren die Ergebnisse der von der Kultusministerkonferenz im Jahre 2000 eingesetzten Kommission, die sich mit Perspektiven der Lehrerbildung von Deutschland auseinandersetzten.[2] Noch im gleichen Jahr wurden erste Ergebnisse in der sogenannten „Bremer Erklärung" veröffentlicht. Auf dieser Grundlage wurden 2004 dann die Standards für die Lehrerbildung Bildungswissenschaften von der Kultusministerkonferenz (KMK) verabschiedet. Allgemein heißt es darin, die „Bildungsstandards formulieren Anforderungen an das Lehren und Lernen in der Schule". Wichtig in diesem Zusammenhang ist die Unterscheidung zwischen **Kompetenz** (Fähigkeiten in bestimmten Bereichen) und **Standards** (Ausprägungsgrad einer bestimmten Kompetenz).

In NRW erschienen 2007 die ersten Kernlehrpläne, die erstmals Kompetenzorientiert waren. Merkmale dieser ersten Generation von Lehrplänen war die große Offenheit und der Grad der begrifflichen Allgemeinheit. Die ab 2011 erschienen Kernlehren reagierten auf Kritik der Unterrichtspraxis, die eine zu große Offenheit aufgrund fehlender Fokussierungen ablehnte. Die Lehrpläne waren zwar deutlich auf anzubahnende Kompetenzen ausgerichtet, nun aber wieder stärker an Inhaltsfeldern orientiert.

Gleichwohl existieren zum Kompetenzbegriff immer noch, trotz umfasser Forschungen zu diesem Konstrukt, viele Definitionen und Auffassungen. Nach der mittlerweile klassischen Definition von Weinert sind Kompetenzen (2002, S. 27 f.):

„die den Individuen verfügbaren und durch sie erlernbaren kognitiven Fähigkeiten und motivationalen, volitionalen und sozialen Bereitschaften und Fähigkeiten, um die Problemlösungen in variablen Situationen erfolgreich und verantwortungsvoll nutzen zu können."

---

[2] Anzumerken ist an dieser Stelle, dass der Kompetenzbegriff in der pädagogisch-didaktischen Diskussion keineswegs neu ist. Schon Heinrich Roth verstand in den 1970er-Jahren darunter, dass man durch Unterricht mehr weiß, mit diesem Wissen etwas anfangen kann bzw. sich dazu verhalten kann. Kompetenz ist demnach zwingend dreidimensional (Kenntnisse, Fertigkeiten sowie Einstellung bzw. Haltungen) (vgl. Ziener, 2008, S. 24).

Damit stehen nach Weinert drei Aspekte im Zentrum eines Kompetenzorientierten Unterricht:

- Wissen
- Können
- Wollen

Lersch (2009, S. 36) erweitert diese Definition daher folgerichtig um die explizite Nennung der Begriffe „Wissen" und „Können":

„Kompetenzen sind erlernbare, kognitive verankerte (weil wissensbasierte) Fähigkeiten und Fertigkeiten, die eine erfolgreiche Bewältigung bestimmter Anforderungssituationen ermöglichen. Im Kompetenzbegriff fallen Wissen und Können zusammen; er umfasst auch Interessen, Motivationen, Werthaltungen und soziale Bereitschaften. Kompetenzen sind demnach kognitive Dispositionen für erfolgreiche und verantwortliche Denkoperationen oder Handlungen."

Kritisch bei dieser Definition wurde häufig die einseitige Ausrichtung auf kognitive Lernprozesse gesehen, da methodische, personale oder soziale Kompetenzen nicht berücksichtigt wurden.
Vereinfacht ausgedrückt lassen sich folgende Merkmale von Kompetenzen festhalten.

Kompetenzen:

- benennen individuelle fachspezifische Fähigkeiten und Fertigkeiten einer Person,
- werden (zumeist) in einem längeren Entwicklungsprozess erworben,
- sind Grundlage für das selbstständige Problemlösen und das Hervorbringen von Neuem,
- sind stärken und nicht defizitorientiert.

Grundsätzlich ist die Kompetenzorientierung als ein zentrales didaktisches Prinzip[3] zu sehen. Ein didaktisches Prinzip legt Grundsätze zur Ziel- und Inhaltsauswahl und deren Umsetzung fest. Somit stellt die Kompetenzorientierung ein wichtiges didaktisches Korrektiv dar und kann als zentrales fächerübergreifendes Qualitätsmerkmal gesehen werden (vgl. Helmke 2013). Denn eine Lehrkraft, die den Unterricht an dem Kompetenz- bzw. Lernzuwachs ausrichtet stellt die zentrale Forderung an den Unterricht absolut in den Mittelpunkt.

Zu unterscheiden ist in jedem Fall zwischen übergeordneten **Kompetenzbereichen**, **Kompetenzen** sowie konkrete **Standards für theoretische** und **praktische Ausbildungsabschnitte** (vgl. Abb. 1).

---

[3] Kompetenzorientierung ist keine Didaktik, wie es Kerstin Tscherkan in ihrer, durchaus lesenswerten Publikation, suggeriert.

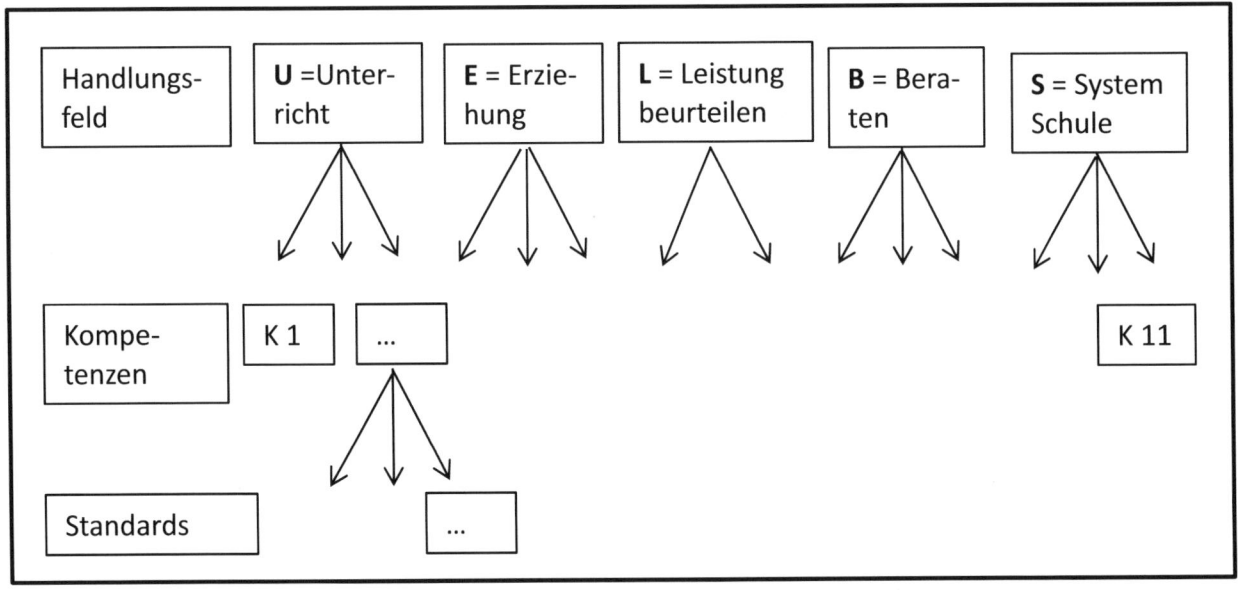

Abb. 1: Zusammenhang zwischen Kompetenzen und Standards in der Lehrerausbildung (vgl. Standards der Lehrerbildung der KMK und OVP NRW 2016)

Ein Beispiel aus dem Kompetenzbereich Unterrichten findet sich in der folgenden Tabelle:

Tabelle 1: Beispiel für Kompetenz und Standard

Kompetenzbereich	Unterrichten
Kompetenz 1	Lehrerinnen und Lehrer planen Unterricht unter Berücksichtigung unterschiedlicher Lernvoraussetzungen und Entwicklungsprozesse fach- und sachgerecht und führen ihn sachlich und fachlich korrekt durch.
Standard für die theoretische Ausbildung	Lehrerinnen und Lehrer kennen allgemeine und fachbezogene Didaktiken und wissen, was bei der Planung von Unterrichtseinheiten beachtet werden muss.
Standard für die praktische Ausbildung	Lehrerinnen und Lehrer überprüfen die Qualität des eigenen Lehrens.

Den Kompetenzbereichen liegen fünf Leitbilder zugrunde, die als Zielhorizont die Ausbildung leiten sollen (vgl. genauer SSKKL BRD, 2004, S. 3):

- Lehrerinnen und Lehrer sind Fachleute für das Lehren und Lernen.
- Lehrerinnen und Lehrer sind sich bewusst, dass die Erziehungsaufgabe in der Schule eng mit dem Unterricht und dem Schulleben verknüpft ist.
- Lehrerinnen und Lehrer üben ihre Beurteilungs- und Beratungsaufgabe im Unterricht und bei der Vergabe von Berechtigungen für Ausbildungs- und Berufswege kompetent, gerecht und verantwortungsbewusst aus.
- Lehrerinnen und Lehrer entwickeln ihre Kompetenzen ständig weiter.
- Lehrerinnen und Lehrer beteiligen sich an der Schulentwicklung.

Der Vorteil der hier beschriebenen Kompetenzorientierung kann in der Strukturhilfe für die Planung von Ausbildungsprozessen gesehen werden. Darüber hinaus ergeben sich über Bundeslandgrenzen hinaus verbindliche Vorgaben. Des Weiteren bieten die Standards den angehenden Lehrerinnen und Lehrer eine Transparenz, welche Ziele im Rahmen ihrer Ausbildung verfolgt werden.

Im optimalen Sinne ergibt sich durch eine konsequente Kompetenzorientierung in der Lehrerausbildung für die Referendarinnen und Referendare ein Modell für kompetenzorientierten Unterricht. Dies erscheint insofern von zentraler Bedeutung, da durch die zunehmende Einführung nationaler und länderspezifischer Bildungsstandards auch der Unterricht in der Schule klar kompetenzorientiert ausgerichtet ist (vgl. genauer z. B. Klieme, 2003; Heymann, 2004). In diesem Zusammenhang weist allerdings Klieme (2004, S. 12) darauf hin, dass von Kompetenzen nur gesprochen werden kann, wenn man grundlegende Zieldimensionen innerhalb des Faches benennt, in denen systematisch, über Jahre hinweg Fähigkeiten aufgebaut werden. Was heißt aber kompetenzorientiert unterrichten?

Vereinfacht ausgedrückt richtet sich kompetenzorientierter Unterricht deutlich an den Kompetenzen aus, die in den jeweiligen Fächern festgeschrieben sind. Daran orientiert erfolgt die Unterrichtsplanung vom Hauptlernziel ausgehend, was nachdrücklich die Zielorientierung in der Unterrichtsplanung stützt und mittlerweile in der allgemeindidaktischen Diskussion als konsensfähig gilt (vgl. auch z. B. Klafki, 2006; Meyer, 2007). Vom Hauptlernziel ausgehend wird eine Unterrichtskonzeption entwickelt und der Lehr-Lern-Prozess strukturiert. In folgenden Abbildung wird der Versuch unternommen, die Planungsausrichtung in ein Konzept kompetenzorientierter Unterrichtsplanung zusammenzufassen.[4]

---

[4] Das Konzept ist von einer Arbeitsgruppe am Zentrum für schulpraktische Lehrerausbildung (Gymnasium/Gesamtschule) in Essen entwickelt und erprobt worden.

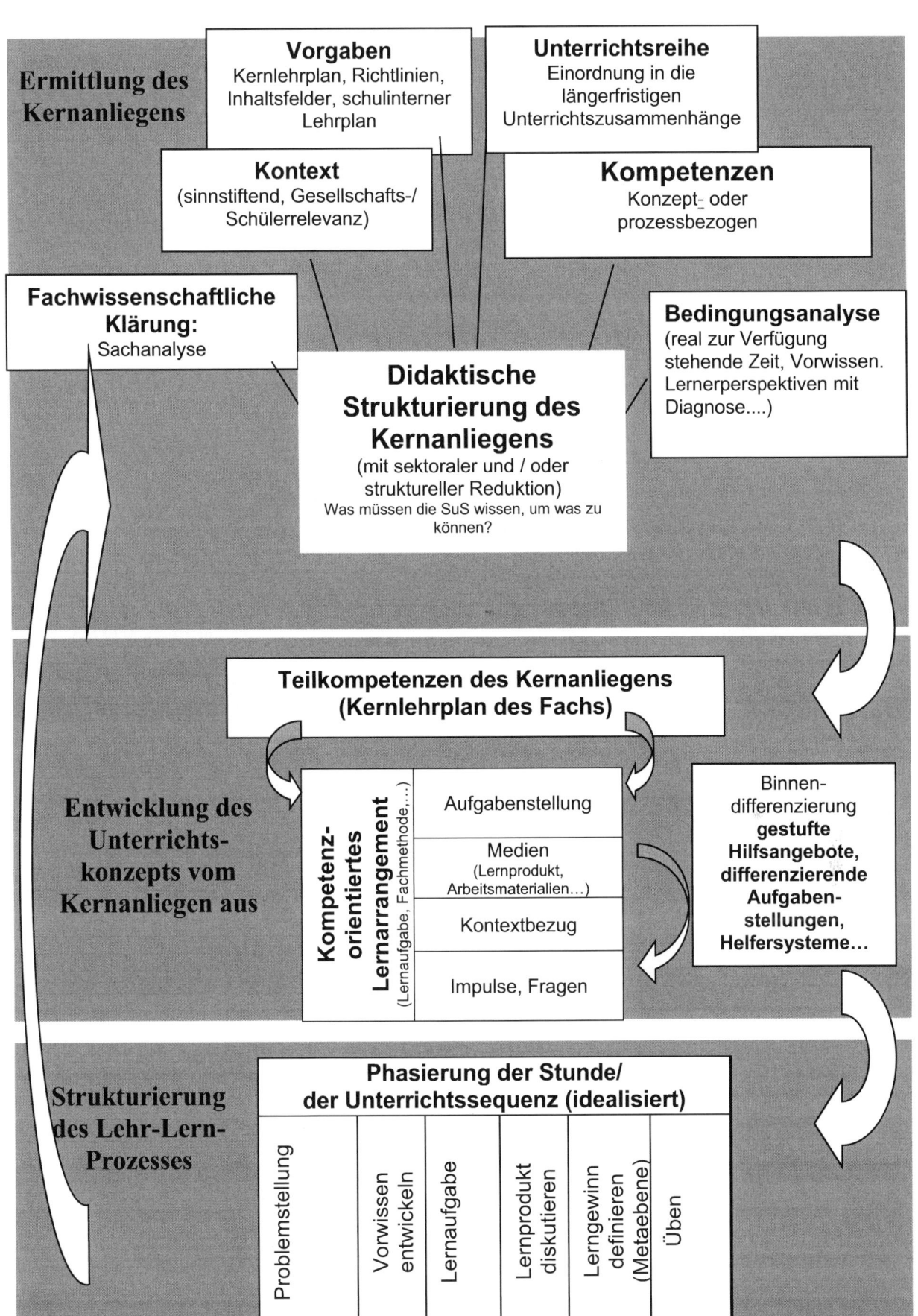

Abb. 2: Konzept einer kompetenzorientierten Unterrichtsplanung.

Das Konzept versucht den komplexen Planungsprozess zu strukturieren und lässt sich am besten von oben nach unten denken. Selbstverständlich ist Planung kein linearer Prozess und die Planungsebenen werden sich häufig im Kopf der planenden Lehrkraft mischen. Gleichwohl liegt in der Struktur die notwendige Ausrichtung auf einem echten kompetenzorientierten Unterricht. Das bedeutet, dass in einem ersten Planungsschritt eine im Kernlehrplan formulierte konkretisierte Kompetenzerwartung in ein Kernanliegen bzw. Hauptlernziel überführt wird. Am Anfang der Planung stehen demnach nicht Entscheidungen über Medien, Aufgabentypen oder Methoden. Der rückführende Pfeil von der Strukturierung des Lehr-Lern-Prozesses verdeutlicht die Notwendigkeit einer Rückversicherung am Ende des Planungsprozesses unter der Leitfrage, ob der geplante Stundenverlauf tatsächlich das formulierte Kernanliegen einlöst.

Von zentraler Bedeutung ist demnach die Festlegung eines kompetenzorientierten Hauptlernziels bzw. Kernanliegens. Vereinfacht ausgedrückt sind kompetenzorientierte Lernziele **positiv formulierte „Könnensleistungen"** von Lernenden,

- die sich auf anwendungsbezogenen Fähigkeiten und Fertigkeiten beziehen,
- die in ihrem Ausprägungsgrad in Anwendungssituationen beobachtet und gemessen werden können,
- die mit Hilfe von Operatoren formuliert werden können,
- die zum Zwecke der Lernentwicklungsplanung auf unterschiedlichen Abstraktionsniveaus formuliert werden können.

Ein Lernziel ist dann kompetenzorientiert, wenn es an einer so genannten **Performanzsituation** festgemacht werden kann. Das bedeutet, dass das Hauptlernziel bzw. Kernanliegen durch den „Verboperator" erkennen lässt, in welchen Situationen im Unterricht die Erfüllung des Hauptlernziels deutlich wird. Dazu müssen kompetenzorientierte Hauptlernziele mit so genannten **harten Operatoren** formuliert sein. So wären z. B. der Operatoren wie *erschließen, erfassen* oder *kennen lernen* lediglich **weiche Operatoren**, da diese keine Performanzsituation ermöglichen. Beispiele für harte Operatoren finden sich in Tabelle 2 und 3. Die Auflistung folgt strukturell zum einen der Lernzieltaxonomie nach Bloom (1956) (vgl. auch Becker, 2007), zum anderen den Lernzielstufen nach Roth.

Tab. 2: Taxonomiestufen für kognitive Lernziele mit Verboperatoren nach Bloom.

Stufe	Typische Verben	Grad der Komplexität
Wissen	nennen, aufsagen, schreiben, zählen, angeben, bezeichnen, formulieren, vortragen, skizzieren etc.	
Verstehen	erklären, erläutern, definieren, begründen, ableiten, übertragen etc.	
Anwendung	ermitteln, berechnen, erarbeiten, herausfinden, anwenden, organisieren, übertragen etc.	
Analyse	einordnen, analysieren, vergleichen, einordnen, unterscheiden, entnehmen, gegenüberstellen etc.	
Synthese	entwerfen, entwickeln, konzipieren, zuordnen, koordinieren, erstellen, integrieren, modifizieren etc.	
Bewertung	beurteilen, bestimmen, überprüfen, zuordnen, koordinieren, erstellen etc.	

Tab. 3: Lernzielstufen im kognitiven Bereich nach H. Roth

Lernzielstufe	Operatoren		
Reproduktion (Wiedergabe aus dem Gedächtnis bzw. Material)	angeben nennen aufzählen wiedergeben anschreiben vortragen	beschreiben berichten schildern skizzieren definieren erfassen	formulieren bezeichnen darstellen zusammenfassen herausstellen zuordnen
Reorganisation (eigene Verarbeitung, Anwendung und Anordnung des Gelernten unter einer Fragestellung)	erschließen aufstellen ordnen organisieren einordnen erproben	unterscheiden einteilen vergleichen verallgemeinern herausfinden entdecken	prüfen bestimmen klassifizieren gegenüberstellen
Transfer (Übertragung der Grundprinzipien auf neue, ähnliche Aufgaben)	anwenden klassifizieren interpretieren kombinieren konstruieren organisieren	entdecken planen entwerfen entwickeln lösen ableiten übertragen	begründen verallgemeinern erklären Hypothesen bilden Schlüsse ziehen überprüfen
Problemlösendes und entdeckendes Lernen (produktive, für den Lernenden neuartige Leistungen)	planen organisieren integrieren interpretieren entwerfen konstruieren entwickeln	begründen überprüfen beurteilen bewerten unterscheiden gewichten vergleichen	folgern Entscheidung treffen begutachten lösen Kriterien aufstellen Urteile bilden

Eine weitere sinnvolle Unterscheidung bieten die drei Anforderungsbereiche, die in vielen Lehrplänen und Richtlinien ausgewiesen sind:

- **Anforderungsbereich I (Reproduktion):** z. B. beschreiben, darstellen etc.
- **Anforderungsbereich II (Reorganisation und Transfer):** z. B. erläutern, anwenden, einordnen, erklären, vergleichen, analysieren etc.
- **Anforderungsbereich III (Reflexion und Problemlösung):** z. B. beurteilen, Stellung nehmen, gestalten, entwerfen etc.

In vielen Bundesländern existieren darüber hinaus fachspezifische Operatorenlisten, die beispielsweise in zentralen Abschlussklausuren genutzt werden.
Nun werfen Kritiker der Standardorientierung eine rückwärtsgewandte Blickrichtung vor und verweisen auf die Parallelen zur Lernzielorientierten Didaktik der 1970er-Jahre. Die Kritik ist insofern nachvollziehbar, als dass die auch hier zitierten Taxonomien von Lernzielen mit den dazugehörigen Operatoren zum Teil schon in der Lehrerausbildung der 1970er-Jahre eingesetzt wurden.

Aber: Kompetenzorientierung ist nicht gleichzusetzen mit lernzielorientiertem Unterricht. Im klassischen lernzielorientierten Unterricht mussten sehr eng und klar operationalisierbare Lernziele formuliert sein. Des Weiteren wurden damals die Ziele streng nach kognitiven, affektiven und psychomotorischen Zieldimensionen unterteilt. Nach Ziener (vgl. 2009, S. 29 f.) ist damit die Konzeption des lernzielorientierten Unterrichts über das Ziel „hinaus geschossen". Es wurden viel zu viele Ziele für eine einzelne Unterrichtsstunde festgelegt und nach Möglichkeit jede Handlung der Lernenden operationalisiert. Gleichwohl sind die sinnvollen Instrumente auch heute noch in der Lage Unterrichtsplanung zu strukturieren und zu fokussieren.[5] Eine generelle Orientierung an Lernzielen ist darüber hinaus redlich und unbedingt notwendig, wenn Unterrichtsprozesse nicht beliebig werden sollen und am Ende einer Unterrichtsstunde keinem genau klar ist, welcher Lernzuwachs erfolgt ist. Ziener (2008, S. 25) fasst die Unterschiede treffend zusammen:

„Lernziele haben die Tendenz zur systematischen Vereinfachung; Kompetenzorientierung rät zur systematisch komplexen Sicht. Das ist ihre theoretische Schwäche und zugleich ihre praktische Stärke".

Abschließend sei darauf hingewiesen, dass die Kompetenzen keine abstrakten Größen sind und sich insbesondere in der Lehrerausbildung nicht einfach in der Übernahme von theoretischem Wissen einstellen lassen. Von entscheidender Bedeutung sind in der Ausbildung immer die Menschen, die am Ausbildungsprozess beteiligt sind (z. B. Dozenten der Studienzeit, Ausbildungslehrer, Seminarausbilder etc.) (vgl. Oelkers, 2008). Des Weiteren ist in der Lehrerausbildung in besonderer Weise die Arbeit mit den subjektiven Theorien der jungen Lehrerinnen und Lehrern zu arbeiten. Ansonsten verbleibt die Ausbildung in der Vermittlung von trägem Wissen und es entsteht kein kompetentes Handeln (vgl. genauer Wahl, 2006; 2008).

---

[5] Den Zusammenhang von Lernzieltaxonomien und Bildungsstandards arbeitet Göldi (vgl. 2011) genauer heraus.

Literatur:

Becker, G. E. (2007). *Unterricht planen* (8. Aufl.). Weinheim: Beltz.
Bloom, B. S. (Hrsg.) (1956). *Taxonomie von Lernzielen im kognitiven Bereich*. Weinheim: Beltz.
Faulstich, Christ, K.; Lersch, R. & Moegling, K. (2010). *Kompetenzorientierung in Theorie, Forschung und Praxis*. Kassel: Prolog
Göldi, S. (2011). *Von der bloomschen Taxonomy zu aktuellen Bildungsstandards*. Zürich: Hep.
Helmke, A. (2013). *Unterrichtsqualität und Lehrerprofessionalität: Diagnose, Evaluation und Verbesserung des Unterrichts* (5. Aufl.). Seelze: Klett.
Heymann, H.W. (2004). Besserer Unterricht durch Sicherung von „Standards"? *Pädagogik*, Jg. 56, H. 6, S. 6-9.
Klafki, W. (2006). Die bildungstheoretische Didaktik im Rahmen einer kritisch-konstruktiven Erziehungswissenschaft. In: H. Gudjons & R. Winkel (Hrsg.), *Didaktische Theorien* (12. Auf.) (S. 13-34). Hamburg: Bergmann und Helbig.
Klieme, E. et al. (2003). *Zur Entwicklung nationaler Bildungsstandards. Eine Expertise*. Berlin
Klieme, E. (2004). Was sind Kompetenzen und wie lassen sie sich messen? *Pädagogik*, Jg. 56, H. 6, S. 10-13.
Lersch, R. (2007). Kompetenzfördernd unterrichten. 22. Schritte von der Theorie zur Praxis. *Pädagogik*, Jg. 59, H. 12, S. 36-43.
Meyer, H. (2007). *Leitfaden Unterrichtsvorbereitung* (6. Aufl.). Berlin: Cornelsen.
Oelkers, J. (2008). Standards und Kompetenzerwerb in der Lehrerausbildung. *Seminar*, Jg. 14, H.1, S. 18-32.
Sekretariat der Ständigen Konferenz der Kultusminister der Länder der BRD (= SSKKL BRD) (Hrsg.) (2004). *Standards der Lehrerbildung*. Beschluss der KMK vom 16.12.2004. Verfügbar über: https://www.kmk.org/fileadmin/veroeffentlichungen_beschluesse/2004/2004_12_16-Standards-Lehrerbildung-Bildungswissenschaften.pdf [Zugriff am 03.06.2018].
Tscherkan, K. (2011). *Kompetenzorientiert unterrichten: Eine Didaktik*. Berlin: Cornelsen.
Wahl, D. (2006). *Lernumgebungen erfolgreich gestalten. Vom trägen Wissen zum kompetenten Handeln*. Bad Heilbrunn: Klinkhardt.
Wahl, D. (2008). Vom trägen Wissen zum kompetenten Handeln in der Lehrerausbildung. *Seminar*, Jg. 14, H.1, S. 88-101.
Weinert, F. E. (2002). *Vergleichende Leistungsmessung in Schulen*. In ders. (Hrsg.), *Leistungsmessungen in Schulen* (2. Aufl.) (S. 17-32). Weinheim: Beltz.
Ziener, G. (2008). *Bildungsstandards in der Praxis*. Seelze: Kallmeyer.

3. Zur Entwicklung und zum Umgang mit dem Kompetenzraster

Dirk Braun & Lars Schmoll

Die Hinwendung zu einer Kompetenzorientierung wirft für die praktische Umsetzung eine Reihe von Fragen auf. Insbesondere Fragen nach einer möglichen Implementation und der späteren Überprüfbarkeit haben einen besonderen Stellenwert. Im Idealfall werden Kompetenzen so konkret beschrieben und durch Standards definiert, dass diese als Selbstreflexionsinstrumente genutzt oder durch Testverfahren erfasst werden können (vgl. nationale Bildungsstandards Klieme, 2003). Für den hochkomplexen Bereich der Lehrerausbildung scheint ein kontinuierliches Testen hingegen kaum tragfähig. Gleichwohl wird durch die Standards der Kultusministerkonferenz (KMK) die Chance gesehen, eine verbindliche Vorgabe über Inhalte und Anforderungsniveaus für die gesamte Bundesrepublik Deutschland herzustellen (vgl. SSKKL BRD, 2004).

Nach Müller (vgl. 2008) benötigt kompetenzorientiertes und selbstwirksames Lernen Orientierung in Form von Referenzwerten. Standards schaffen eben diese Möglichkeit, Referenzwerte zur systematischen Erfassung von erlangten Kompetenzen herzustellen. Lernende sind somit in der Lage ihr Können einzuordnen. Dafür benötigen sie allerdings nicht nur eine fertig ausgeprägte Kompetenz, sondern unterschiedliche Zwischenschritte auf dem Weg dorthin. In Kompetenzrastern werden diese Qualifikationsstufen (wie gut?) für unterschiedliche Kriterien bzw. Kompetenzen (was?) dargestellt.[6] Insgesamt bietet ein Kompetenzraster eine Übersicht über die zu erwerbenden Kompetenzen aus Sicht der Lernenden. Dadurch können Lernende ihr Handeln zu den Referenzwerten in Beziehung setzen und es wird für sie ersichtlich, was sie schon alles können und was sie als nächstes angehen können.

Ein Kompetenzraster ist, vereinfacht ausgedrückt, eine Tabelle, die zur Selbst- bzw. Fremdeinschätzung der Kompetenzentwicklung genutzt werden kann. In der Regel werden Kompetenzraster in Tabellenform angelegt. In der *Vertikalen* werden Kompetenzbereiche bzw. übergeordnete Fähigkeiten aufgeführt (was?), in der *Horizontalen* Niveaustufen (wie gut?) formuliert (vgl. Abb. 1). Die Niveaustufen werden zumeist mit „Ich kann ..." gebildet, um den Bezug zum eigenen Handeln zu verdeutlichen.

Kompetenz-stufen / Kompetenz-bereich	1	2	3	4	5	6
...						
Sozialformen einsetzen						

Abb. 1: Grundgerüst eines Kompetenzrasters.

---

[6] Als umfassendes Kompetenzraster wurde bereits im Jahr 2001 ein europäischer Referenzrahmen für Sprachen festgelegt (vgl. Europarat, 2001 bzw. deutsche Übersetzung nach Butz, 2001).

Über das Referenzieren hinaus kann das Kompetenzraster Lernende ermutigen, metakognitiv über das eigene Lernen nachzudenken. Folgende Fragen sind dabei zentral:

- Was kann ich, wenn ich kompetent bin?
- Was befähigt mich dazu, umfassend zu handeln?
- Was muss ich lernen, damit ich kompetent in meinem Beruf agiere?
- Welche Ziele setze ich mir?
- Wie kann ich meinen Lernfortschritt erfassen?

Neben dem selbstgesteuerten Referenzieren können Kompetenzraster auch Grundlage von Beratungsgesprächen sein. Dabei wird die Selbstwahrnehmung der Lernenden mit der Fremdwahrnehmung einer anderen Person verglichen. In NRW wurden mit den sogenannten Entwicklungs- und Perspektivgesprächen für den Vorbereitungsdienstag und dem Bilanz- und Perspektivgespräch für das Praxissemester solche Beratungsgespräche verpflichtend in die Lehrerausbildung implementiert.

Diese Beratungsgespräche können helfen, berufsbezogenen Kompetenzen zu ermitteln bzw. weitere Perspektiven zu entwickeln und Beiträge aller Beteiligten dazu geklärt. Ein mögliches Schema für einen strukturierten Gesprächsverlauf findet sich in Abb. 2.

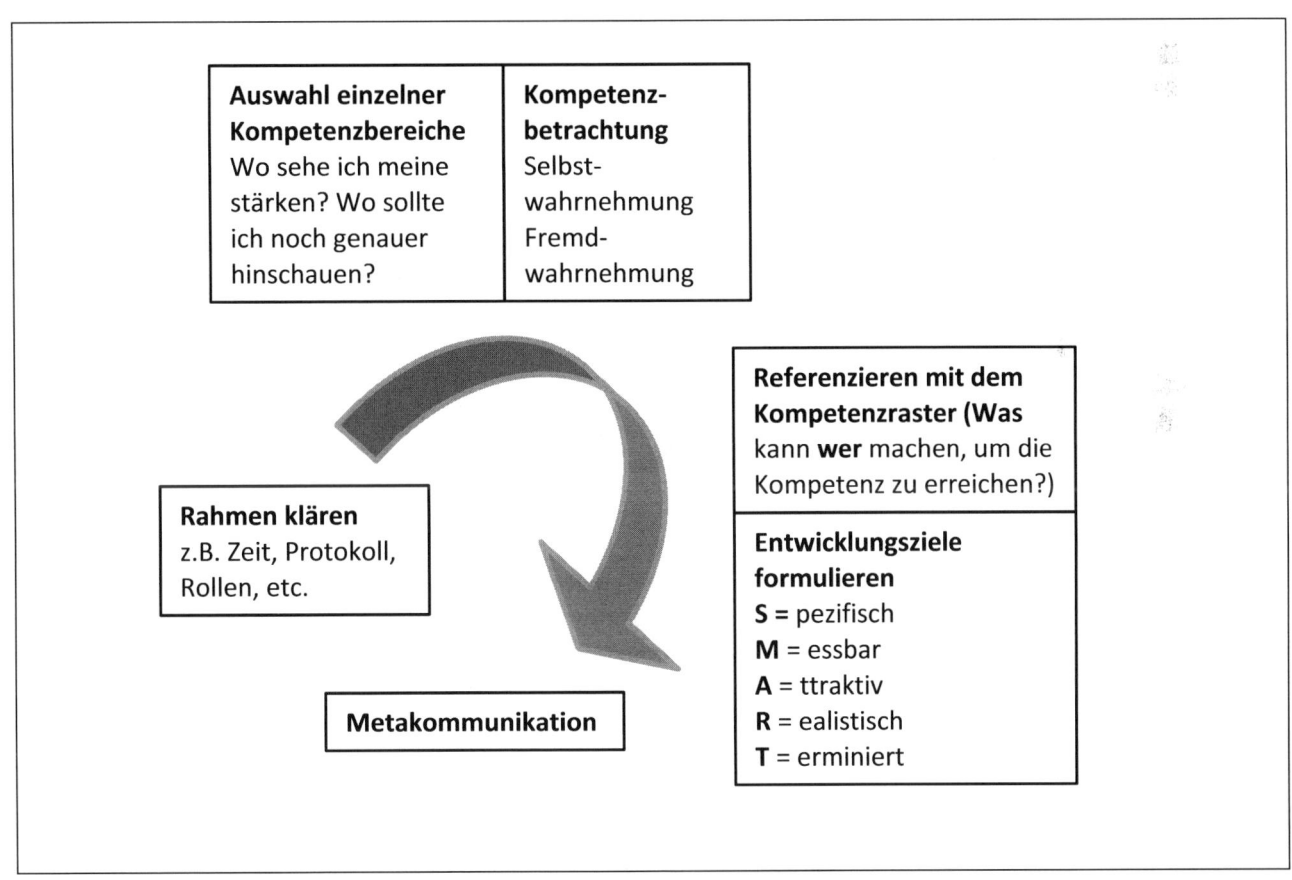

Abb. 2: Möglicher Ablauf eines Beratungsgesprächs in der Lehrerausbildung.

Zu Beginn werden die Rahmenbedingungen des Gesprächs geklärt, damit möglichst störungsfrei gearbeitet werden kann. In der Hauptphase wählt die zu beratende Person eine Kompetenz aus, die ausführlicher besprochen werden soll. Dies können bewusste Stärken oder auch „Baustellen" des individuellen Professionalisierungsprozesses sein. Anschließend geht es um die Frage, was schon gekonnt wird und an welchen Belegen, Beobachtungen oder Produkten dies festgemacht werden kann. Nach der Selbstwahrnehmung schließt sich die Fremdwahrnehmung der anderen anwesenden Personen an. Diese „Könnensleistungen" werden anschließend in das Kompetenzraster eingeordnet. So wird die persönliche Leistung referenziert, das heißt, in Bezug zu den Referenzwerten bzw. Stufen des Kompetenzrasters gesetzt. Eine solche Orientierung ermöglicht eine idealisierte stufenweise Fortschreibung des Professionalisierungsprozesses. Nächste Lernschritte werden deutlich und können als Entwicklungsziele konkretisiert werden. Abschließend kann eine Runde zur Metakommunikation über das Gesprächsformat die Beratung abschließen. Das im Folgenden vorgestellte Kompetenzraster folgt am ehesten einer sachlogisch-graduellen Abstufung (vgl. genauer Zierer, 2008), da es notwendig erscheint, im komplexen Feld der Lehrerbildung zunächst bestimmte Grundfertigkeiten zu erlernen. Das Kompetenzraster hat in der Regel in den unteren Kompetenzstufen (A und B) eine theoretische Wissensdimension als Basis, die zum größten Teil in der ersten Phase der Lehrerausbildung erlangt werden. Darauf aufbauend erfolgt dann zumeist eine praktische Umsetzung mit anschließender Reflexion, welche dann in Fertigkeiten und Handlungen münden.

Eine Abstufung in jeder Kompetenzstufe etwa nach Mindest-, Regel- oder Expertenstandards wird bewusst nicht vorgenommen, da dies dem komplexen Geschehen des Lehrerhandelns kaum gerecht werden kann. Somit handelt es sich bei dem Kompetenzraster ausdrücklich nicht um ein Kompetenzmodell (vgl. genauer dazu Criblez et al., 2009, S. 37).

Eine Arbeitsgruppe des Zentrums für schulpraktische Lehrerausbildung in Essen (Gymnasium/Gesamtschule) sah und sieht es als Chance an, einen eigens für die Belange der Lehrerausbildung bestimmtes Kompetenzraster zu entwickeln. Das Kompetenzraster wird dabei als Beitrag angesehen, wie Personen- und Standardorientierung zusammengeführt werden können. In dem Kompetenzraster sind in der ersten Spalte die Kompetenzen ausgewiesen, die in den Standards der Kultusministerkonferenz (KMK 2004) und in der Ordnung des Vorbereitungsdienstes des Landes NRW (2011) bzw. dem dazugehörigen Kerncurriculum verankert sind. Dadurch entsteht ein Überblick über den gesamten Vorbereitungsdienst. So können Lehramtsanwärter/innen ablesen, was sie schon bei einer Kompetenz können und was sie als nächstes lernen wollen bzw. können. Damit kann das Kompetenzraster in besonderer Weise zur Selbstkontrolle und Steuerung dienen. Insgesamt ergeben sich für uns aus den curricularen Vorgaben **17 Kompetenzbereiche** mit fünf bis sechs Kompetenzstufen. Zu jedem Kompetenzbereich wurden Handouts erarbeitet, die in diesem Buch dargestellt sind. Diese sollen für die angehende Lehrkraft eine Hilfe darstellen, die einzelnen Kompetenzen zu erreichen. Im Sinne der Kompetenzorientierung muss das Wissen dieses Buches mit Können in der Unterrichtspraxis verknüpft werden, um zu einem kompetenten Lehrerhandeln zu gelangen.

Mittlerweile sind einige Jahrgänge mit dem hier vorgelegten Kompetenzraster ausgebildet worden. Ein solches Kompetenzraster, wie das hier vorgelegte, hat dabei nach unserer Erfahrung mehrere Vorteile. Besonders die Übersichtsfunktion schafft ein hohes Maß an Transparenz für die angehenden Lehrkräfte. Darüber hinaus bieten sich Möglichkeiten für ein selbstgesteuertes und individualisiertes Lernen. Des Weiteren kann die Ausbildung durch das Kompetenzraster strukturiert werden. Die Festlegung von konkreten Entwicklungszielen wird vereinfacht.

Gleichwohl birgt die Verwendung von Kompetenzrastern auch Nachteile bzw. Gefahren. So kann die Vielzahl der Kompetenzen die angehenden Lehrkräfte abschrecken oder verunsichern. Darüber hinaus legt die Anordnung nach Stufen eine Linearität der Ausbildung nahe, die so nicht existiert. Sehr problematisch wäre ein nicht angemessener Einsatz des Kompetenzrasters, etwa zur Beurteilungszwecken. Mit Blick auf eine *personenorientierte Ausbildung* ist es ebenfalls abzulehnen, die gesamte Ausbildung durch ein Kompetenzraster zu formalisieren.

Allerdings kann ein Kompetenzraster ein wichtiges und sehr effektives Instrument in der Lehrerbildung darstellen, was auch die Rückmeldungen von Lehramtsanwärter/innen zeigen (vgl. Tab. 2)[7].

Tab. 2: Ergebnisse einer qualitativen Studie zur Verwendung des Kompetenzrasters

Positiv	Negativ
Übersicht über alle Handlungsfelder und die Anforderungen in der der Ausbildung.	Schwächen können überbewertet werden.
Positive Wahrnehmung der eigenen Kompetenzen („Das kann ich schon").	Überforderungsgefühl.
Analyse der eigenen Stärken und Schwächen zur weiteren Entwicklung.	
Individuelles Arbeiten wird erleichtert.	
Prinzipien der Erwachsenenbildung werden eingelöst.	

Die beiden negativen Kategorien verweisen auf die Bedeutung der sensiblen Einführung des Kompetenzrasters. Die Erlangung aller Stufen in allen Kompetenzbereichen erscheint nicht nur eine Aufgabe der zweiten Phase der Ausbildung, sondern des gesamten beruflichen Lebens.

Der erste Kompetenzbereich (Unterricht adressaten- und fachgerecht planen und dokumentieren) wurde ganz bewusst nicht mit Handouts hinterlegt, da dieser Kompetenzbereich sehr von den individuellen Vorgaben der einzelnen Seminarausbilder/innen geprägt ist und hier keine weitere normative Setzung durch dieses Buch erfolgen sollte.

Bei der Verwendung des Rasters sind folgende Aspekte in jedem Fall zu beachten:

Die Abbildung des komplexen Berufsfeldes einer Lehrerin/eines Lehrers in einem dreiseitigen Kompetenzraster kann nicht erschöpfend sein, sondern muss lückenhaft bleiben. Die einzelnen Handouts, die zur Erreichung der einzelnen Stufen in den verschiedenen Kompetenzbereichen helfen sollen, sind als ein Angebot aufzufassen. Zu jedem Thema finden sich sicherlich weitere sinnvolle Hinweise und Quellen. Bei der Verwendung des Werkzeugs „Kompetenzraster" sollte aber unbedingt Folgendes beachtet werden:

- Unterricht ist ein sehr komplexer Prozess. Deshalb ist die Verwendung von Kompetenzen zur Beschreibung des Lehrerhandelns nur ein mit Grenzen versehener Weg. Ein Kompetenzraster kann keine Lehrerpersönlichkeit wiedergeben.
- Die Darstellungsform „Tabelle" legt eine Linearität der Kompetenzstufen nahe, die in individuellen Prozessen aber nicht immer gegeben sind.
- Die Könnensstufen der Kompetenzen sind nicht äquidistant.

---

[7] Die Kategorien sind Ergebnis einer offenen Befragung von zwei überfachlichen Seminaren. Die Seminare haben mehrfach nach der in Kapitel drei dargestellten Art und Weise mit dem Kompetenzraster gearbeitet. Die Aussagen der Referendare/innen wurden mithilfe der qualitativen Inhaltsanalyse (vgl. Mayring 2002) kategorisiert.

- Die im Kompetenzraster enthaltenen Aspekte und Indikatoren sollen als Orientierungshilfe für Ausbildende wie für Auszubildende aufgefasst werden, die dazu beiträgt, dass eine Verständigung über zentrale, unverzichtbare Elemente von Unterricht und Lehrer/innenarbeit erfolgt.
- Die Aspekte beziehen sich nicht nur auf den unterrichtlichen Bereich, sondern auf die Ausbildung insgesamt.
- Die Anzahl der Kompetenzen im Raster ist recht hoch, deshalb sind Schwerpunktsetzungen bei der Nutzung notwendig.
- Das Kompetenzraster ist nicht dazu bestimmt, als „Abhakbogen" während z. B. eines Unterrichtsbesuchs eingesetzt zu werden.
- Das Kompetenzraster kann als Gesprächsgrundlage bei Beratungs- und Coachinggesprächen dienen.
- Das Kompetenzraster kann und soll nicht als Grundlage der Leistungsbewertung von Referendarinnen und Referendaren dienen.

Häufig sind die Formulierungen im Kompetenzraster aus Platzgründen recht kurz gehalten. Wenig aussagekräftige Begriffe wie „zielführend" oder „angemessen" vermitteln in der Regel keine klare Vorstellung von der beschriebenen (Teil-)Kompetenz. Damit die unterschiedlichen Stufen des Rasters griffiger werden, sind hilfreiche Fragestellungen in Checklisten gesammelt, die sich am Ende jedes Kompetenzbereichs im Anschluss an die Handouts finden. Wir verbinden damit die Hoffnung, dass das Kompetenzraster als alltagstaugliches Reflexionsinstrument genutzt werden kann.

Einen Beitrag zur eigenen Einschätzung finden sich Beispiele die praktische Umsetzung am Ende jedes Kapitels. Bei der Arbeit mit den Checklisten müssen nicht alle Beispiele durchgeführt werden, um eine Kompetenzstufe erreicht zu haben. Zur Inspiration, wie die Kompetenzstufen noch umgesetzt werden können, sind Zielformulierungen aufgeführt. Diese bieten recht konkrete Handlungsmöglichkeiten an, sind aber nicht immer auf alle Schulen zu übertragen. Zur besseren Handhabung kann das Kompetenzraster kopiert und dann parallel zu den hinterlegten Handouts im Buch verwendet werden.

Abschließend sei noch darauf hingewiesen, dass die einzelnen Handouts von unterschiedlichen Seminarausbilder/innen erstellt worden sind und stellenweise im Sprachduktus voneinander abweichen.

Literatur:

Butz, M. (Red.) (2001). *Der europäische Referenzrahmen für Sprachen: lernen, lehren, beurteilen.* Berlin: Langenscheidt.

Criblez, L; Oelkers, J; Reuser, K.; Berner, E.; Halbheer, U. & Huber, C. (2009). *Bildungsstandards.* Seelze: Kallmeyer.

Klieme, E. et al. (2003). *Zur Entwicklung nationaler Bildungsstandards. Eine Expertise.* Berlin

Ministerium für Schule und Weiterbildung des Landes NRW 2011 (2011): *Ordnung des Vorbereitungsdienstes und der Staatsprüfung für Lehrämter an Schulen.* Düsseldorf.

Müller, A. (2008). *Mehr ausbrüten, weniger gackern.* Bern: Hep.

Sekretariat der Ständigen Konferenz der Kultusminister der Länder der BRD (= SSKKL BRD) (Hrsg.) (2004). *Standards der Lehrerbildung.* Beschluss der KMK vom 16.12.2004). Verfügbar über: http://www.kmk.org/fileadmin/veroeffentlichungen_beschluesse/2004/2004_12_16-Standards-Lehrerbildung.pdf [Zugriff am 29.10.2013].

Ziener, G. (2008). *Bildungsstandards in der Praxis.* Seelze: Kallmeyer.

4. Ein Kompetenzraster für die Aus- und Fortbildung an Schulen

Kompetenzraster (Seite 1/4)

	Kompetenzausprägung					
	A (Ich kann …)	**B** (Ich kann …)	**C** (Ich kann …)	**D** (Ich kann …)	**E** (Ich kann …)	**F** (Ich kann …)
Unterricht adressaten- und fachgerecht planen und dokumentieren (HF U, K 1)	meine Unterrichtsschritte in einem Verlaufsplan darstellen und Lernausgangslage, Inhalte, Ziele, Methoden, etc. klar und nachvollziehbar beschreiben.	Kompetenzen und den Gegenstand fachdidaktisch und adressatengerecht legitimieren und reduzieren.	ausgerichtet an der Legitimation und der Reduktion ein Kernanliegen mit harten Operatoren für eine Lerneinheit formulieren.	Ziele, Methoden, Sozialformen, Medien, usw. zusammenhängend darstellen und begründen (Interdependenz).	von einem begründeten Kernanliegen ausgehend meine Planung in einem integrierten Unterrichtsentwurf darstellen.	
Sozialformen einsetzen (HF U, K1 und 2)	Vor- und Nachteile von unterschiedlichen Sozialformen benennen.	unterschiedliche Sozialformen zielführend einsetzen.	Sozialformen zielführend miteinander verknüpfen (z. B. Think-Pair-Share).	in Einzel-, Partner- und Gruppenarbeit eine positive gegenseitige Abhängigkeit herstellen.	gemäß den fünf Gelingensbedingungen kooperativen Lernens effektive Lernarrangements entwickeln.	die Sozialformen im Hinblick auf Funktionalität und Lernertrag reflektieren und effektive Konsequenzen ziehen.
Gespräche führen (HF U und B, K1 und 7)	zentrale Gelingensbedingungen der verschiedenen Formen von Unterrichtsgesprächen nennen.	ein weitestgehend zielführendes Unterrichtsgespräch gestalten, welches einzelne der zentralen Gelingensbedingungen erfüllt.	unterschiedliche Gesprächsstrategien und Moderationstechniken so anwenden, dass Beiträge der Lernenden zum Weiterlernen genutzt und Phasen verknüpft werden.	phasengerecht unterschiedliche Gesprächsstrategien und Moderationstechniken so anwenden, dass Schülerbeiträge diskursiv und transparent eingebunden werden.	mein eigenes souveränes Gesprächsverhalten gemeinsam mit Schüler bzw. Kollegen reflektieren und effektive Konsequenzen für den weiteren Unterricht ziehen.	
In digitalen Lernumgebungen lehren (HF U, K1)	verschiedene digitale Instrumente benennen und in ihren Grundfunktionen bedienen.	Medienbildung erklären und ihre Aufgaben und Ziele darstellen.	Grundzüge der Mediendidaktik erläutern.	Möglichkeiten und Grenzen des Einsatzes digitaler Medien im Unterricht anhand des SAMR-Modells beurteilen.	anhand des Europäischen Rahmens für Digitale Kompetenz Lehrender (DigCompEdu) meine eigene Kompetenzen einschätzen und daraus persönliche Entwicklungsziele ableiten.	Ich kann Medien so einsetzen, dass sie effizient den Lernzuwachs unterstützen und diese Effizienz anschließend reflektieren.
Lernaufgaben einsetzen (HF U, K2 und 3)	Merkmale von guten Aufgaben benennen.	Aufgaben (z. B. mithilfe von Operatoren) formulieren, so dass die Schüler phasenweise selbsttätig arbeiten und ein Lernprodukt erstellt wird.	Lernaufgaben konstruieren, die eine stimmige Performanzsituation zu einer Kompetenz herstellen und intelligentes Wissen vermitteln.	kompetenzorientierte Lernaufgaben erstellen, die in einen Kontext eingebunden, und durch die Aufgabenstellung sowie Materialien klar strukturiert sind.	Lernende mit Aufgaben arbeiten lassen, die unterschiedliche geöffnet und durch ein aufeinander aufbauendes Hilfesystem gekennzeichnet sind.	die von mir konstruierten Lernaufgaben reflektieren, im Hinblick des erzielten Lernertrags beurteilen und daraus effektive Konsequenzen für den weiteren Unterricht ziehen.

Kompetenzraster (Seite 2/4)

Kompetenzausprägung

	A (Ich kann …)	B (Ich kann …)	C (Ich kann …)	D (Ich kann …)	E (Ich kann …)	F (Ich kann …)
Mit Heterogenität umgehen (HF U, K4)	die Ausprägung von Heterogenität beschreiben.	Heterogenität in meinen Lerngruppen und mögliche Differenzierungsmaßnahmen benennen.	aus meinen Lerngruppenbeschreibungen Konsequenzen für meine Unterrichtsplanung ziehen.	aufgrund der sozialen und kulturellen Lebensbedingungen der Schüler stärkenorientiert Einfluss im Rahmen der Schule auf deren individuelle Entwicklung nehmen und zu selbstbestimmten Lernen erziehen.	selbst und mit Lernenden die Differenzierungsmaßnahmen reflektieren und selbstgesteuerte Lern- und Bildungsprozesse initiieren.	
Unterricht in inklusiven Klassen planen und gestalten (HF U, K4)	Grundlagen der Inklusion erläutern und mögliche Förderbedarfe benennen.	zentrale Fördermaßnahmen beschreiben.	auf der Basis von Förderplänen individualisierte Lernziele festlegen.	in einem multiprofessionellen Team gemeinsame Lernarrangements gestalten, die die Teilhabe aller ermöglichen.	vor dem Hintergrund des diagnostizierten Förderbedarfs und unter Rückgriff auf vorhandene Förderpläne in einem multiprofessionellen Team einen Unterricht gestalten, welcher auf zielgleiche und/oder zieldifferente Lernziele ausgerichtet ist.	
Werte und Normen, sowie eine Haltung der Anerkennung entwickeln (HF E K5)	menschliche, freiheitliche und demokratische Normen und Werte benennen.	Konzepte und Modelle der Entwicklung von Werturteilskompetenzen skizzieren und in meinen Lerngruppen beschreiben.	durch eigenes Verhalten Dimensionen moralischen Handelns als Vorbild aufzeigen.	störende Faktoren für Entwicklung der Werturteilskompetenz auch mit Schülern reflektieren und beurteilen.	menschliche, freiheitliche und demokratische Werte durch Übungen, Erörterungen und positiver Verstärkung fördern.	
Eine motivierende Lernumgebung schaffen und ein lernförderliches Klima entwickeln (HF U und E, K1, K3 und K6)	Grundbedingungen für Lern- und Leistungsmotivation darstellen sowie Axiome der (Lehrer-Schüler-)Kommunikation erläutern.	Gründe für das Gelingen oder Misslingen von Beziehungen im Unterricht benennen sowie Ursachen von Unterrichtsstörungen situationsbezogen erkennen und deuten. Ich kann darüber hinaus eine positive Haltung gegenüber den Kindern und Jugendlichen einnehmen.	motivierende Lernarrangements entwickeln, ausgewählte beziehungsförderliche Techniken der Gesprächsführung und Gemeinschaft fördernde Maßnahmen des Disziplinmanagements nutzen.	Strategien zur Lern- und Selbstmotivation anwenden, Strategien auch der selbstständigen Konfliktprävention, -intervention und -reflexion sinnvoll einsetzen sowie Lerngruppen zur konfliktfreien Kooperation anleiten.	mich auf Basis reflektierter Erfahrungen von erfolgreichen Maßnahmen zur Schaffung einer konstruktiven und motivierenden Lernatmosphäre gewinnbringend in den Schulentwicklungsprozess einbringen.	

Kompetenzraster (Seite 3/4)

Kompetenzausprägung

	A (Ich kann …)	B (Ich kann …)	C (Ich kann …)	D (Ich kann …)	E (Ich kann …)	F (Ich kann …)
Lernstand diagnostizieren (HF U und L, K 1 und K 7)	unterschiedliche diagnostische Instrumente beschreiben und ihre Funktion erklären.	durch systematische und naive Beobachtung den Lernstand meiner Schüler beschreiben.	einzelne diagnostische Instrumente in meinem Unterricht einsetzen und diagnostisch verwenden.	zielführend diagnostische Instrumente und meine pädagogischen Erfahrungen in meinem Unterricht einsetzen und deren Ergebnisse in meiner Unterrichtsplanung berücksichtigen.	auf der Basis pädagogischer Erfahrung und valider diagnostischer Instrumente diagnostizieren, um nachhaltig individuell zu fördern.	
Leistungen erfassen (HF L, K 8)	die möglichen Instrumente und Verfahren zur Leistungsmessung in der Schule beschreiben sowie Vor- und Nachteile einzelner Beurteilungsinstrumente darlegen.	Instrumente und Verfahren der Leistungsrückmeldung sowie Materialien der Selbstkontrolle kriterienorientiert und adressatengerecht entwickeln.	vor dem Hintergrund zuvor formulierter transparenter Beurteilungskriterien verschiedene Leistungen der Lernenden sinnvoll dokumentieren und auswerten sowie die Schüler zur gegenseitigen Leistungsrückmeldung anleiten.	Instrumente und Verfahren der kriterienorientierten Leistungsrückmeldung (Fremd- und Selbsteinschätzung) kontextuell passend auswählen und Bewertungen sowie Beurteilungen adressatengerecht begründen.	Leistungen von Lernenden auf der Grundlage transparenter, fach- und situationsgerechter Beurteilungsmaßstäbe erfassen, mich auf Beurteilungsgrundsätze mit Kolleginnen und Kollegen verständigen und ggf. gemeinsam mit meinen Schülern Perspektiven für das weitere Lernen entwickeln.	
Beratung initiieren (HF B, K 7)	verschiedene Anlässe von Beratung im schulischen Kontext sowie Elemente von Beratung benennen.	wichtige Prinzipien einer gelungenen Beratung darlegen und mein Verhalten in Beratungssituationen beschreiben.	ein Schüler- bzw. Elterngespräch führen und dabei beratend, nicht bewertend, kommunizieren sowie Grenzen schulischer Beratung berücksichtigen.	die Prinzipien gelungener Beratung flexibel und situationsangemessen in verschiedenen Kontexten anwenden.	mit Widerständen und Konflikten in Beratungsgesprächen konstruktiv umgehen.	verschiedene Techniken und Methoden von Beratungsgesprächen in unterschiedlichen schulischen Kontexten flexibel und gezielt einsetzen und dabei verschiedene Kollegen und Institutionen in Beratung miteinander verknüpfen.
Sich reflektieren und weiterentwickeln (HF S, K 9 und K 10)	vor dem Hintergrund gängiger Konzepte guten Unterrichts Prinzipien kriteriengeleiteten Arbeitens benennen.	in schulischen Situationen, geplantem Unterricht usw. „meine" reflektierten Merkmale" mit Hilfe kriteriengeleiteter Beobachtung erkennen.	mit Hilfe von Diagnoseinstrumenten und Rückmeldungen meine eigenen Stärken und Schwächen herausfinden.	mit Hilfe von Rückmeldungen und der Diagnostik für mich Entwicklungsvorhaben (z. B. smarte Ziele) formulieren.	Entwicklungsvorhaben systematisch umsetzen.	

Kompetenzraster (Seite 4/4)

Kompetenzausprägung

	A (Ich kann …)	B (Ich kann …)	C (Ich kann …)	D (Ich kann …)	E (Ich kann …)	F (Ich kann …)
Im Team arbeiten (HF S, K 9 und K 10)	den Teambegriff definieren, Grundbedingungen erfolgreicher Teamarbeit sowie Phasen der Teamentwicklung benennen.	die Struktur (Aufgaben, Rollen etc.) in konkreten schulischen Teams beschreiben.	mein Handeln sowie Maßnahmen zur Planung, Ausführung und Kontrolle von Arbeitsprozessen stimmig zur Teamstruktur bzw. -situation ableiten.	im Bewusstsein meiner spezifischen Aufgaben bzw. meinen Teammitgliedern Maßnahmen mit effektiv zusammenarbeiten.	den Prozess und das Resultat von Teamarbeit auch prozessbegleitend einschätzen und Maßnahmen bzw. mein Handeln situativ variieren.	meine gute Teamarbeit reflektieren und mein Handeln gegebenenfalls sinnvoll modifizieren.
Sprachsensibel unterrichten (HF U und L, K 1 und K 7	die Grundzüge eines Sprachsensiblen Unterrichts erläutern.	die Sprachfähigkeit meiner Schüler diagnostizieren und meine Rolle in einem Sprachsensiblen Unterricht reflektieren.	grundlegende Möglichkeiten der Sprachförderung erklären.	konkrete Instrumente zur Sprachförderung darstellen	meinen Unterricht im Hinblick auf Sprachsensibilität überprüfen (z.B. durch systematisches Schülerfeedback oder kollegiale Hospitation).	
Mit Belastungen umgehen (HF S, K 9)	wesentliche Ergebnisse der Belastungs- und Stressforschung darstellen.	mögliche berufsbezogene Stressfaktoren nennen.	Methoden der Fremd- und Selbstwahrnehmung zur systematischen Analyse meiner eigenen Belastungssituation nutzen.	vor dem Hintergrund des individuellen Belastungsprofils (z. B. Arbeitszeit etc.) meine Stärken sowie Schwächen sowie Verhaltensmuster und Einstellungen reflektieren.	mithilfe kollegialer oder außerschulischer Beratung Maßnahmen zum persönlichen Stressmanagement entwickeln.	
Schulische Prozesse evaluieren und weiterentwickeln (HF S, K 11)	Schule als lernende Organisation beschreiben sowie Ebenen und Funktionen von Evaluation darlegen.	grundlegende Elemente interner und externer Evaluationsinstrumente benennen und Chancen und Grenzen beschreiben.	eigene Evaluationsmaßnahmen mithilfe geeigneter Evaluationsinstrumente planen und vorbereiten.	schulische Prozesse mithilfe von Evaluationsinstrumenten (z. B. Schülerfeedback) dokumentieren.	Evaluationsergebnisse auswerten, interpretieren un in den eigenen Unterricht zurückführen.	auf der Grundlage interner und externer Evaluationsergebnisse sowie aktueller fachdidaktischer und pädagogischer Diskurse Schulentwicklung mitgestalten.

HF = Handlungsfeld: Die Handlungsfelder sind Bestandteil des Kerncurriculums der Ordnung des Vorbereitungsdienstes in NRW.

5. Handouts zu einzelnen Stufen des Kompetenzrasters

5.1 Sozialformen einsetzen: *Dirk Braun & Lars Schmoll*

Kompetenz-ausprägung	Ich kann ...
A	Vor- und Nachteile von unterschiedlichen Sozialformen benennen.
B	unterschiedliche Sozialformen zielführend einsetzen.
C	Sozialformen zielführend miteinander verknüpfen (z. B. Think-Pair-Share).
D	in Einzel-, Partner- und Gruppenarbeit eine positive gegenseitige Abhängigkeit herstellen.
E	gemäß den fünf Gelingensbedingungen kooperativen Lernens effektive Lernarrangements entwickeln.

| Sozialformen einsetzen | Kompetenzausprägung A |

Ich kann Vor- und Nachteile von unterschiedlichen Sozialformen benennen.

Zunächst muss ganz deutlich darauf hingewiesen werden, dass es nicht die beste Sozialform gibt. Die Wahl der Sozialform ist immer abhängig von den anderen Bedingungsfaktoren bzw. Elementen der Unterrichtsplanung (z. B. Ziel, Gegenstand, Lernausgangslage, Rahmenbedingungen etc.) (vgl. genauer Schmoll 2012). Es gibt guten und schlechten Frontalunterricht genauso, wie es gute und schlechte Gruppenarbeit gibt. Insgesamt gibt es genau vier Sozialformen:

- Einzelarbeit
- Partnerarbeit
- Gruppenarbeit
- Frontal- oder Klassenunterricht

Vor- und Nachteile des Frontal- oder Klassenunterrichts

Der Begriff des ‚Frontalunterricht' ist heute meist negativ besetzt. Das liegt darin begründet, dass der Begriff gleichgesetzt wird mit einem lehrerzentrierten und wenig handlungsorientierten Unterricht. Der Begriff ist seit den 1960er-Jahren in der didaktischen Diskussion. Dabei wurde er zunächst nur dazu benutzt, den zu dieser Zeit favorisierten Gruppenunterricht von dem ‚normalen' Unterricht abzugrenzen (Gudjons, 2007). Meyer (1987a, S. 183) schlägt folgende Arbeitsdefinition vor:

Frontalunterricht ist „ein (...) sprachlich vermittelter Unterricht, in dem der Lernverband (die Klasse) gemeinsam unterrichtet wird und in dem der Lehrer, zumindest dem Anspruch nach, die Arbeits-, Interaktions- und Kommunikationsprozesse steuert und kontrolliert."

Mit dieser Definition wird ein Rahmen vorgegeben, der alle Handlungen mit einschließt, die im Rahmen dieser Sozialform denkbar sind. Der Wert der Definition liegt somit darin, dass deutlich wird, dass zu der Sozialform des Frontalunterrichts der *Lehrervortrag* bzw. der *darbietende Unterricht* genauso gehören wie *Unterrichtsgespräche*. Wichtig ist die Tatsache, dass der Begriff des ‚Frontalunterrichts', wie leider in der öffentlichen Diskussion allzu häufig geschieht, in keinem Fall mit einem Lehrervortrag synonym zu verwenden ist (vgl. Gudjons, 1998; 2007). Aufgrund der negativen Assoziationen mit dem Begriff ‚Frontalunterricht' bevorzugen einige Autoren den Begriff des *Klassenunterrichts*.
Nach Meyer (1987b, S. 184) ist die Stärke des Frontalunterrichts zugleich auch seine Schwäche. Denn Frontalunterricht ist nach Meyer (ebd.) besonders dazu geeignet, einen Sach-, Sinn- oder Problemzusammenhang aus der Sicht und mit den Mitteln des Lehrers darzustellen. Es ist aber kaum geeignet, die Selbständigkeit des Denkens, Fühlens und Handelns der Schüler zu entfalten.
Frontalunterricht ist dann am Platze, wenn eine Wissens- oder Problemstruktur begriffen und nachvollzogen werden soll. Durch die Möglichkeiten der Steuerung von Interaktions- und Kommunikationsprozessen ist es für die Lehrkraft möglich seine Sicht der Dinge darzustellen. Gleichwohl ist es gerade dieser hohe Steuerungsgrad und die damit eventuell verbundene potenzielle Inaktivität der Schüler, der diese Sozialform besonders störanfällig macht (z. B. durch Privatgespräche der Lernenden).

Stärken und Schwächen der Gruppenarbeit

Als Gruppenarbeit bezeichnet man Unterricht, in dem sich einzelne Gruppen in der Regel von drei bis sechs Schülern entweder *arbeitsteilig* bzw. *themendifferenziert* oder *arbeitsgleich* bzw. *themengleich* mit einer vorbereiteten Aufgabe bzw. einem Problem beschäftigen (vgl. genauer Meyer 2003, S. 150). Die Gruppenarbeit muss vom Gruppenunterricht begrifflich getrennt werden, da diese eine zeitlich längere Aufteilung der Klasse erfordert und die Produktion von vorzeigbaren Arbeitsergebnissen voraussetzt (z. B. Plakat, Collage etc.) (vgl. Terhart, 1989, Gudjons, 2003).

Gruppenarbeit bietet gegenüber dem Frontal- oder Klassenunterricht besonders die Möglichkeit, Selbstständigkeit und soziales Lernen zu fördern. Allerdings führt Gruppenarbeit nicht ‚automatisch' zum selbstständigen Lernen der Schüler, sondern nur dann, wenn er sorgfältig vorbereitet und auf dieses Ziel hin durchgeführt wird. Im Schulalltag kann immer wieder ein stark lehrerzentrierter Gruppenunterricht beobachtet werden, in dem die Schüler zwar formal selbstständig und ohne unmittelbare Regie des Lehrers arbeiten, eigentlich aber nur nach der Anweisung vorgehen und keine Handlungsspielräume bei der Erledigung der gestellten Aufgabe haben (vgl. Meyer, 1987b, S. 238 ff.). Daher muss der Lehrer vermeiden, auftauchende Probleme in der Kleingruppe oder im Plenum verbalisieren zu wollen bzw. vieles wieder selbst umzusetzen.

Der Lehrer muss in eine zurückgenommene Lehrerrolle übergehen, in der er zumeist zuhört, abwartet und beobachtet, sowie Lernumwege zulässt. Er hat demnach eher eine Beratungsfunktion im Lernprozess. Im Vorfeld einer Gruppenarbeit muss der Lehrer vielfältige Aufgaben erfüllen. So müssen die Schüler mit den erforderlichen Methoden- und Sozialkompetenzen ausgestattet und Lernmaterialien vorbereitet werden. Darüber hinaus muss der Klasse bzw. dem Kurs der genaue Ablauf der Gruppenarbeit und die weitere Verwendung der Arbeitsergebnisse transparent gemacht werden.

Erst wenn diese Voraussetzungen gegeben sind, kann Gruppenarbeit effektiv sein. Ansonsten besteht die große Gefahr, dass kein konsequentes Arbeiten und Lernen durch die Schüler erfolgt, was für Schüler und Lehrer gleichermaßen frustrierend sein kann.

Stärken und Schwächen der Einzelarbeit

Die Einzelarbeit ist eine klassische Sozialform, die synonym mit Begriffen wie Still- oder Alleinarbeit gebraucht wird. In der Einzelarbeit arbeiten die Schüler an vorbereiteten Aufgaben oder Problemen. Phasen der Einzelarbeit sind sowohl bei der Erarbeitung neuer Sachverhalte als auch in Übungs- und Wiederholungsphasen denkbar. Die Einzelarbeit ist nach Studien bei vielen Schülern die unbeliebteste Sozialform (vgl. z. B. Aschersleben, 1999, S. 82). Das liegt eventuell daran, dass die Lerngruppen sie häufig als Disziplinierungsmittel ansehen und der Sinn und die Ziele nicht transparent genug gemacht werden. Allerdings besitzt die Einzelarbeit sehr große Vorteile, die kaum von einer der anderen Sozialformen geleistet werden können. So bieten sich besondere Formen der Individualisierungs- und Differenzierungsmöglichkeiten an, da der Lehrer in Hinblick auf Schwere oder Umfang die Aufgaben variieren kann. Darüber hinaus kann die Einzelarbeit helfen, den Schulalltag zu entschleunigen und das Bedürfnis nach Ruhe aller Beteiligten zu befriedigen. Die Dauer von Einzelarbeiten muss dem Alter-, Entwicklungs- und Lernstand der Schüler angepasst werden.

Stärken und Schwächen der Partnerarbeit

Ähnlich wie in der Einzelarbeit wird in der Partnerarbeit eine vorgegebene Aufgabe bearbeitet bzw. die Lösung für ein gestelltes Problem gesucht. Somit ist die Partnerarbeit eine eher lehrerorientierte Sozialform, bei der zwei Schüler eine Aufgabenstellung innerhalb eines vorher festgelegten Lernprozesses selbstständig und gemeinsam bewältigen (vgl. genauer Nuhn, 1995). Vielfach wird die Partnerarbeit als Einstieg in anspruchsvollere und selbstverantwortlichere Gruppenarbeiten angesehen.

Der Vorteil der Partnerarbeit liegt in der Möglichkeit, komplexere Aufgaben als in der Einzelarbeit stellen zu können, da sich die Lernenden gegenseitig unterstützen können. Das Ziel der gegenseitigen Unterstützung offenbart bereits, wie wichtig die Frage der Partnerwahl ist. Ein weiterer Vorteil ist die schnelle Umsetzbarkeit.

Nachteile der Partnerarbeit sieht Meyer in einer möglichen Dominanz eines Schülers in der Zweierkonstellation, daher ist es besonders wichtig, dass der Lehrer sich genau überlegt, wer mit wem zusammenarbeiten soll.

Literatur:

Aschersleben, K. (1999). *Frontalunterricht – klassisch und modern*. Neuwied: Kriftel.

Gudjons, H. (1998). Frontalunterricht – Gut gemacht. Come-Back des „Beybringens"? *Pädagogik*, 50 (5), S. 6-8.

Gudjons, H. (2003). *Gruppenunterricht. Eine Einführung in Grundfragen*. In: H. Gudjons (Hrsg.), Handbuch Gruppenunterricht (S. 10-40) (2. Aufl.). Weinheim: Beltz.

Gudjons, H. (2007). *Frontalunterricht – neu entdeckt. Integration in offene Unterrichtsformen* (2. durchgesehene Aufl.). Bad Heilbrunn: Klinkhardt.

Meyer, H. (1987a). *Unterrichtsmethoden 1: Theorieband*. Frankfurt am Main: Cornelsen.

Meyer, H. (1987b). *Unterrichtsmethoden 2: Praxisband*. Frankfurt am Main: Cornelsen.

Meyer, H. (2003). *Gruppenunterricht – Ratschläge zur Unterrichtsgestaltung*. In: H. Gudjons (Hrsg.), Handbuch Gruppenunterricht (S. 146-162) (2. Aufl.). Weinheim: Beltz. 146-162.

Nuhn, H. E. (1995). *Partnerarbeit als Sozialform des Unterrichts*. Weinheim: Beltz.

Schmoll, L. (2012). *Sozialformen, Unterrichtsmethoden, Lerntechniken*. Baltmannsweiler: Schneider.

Terhart, E. (1989). *Lehr-Lern-Methoden* (3., Aufl.). Weinheim, München: Juventa.

| Sozialformen einsetzen | Kompetenzausprägung B |

Ich kann unterschiedliche Sozialformen zielführend einsetzen.

Die Wahl der Sozialform stellt nur eine von vielen Entscheidungen dar, die ein Lehrer im Planungsprozess beantworten muss. Die Sozialform ist didaktisch dem Bereich der Methoden zugeordnet. Meyer sieht die Sozialform in seinem Drei-Ebenen-Modell der Methoden in der Meso-Ebene. Im Rahmen dieser Ebene sind die Sozialformen zu unterscheiden von der Wahl der Handlungsmuster (z. B. Gespräch, Vortrag, Textarbeit etc.) und der Phasierung des Unterrichts (vgl. genauer Meyer, 2004). In einem kompetenzorientierten Unterricht, der sich an den zu erwerbenden Kompetenzen ausrichtet, steht die Wahl der Sozialform in der Regel nicht am Anfang der Planung.[8] Dieser Planungsgrundsatz ist keineswegs neu und beschäftigte bereits die Bildungstheoretische Didaktik nach Klafki (vgl. z. B. 1985) und die Lehr-Lerntheoretische Didaktik nach Heimann, Otto & Schulz (vgl. 1965). Meyer (vgl. 1987, S. 137) verweist darauf, dass die Frage, „welche Sozialformen im Unterricht gewählt werden sollten, unmittelbar damit zusammenhängt, welche Maßnahmen der Differenzierung" geplant sind. Durch die Wahl der Sozialform und die damit vorgenommene Wahl an Differenzierungsmaßnahmen bzw. Festlegung der Sitzordnung wird die *Kommunikationsstruktur des Unterrichts,* also die innere Seite der Sozialformen, beeinflusst. Dabei sind vor allem folgende Aspekte zu beachten (vgl. ebd.):

- bestimmte Sitzordnungen legen einen streng lehrerzentrierten Unterricht nahe,
- andere Sitzordnungen bieten sich für häufigen Gruppenunterricht an,
- die Möblierung der Klassenzimmer hat einen nicht zu unterschätzenden Effekt auf die Gestaltung der Kommunikations- und Interaktionsstruktur. Sie legt einen einseitig „verkopften", am Reden, Lesen, Schreiben und Rechnen orientierten Unterricht nahe.

Insgesamt regeln nach Meyer die Sozialformen „die Beziehungs- und Kommunikationsstruktur des Unterrichts" (ebd.). Allerdings immer nur so weit, wie die soziale Form von den handelnden Lehrern und Schülern akzeptiert und umgesetzt wird. Es gibt dabei natürlich bestimmte *typische Kombinationen* von Sozialformen und Handlungsmustern. Entscheidet sich ein Lehrer beispielsweise dazu, eine komplexe Sachkompetenz im Rahmen eines Lehrervortrags anzubahnen, so ist die Sozialform Frontalunterricht angeraten. Bei der Wahl der Sozialform muss beachtet werden, dass es keine empirischen Belege darüber gibt, ob eine Sozialform einer anderen im Hinblick auf den Lernerfolg überlegen ist. Dementsprechend ist eine generelle Ablehnung des Frontalunterrichts ebenso unangebracht, wie eine Idealisierung der Gruppenarbeit.

Literatur:

Heimann, P.; Otto, G. & Schultz, W. (1965). *Unterricht – Analyse und Planung*. Hannover: Schroedel.
Klafki, W. (1985). *Studien zur Bildungstheorie und Didaktik. Beiträge zur kritisch-konstruktiven Didaktik*. Weinheim: Beltz.
Meyer, H. (1987). *Unterrichtsmethoden Band 1*. Frankfurt am Main: Cornelsen.
Meyer, H. (2004). Was sind Unterrichtsmethoden? *Pädagogik*, 56 (1), S. 12-15.

---

[8] Ausnahmen könnten z. B. sehr disziplinlose Klassen sein, die ganz eng mit vielen Phasen der Einzelarbeit geführt werden müssen, da Zusammenarbeit in Partner- oder Gruppenarbeit nahezu unmöglich ist.

Sozialformen einsetzen	**Kompetenzausprägung C**
Ich kann Sozialformen zielführend miteinander verknüpfen (z. B. Think-Pair-Share).	

Bei der Verknüpfung einzelner Sozialformen ist in den letzten Jahren insbesondere das Konzept des Kooperativen Arbeitens in den Mittelpunkt der Unterrichtstheorie gerückt. Im deutschsprachigen Raum ist diese Entwicklung eng mit dem Ehepaar Green & Green verknüpft, die 2005 das Standardwerk des Kooperativen Arbeitens vorlegten. Die Wurzeln des Konzepts sind allerdings schon viel älter und gehen zurück auf die 1930er-Jahre (vgl. genauer Johnson & Johnson (2008).

Die Befürworter des Kooperativen Arbeitens erhoffen sich vor allem bessere Lernleistungen und einen Gewinn an sozialen Kompetenzen bei den Schülern und berufen sich auf Erkenntnisse der konstruktivistischen Lerntheorie bzw. der Gehirnforschung (vgl. z. B. Hänze, 2008; Green & Green, 2005). Hauptergebnis dieser Erkenntnisse ist die Tatsache, dass jeder einzelne Schüler die ihm angebotenen Inhalte aktiv verarbeiten und in seine mentalen Strukturen, also in seine individuellen Wissensnetze, integrieren muss (vgl. Brüning & Saum, 2009, S. 21). Das Wissen wird dabei „individuell aufgebaut und Lernen ist immer eine jeweils ganz persönliche Konstruktionsleistung eines jeden Schülers. Das neue Wissen wird mit dem vorhandenen Wissen und mit den Erfahrungen verknüpft. Dies führt zu einer Transformation oder Differenzierung der Wissensbestände" (ebd.). Grundkonstrukt des Kooperativen Arbeitens ist das so genannte Think-Pair-Share. Dabei werden nacheinander die Sozialformen Einzel-, Partner- und Gruppenarbeit miteinander verbunden:

Think bzw. Denkphase (Einzelarbeit)

In dieser Phase denken die Schüler über die Antwort zu einer Frage nach bzw. lösen alleine eine Lernaufgabe. Im Idealfall konstruiert jeder Lernende zunächst die Bedeutung oder den Sinn, zu dem die jeweilige Aufgabe oder Frage in Verbindung mit den Lerngegenständen ihn anregen. In dieser Phase der *Konstruktion* verbindet sich dann Vorwissen mit neuem Wissen (vgl. ebd.).

Pair bzw. Paarphase (Partnerarbeit)

In der Phase des Austauschs stellen sich die Schüler kurz ihre Antworten, Ergebnisse oder Ansichten vor. Nach Brüning & Saum (ebd.) findet eine so genannte *Ko-Konstruktion* statt, denn jeder Schüler vergleicht die Aussagen seines Mitschülers mit seinen Konstruktionen und unternimmt ggf. eine Revision seiner ursprünglichen *Konstruktion*.

Share bzw. Teilphase (Gruppenarbeit)

In der Share-Phase finden sich Schülerpaare zusammen und tauschen ihre Erkenntnisse aus und bereiten ggf. eine gemeinsame Präsentation vor bzw. lösen eine weitergehende Lernaufgabe. Jeder aus der Gruppe muss in der Lage sein, die gemeinsamen Ergebnisse zu präsentieren bzw. die neue Lernaufgabe zu lösen. Nach Brüning und Saum (ebd.) liegt aus Sicht der Vortragenden eine *Instruktion* vor, denn sie stellen einen Sachzusammenhang vor, erklären einen mathematischen Lösungsweg oder den Unterschied zwischen Haupt- und Nebensatz. Für die Zuhörer hingegen beginnt erneut eine weitere Konstruktionsleistung.

Kritik & Forschungslage

Noch vor wenigen Jahren war das Kooperative Lernen das von vielen Lehrkräften favorisierte Unterrichtssetting. Kaum eine Unterrichtsprobe von angehenden Lehrkräften, die ohne Kooperatives Lernen auskam. Der Hype hat – Gott sei Dank möchte man sagen – spürbar nachgelassen. Der Hauptgrund liegt m. E. in der Einsicht, dass echtes Kooperatives Lernen sehr komplex und anspruchsvoll ist. Ohne vernünftige Vorbereitung der Materialien kann eine echte Kooperation nur schwer gelingen. Darüber hinaus lassen sich Lernprozesse vieler Gegenstände in der Schule nur schwer mit einem vergleichsweise offenen Setting vereinbaren. Wenn Kinder anderen Kindern etwas erklären sollen, dann muss die Sache zunächst von Ihnen vollständig durchdrungen sein. Sonst unterrichten Ahnungslose Ahnungslose. Gleichwohl hat das kooperative Lernen, unter bestimmten Bedingungen, seine absolute Berechtigung und kann hochwirksam sein (Hattie & Zierer 2016, S.90). Allerdings ergaben Forschungen eindeutig, dass die Effektstärke des Kooperativen Lernens zunimmt, je älter die Lernenden sind (vgl. ebd.). Kooperatives Lernen ist, so die Autoren weiter besonders wirksam, wenn es eingebettet ist, in einen Unterricht, der bewusst Phasen der Direkten Instruktion einschließt (vgl. ebd., S. 91f).

Literatur:

Brüning, L. & Saum, T. (2009). *Erfolgreich unterrichten durch Kooperatives Lernen. Band 1: Strategien zur Schüleraktivierung*. Essen: NDS.

Green, N. & Green, K. (2005). *Kooperatives Lernen im Klassenraum und im Kollegium*. Seelze: Kallmeyer.

Hänze, M. (2008). Was bringen kooperative Lernformen? Ergebnisse aus der empirischen Lehr-Lern-Forschung. In: *Friedrich Jahresheft*, XXVI, S. 24-25.

Hattie, J. & Zierer, K. (2016). *Kenne deinen Einfluss. „Visible Learning" für die Unterrichtspraxis*. Baltmannsweiler: Schneider.

Johnson, D. W, & Johnson, R. T. (2008). Wie kooperatives Lernen funktioniert. Über die Elemente einer pädagogischen Erfolgsgeschichte. In: *Friedrich Jahresheft*, XXVI, S. 16-20.

| Sozialformen einsetzen | Kompetenzausprägung D |

Ich kann in Einzel-, Partner- und Gruppenarbeit eine positive gegenseitige Abhängigkeit herstellen.

Eine erfolgreiche kooperative Gruppenarbeit bedingt nach Weidner (2005, S. 53 ff.), dass jeder Schüler ganz genau weiß, welches seine persönliche Aufgabe ist. Nur mit diesem Wissen kann eine zuverlässige und verantwortungsvolle Übernahme einer Lernaufgabe erfolgen. Von zentraler Bedeutung ist darüber hinaus die Transparenz über die positive gegenseitige Abhängigkeit beim kooperativen Gruppenlernen. Damit ist nach Weidner (ebd., S. 35) gemeint, dass ein Eingebunden-Sein in einen kooperativen Arbeitsprozess, in dem alle auf ein gemeinsames Ziel hinarbeiten, vorliegt. Diese Erkenntnis, dass jeder Schüler für den Erfolg der ganzen Gruppe verantwortlich ist, stellt eine grundlegende Gelingensbedingung dar und bezeichnet eine Abhängigkeit voneinander, die positiv geprägt ist.

Eine solche positive Abhängigkeitsbeziehung stellt sich gleichwohl nicht von selbst ein, sondern muss mithilfe verschiedener Maßnahmen systematisch erlangt werden (vgl. z. B. die Hinweise zur Teambildung von Green & Green, 2005, S. 49 ff.). Johnson & Johnson (vgl. 1994) nennen insgesamt neun Möglichkeiten, um die besagte positive gegenseitige Abhängigkeit zu erzeugen, die von Weidner (vgl. 2005, S. 55 ff.) und Green & Green (2005, S. 77 ff.) folgendermaßen ausdifferenziert wird:[9]

1. Gemeinsames Ziel

Zu Beginn muss ein gemeinsames Ziel festgestellt werden, wobei positive gegenseitige Abhängigkeit dann gegeben ist, wenn alle Schüler einer Gruppe erleben, dass sie an einem gemeinsamen verbindlichen Ziel arbeiten.

2. Anreiz oder Belohnung

Im Hinblick auf die Beurteilung muss zu Beginn der Arbeit klargestellt werden, dass alle Schüler einer Gruppe die gleiche Belohnung bzw. Benotung erhalten. Das bedeutet im Umkehrschluss, dass die Gruppe nur erfolgreich ist, wenn alle ihre Aufgaben lösen.

3. Gemeinsame Materialien

Dieser Aspekt verweist auf positive Effekte, wenn nur ein einziges Set an Materialien oder Informationen ausgegeben wird und von den Gruppenmitgliedern geteilt werden muss. Dahinter verbirgt sich die Absicht, die Gruppe stärker miteinander zu binden, da sie durch das Teilen zu gemeinsamem Handeln „gezwungen" ist.

4. Übernahme verschiedener Rollen

Mit dieser Möglichkeit ist gemeint, dass jeder Schüler komplementäre und miteinander verbundene Rollen zugeschrieben bekommt. Es gibt nach Green & Green (2005, S. 81) zwei Rollentypen: *Arbeitsrollen* (wie etwa Schriftführer, Materialverantwortlicher) und *Soziale-Fertigkeits-Rollen* (wie etwa Ermutiger, Überprüfer etc.).

---

[9] Bei der Auflistung entstehen vereinzelt Unterschiede in der Aufzählung bzw. Beschreibung. Die hier dargestellten neun Möglichkeiten orientieren sich stark an die Arbeit von Weidner.

Die Rollen sollten regelmäßig gewechselt werden, damit die Schüler unterschiedliche Erfahrungen machen können.

5. Bearbeitung komplementärer Teile

Es ist wichtig für eine positive gegenseitige Abhängigkeit, dass die Gesamtaufgabe in eine Reihe von Untereinheiten gegliedert wird. Diese Untereinheiten müssen alle unerlässlich für die Bewältigung des Ganzen sein. So entsteht eine echte Arbeitsteilung.

6. Simulation

Eine positive Simulationsabhängigkeit existiert, wenn die Schüler sich in eine Situation hineinversetzen, bei der es um reale Problemstellungen geht. Die Schüler übernehmen dann Simulationsrollen (z. B. Leiter einer Expedition zum Nordpol).
Eine Simulation ist dann gegeben, wenn Gruppenmitglieder eine hypothetische (Grenz-) Situation bearbeiten, die sie nur als Gruppe erfolgreich bewältigen können oder in der sie nur durch gemeinsame Anstrengung überleben können.

7. „Kraft von außen"

Positive Abhängigkeit durch eine „Kraft von außen" ist nach Weidner dann gegeben, „wenn die Gruppenmitglieder gegen einen von außen gesetzten Standard wetteifern und diesen zu verbessern versuchen" (Weidner, 2005, S. 63). Mögliche Standards sind etwa die Leistungen anderer Gruppen, die Zeit oder bestimmte Testnoten vom letzten Jahr.

8. Abhängigkeit von der Umgebung

Der Begriff ‚Umgebung' meint hier in erster Linie die Sitzordnung der Schüler zueinander. Im kooperativen Arbeiten ist eine adäquate Sitzordnung wichtig, welche die Kommunikation untereinander erleichtert.

Die Gruppenmitglieder sollten sich räumlich so nah sein, dass jeder jeden ansehen kann (Eye-to-eye bzw. Knee-to-knee). Eine solche Sitzordnung erleichtert auch die Teambildung und ist eine Voraussetzung für ein echtes Zusammengehörigkeitsgefühl.

9. Gruppenidentität

Positive gegenseitige Abhängigkeit kann unterstützt werden durch den Aufbau einer gemeinsamen Identität. Im Idealfall gelingt es den einzelnen Gruppen ein Wir-Gefühl und eine spezifische Gruppenidentität zu schaffen. Identitätsbildende Maßnahmen könnten Gruppennamen, ein Motto, ein Logo, ein Lied, ein Spruch oder Ähnliches sein. So erscheint es denkbar, dass sich eine Gruppe ein persönliches Gruppensymbol aussucht und entsprechend gestaltet.

Literatur:

Green, N. & Green, K. (2005). *Kooperatives Lernen im Klassenraum und im Kollegium*. Seelze: Kallmeyer.

Johnson, D. W, & Johnson, R. T. (1994). *Leading the cooperative school* (2nd ed.). Edina: Interaction Book Company.

Weidner, M. (2003). *Kooperatives Lernen im Unterricht – Das Arbeitsbuch*. Seelze: Friedrich.

Sozialformen einsetzen	Kompetenzausprägung E

Ich kann gemäß den fünf Gelingensbedingungen kooperativen Lernens effektive Lernarrangements entwickeln.

Das Gelingen von kooperativen Lernformen hängt von verschiedenen Bedingungen ab. Solche Gelingensbedingungen werden schon seit den 1970er-Jahren erforscht. Die Forscher untersuchten dabei, unter welchen Bedingungen Gruppenunterricht wenig erfolgreich war und welche Merkmale gelungene Kooperation aufwiesen (vgl. vor allem die Arbeiten von Johnson; Johnson & Holubec, 1998). Aus den empirischen Forschungsvorhaben ergaben sich insbesondere fünf Bedingungen für erfolgreiches kooperatives Lernen, welche in der Literatur oft als Basiselemente bezeichnet werden (vgl. z. B. Weidner, 2006, S. 76)[10]. Diese Basiselemente bilden nach Brüning & Saum (2009, S. 133) „den Hintergrund für den Unterrichtenden, wenn er erfolgreich kooperative Lernprozesse initiieren und begleiten will". Diese Bedingungen werden im Folgenden dargestellt, wobei die Reihenfolge keine Hierarchisierung darstellt und alle Basiselemente gleichermaßen wichtig sind:

- *Soziale Kompetenz oder Teamkompetenz*: Soziale Kompetenzen der einzelnen Gruppenmitglieder sind als Interaktionsfertigkeiten Voraussetzung für gelingende Kommunikation, dazu gehört Kommunikationskompetenz (z. B. Zuhören können), Vertrauenskompetenz, Verantwortungskompetenz, Führungs- oder auch Konfliktlösekompetenz.
- *Individuelle Verantwortung bzw. gegenseitige Unterstützung:* Mit diesem Element ist gemeint, dass jeder Einzelne sich auf seine Aufgabe konzentriert und diese gewissenhaft erledigt. Darüber hinaus versucht aber auch jedes Gruppenmitglied die Produktivität der anderen Gruppenmitglieder zu erhöhen. Dazu werden nach Johnson & Johnson (vgl. 2008, S. 18) angemessene Hilfestellungen und Anregungen gegeben sowie Ressourcen geteilt.
- *Arbeit in Kleingruppen*: Dieses Basiselement meint, dass in den Gruppen eine echte Arbeit ermöglicht werden muss. Dazu sollten die Gruppen nicht aus mehr als vier Personen bestehen, denn nur so können die Lernenden so in räumlicher Nähe arbeiten, dass sie leise miteinander sprechen können und die Nachbargruppen nicht gestört werden. Darüber hinaus werden die Zusammenarbeit und die Einbindung der individuellen Arbeiten intensiviert.
- *Positive wechselseitige Abhängigkeit:* Dieses Basiselement meint, dass die Lehrkraft ein Lernsetting organisieren muss, in dem jeder Lernende erfolgreich sein muss, damit die Gruppe erfolgreich ist. Das bedeutet, dass jedes Gruppenmitglied von dem Lernerfolg aller anderen abhängig ist.
- *Reflexion des Gruppen- und Arbeitsprozesses bzw. Gruppenstrategien*: Diese Gelingensbedingung erfolgt im Anschluss an die Gruppenarbeit oder im Rahmen von Zwischensicherungen. Die Reflexion kann die Handlungen verdeutlichen, die für die Mitglieder zur Aufgabenlösung hilfreich bzw. hinderlich waren. Dabei können individuelle Beiträge oder Gruppenprozesse (z. B. Kommunikationsabläufe) in den Blick genommen werden. Die Lehrkraft muss dabei gewährleisten, dass die Reflexionen wertschätzend und lernförderlich erfolgen, etwa durch die Vermittlung von Feedbackregeln.

---

[10] Je nach verwendeter Literatur weichen die Basiselemente in Reihenfolge und Ausgestaltung ein wenig voneinander ab. Die hier gewählte Auflistung folgt stark der Darstellung von Brüning & Saum (2009).

Literatur:

Brüning, L. & Saum, T. (2009). *Erfolgreich unterrichten durch Kooperatives Lernen. Band 1: Strategien zur Schüleraktivierung.* Essen: NDS.

Green, N. & Green, K. (2005). *Kooperatives Lernen im Klassenraum und im Kollegium.* Seelze: Kallmeyer.

Johnson, D. W; Johnson, R. T. & Holubec, E. (1998). *Cooperation in the classroom* (6nd ed.). Edina: Interaction Book Company.

Johnson, D. W. & Johnson, R. T. (2008). Wie kooperatives Lernen funktioniert. Über die Elemente einer pädagogischen Erfolgsgeschichte. In: *Friedrich Jahresheft*, XXVI, S. 16-20.

Weidner, M. (2003). *Kooperatives Lernen im Unterricht* – Das Arbeitsbuch. Seelze: Friedrich.

Sozialformen einsetzen	CHECKLISTE

A Ich kann Vor- und Nachteile von unterschiedlichen Sozialformen benennen.

Mein aktueller Standort:
Wenn ich an eine für mich typische Arbeitswoche denke, kann ich…
- Vor- und Nachteile von Frontalunterricht nennen.
- Vor- und Nachteile von Einzelarbeit nennen.
- Vor- und Nachteile von Partnerarbeit nennen.
- Vor- und Nachteile von Gruppenarbeit nennen.

B Ich kann unterschiedliche Sozialformen zielführend einsetzen.

Mein aktueller Standort:
Wenn ich an eine für mich typische Arbeitswoche denke, …
- passen in meinen Stunden die Sozialformen zu den Lernleistungen der Schüler.
- sind meine Kernanliegen/Ziele, Methode/Sozialform und Phasierungen stimmig.
- ermöglichen die eingesetzten Sozialformen eine Differenzierung.
- passen die Rahmenbedingungen (Sitzordnung…) zur Sozialform.

So kann es gehen:
- Ich bestimme zumeist als erstes das Kernanliegen und wähle dann dazu passende Sozialformen/Methoden aus.
- Ich plane ausgehend vom Herzstück der Stunde (Lernaufgabe mit Sozialformen) den weiteren Stundenverlauf.
- Ich orientiere mich bei der Wahl der Sozialformen an meiner Bedingungsanalyse.

C Ich kann Sozialformen zielführend miteinander verknüpfen.

Mein aktueller Standort:
Wenn ich an eine für mich typische Arbeitswoche denke, …
- habe ich zur Aktivierung der Lerngruppen häufiger ein Think-Pair-Share oder andere kooperative Methoden eingesetzt.
- führe ich vor Unterrichtsgesprächen oder bei geringer Beteiligung in Gesprächen eine Murmelphase durch.
- wechseln sich unterschiedliche Sozialformen in meinen Unterrichtsstunden ab und beziehen sich sinnvoll aufeinander.

So kann es gehen:
- Ich gebe Schüler Zeit, um eigene Gedanken zu entwickeln. Anschließend werden ihre Ergebnisse in Partnerarbeit oder im Plenum besprochen.
- Ich öffne Unterrichtsgespräche, indem ich Schüler im Vorfeld die Gelegenheit gebe, sich zum Thema Gedanken zu machen.
- Ich vermittle Schülern Selbstvertrauen in ihre Lernleistungen, indem ich vor Präsentationen individuelle Übungszeiten zur Verfügung stelle.

D Ich kann in Einzel-, Partner- und Gruppenarbeit eine positive gegenseitige Abhängigkeit herstellen.

Mein aktueller Standort:
Wenn ich an eine für mich typische Arbeitswoche denke, ...
- setzte ich regelmäßig Methoden des Kooperativen Lernens ein.
- verknüpfe ich bei der Aufgabenformulierungen Sozialformen so miteinander, dass die Schüler durch die Aufgabenstellungen miteinander sprechen müssen.
- setze ich Gruppenarbeitsrollen ein.
- sind die Aufgaben so formuliert, dass die Schüler Anreize für themenzentrierte Gespräche mit ihrem Partner haben.

So kann es gehen:
- Ich schaffe in kooperativen Lernarrangements eine positive Zielabhängigkeit, indem ich Transparenz über die Lernziele herstelle und jeder Gruppenteilnehmer einen Beitrag zum Erreichen des Ziels beitragen muss.
- Ich formuliere einen weiterführenden Arbeitsauftrag, der die Mitarbeit aller erfordert, wenn vorher Schüler Ergebnisse in Paaren bzw. Gruppen präsentiert haben.
- Ich setze neben den Aufgabenrollen (Materialholer, Präsentator, Checker etc.) auch soziale Rollen (Ermutiger, Lautstärkemanager etc.) ein.

E Ich kann gemäß den fünf Gelingensbedingungen Kooperativen Lernens effektive Lernarrangements entwickeln.

Mein aktueller Standort:
Wenn ich an eine für mich typische Arbeitswoche denke, ...
- haben einzelne Stunden ein Kernanliegen zur kooperativen Verhalten der Klasse.
- plane ich die Gruppengröße in der Regel mit vier Schülern.
- ist auch die Gruppenarbeitsatmosphäre Thema des Unterrichts.
- ermöglicht die Tischordnung eine enge Zusammenarbeit innerhalb einer Gruppe.

So kann es gehen:
- Ich wechsle die Zusammensetzung von Teams eines Gruppenarbeitstisches frühesten nach einem Monat und spätestens nach einem Schulhalbjahr aus.
- Ich führe systematisch kooperative Kompetenzen (T-Chart) in Lerngruppen als Ziele der Woche ein.
- Ich starte mit Partnerarbeit, bevor ich komplexere kooperative Lernarrangements einsetze.

5.2 Gespräche führen: *Dirk Braun & Lars Schmoll*

Kompetenz-ausprägung	Ich kann ...
A	zentrale Gelingensbedingungen der verschiedenen Formen von Unterrichtsgesprächen nennen.
B	ein weitestgehend zielführendes Unterrichtsgespräch gestalten, welches einzelne der zentralen Gelingensbedingungen erfüllt.
C	unterschiedliche Gesprächsstrategien und Moderationstechniken so anwenden, dass Beiträge der Lernenden zum Weiterlernen genutzt und Phasen verknüpfen werden.
D	phasengerecht unterschiedliche Gesprächsstrategien und Moderationstechniken so anwenden, dass Schülerbeiträge diskursiv und transparent eingebunden werden.

| Gespräche führen | Kompetenzausprägung A |

Ich kann zentrale Gelingensbedingungen der verschiedenen Formen von Unterrichtsgesprächen nennen.

In der didaktischen Literatur gibt es eine Vielzahl von Strukturierungsmustern der verschiedenen Unterrichtsgespräche (vgl. z. B. Bittner, 2006; Gudjons, 2007; Meyer, 1994; Orth, 2009). Zur Vereinfachung wird im Folgenden nur eine Zweiteilung vorgenommen:

- das mehr oder weniger gelenkte Unterrichtsgespräch.
- kontroverse Gespräche (z. B. Debatte, Diskussion).

Beiden Gesprächsformen liegen zwei grundsätzliche Gelingensbedingungen zu Grunde:

Ich kann:
- eine positive Grundeinstellung zum geplanten Unterrichtsgespräch einnehmen, die geprägt ist durch Kommunikationsbereitschaft, Offenheit, Flexibilität und Echtheit. Ich stütze dies durch Formen des kontrollierten Dialoges und der Körpersprache. Ich rede jeden Schüler mit Namen an.
- klare Gesprächsregeln aufstellen und die Einhaltung konsequent einfordern. Dies stütze ich durch den sinnvollen Einsatz meiner Körpersprache (z. B. non-verbale Signale) und meine Stellung im Raum (Proxemik). Insbesondere belohne ich keine Zwischenrufe. Des Weiteren werden kommunikationsfördernde Rahmenbedingungen geschaffen (z. B. Sitzordnung in U-Form).

Gelingensbedingungen im mehr oder weniger gelenkten Unterrichtsgespräch:

Ich kann:
1. Fragen und Impulse als einen ‚roten Faden' des Gesprächs nutzen, der didaktisch begründet ist.
2. die Ziele der Unterrichtsphase für die Lerngruppe transparent machen (z. B. durch eine Leitfrage).
3. W-Fragen sinnvoll einsetzen, Operatoren des Faches zur Impulsgebung sowie konvergente (an Bekanntes anknüpfen) oder divergente Fragen (auf unterschiedliche Lösungen gerichtet) nutzen.
4. Fragefehlformen (z. B. Suggestivfragen, Kettenfragen etc.) oder Straßensperren der Kommunikation (vgl. Gordon, 1998) vermeiden.
5. *Lehrerecho* vermeiden und eine angemessene Wartezeit nach Fragen oder Impulsen einhalten (Anmerkung: In Fremdsprachen kann ein Lehrerecho als direkte Korrektur der Aussprache sinnvoll sein).
6. Schüler ins Gespräch sinnvoll einbinden, ohne übermäßig das Drannehmen sich nicht meldender Lernender als Disziplinierung zu nutzen. Darüber hinaus kann ich die gesamte Lerngruppe (ggf. durch eine Meldekette) aktivieren und meinen Redeanteil zugunsten größerer Sprechanteile der Lernenden verringern.
7. Beiträge der Lernenden angemessen wertschätzen und beurteilen. Dabei gebe ich echtes Lob und formuliere Kritik und notwendige Korrekturen klar und sachlich.
8. Gesprächsergebnisse transparent sichern (z. B. durch ein Tafelbild).
9. die Dauer und Komplexität des Unterrichtsgesprächs der Lerngruppe anpassen.
10. Ich fungiere als Lehrkraft deutlich als Sprachvorbild.

Gelingensbedingungen eines kontroversen Unterrichtsgesprächs:

Ich kann:

1. ein kontroverses Thema auswählen und aufbereiten.
2. mich auf eine offene Diskussion einlassen und mich als Lehrkraft soweit wie möglich zurücknehmen.
3. die Gesprächsergebnisse transparent sichern.
4. eine Meta-Diskussion über das kontroverse Gespräch anleiten.

Literatur:

Bittner, S. (2006): *Das Unterrichtsgespräch. Formen und Verfahren des dialogischen Lehrens und Lernens*. Bad Heilbrunn: Klinkhardt.
Gordon, T. (1998). *Lehrer-Schüler-Konferenz* (12. Aufl.). Hamburg: Heyne.
Gudjons, H. (2007): *Frontalunterricht – neu entdeckt. Integration in offene Unterrichtsformen* (2. durchgesehene Aufl.). Bad Heilbrunn: Klinkhardt.
Meyer, H. (1994): *UnterrichtsMethoden. Bd. 2. Praxisband* (7. Aufl.). Frankfurt am Main: Cornelsen.
Orth, P. (2009). Gesprächsformen und ihre Gelingensbedingungen. *Pädagogik*, 61 (1), S. 30-33.

| Gespräche führen | Kompetenzausprägung B |

Ich kann ein weitestgehend zielführendes Unterrichtsgespräch gestalten, welches einzelne der zentralen Gelingensbedingungen erfüllt.

Eine gute Möglichkeit, die eigene Kompetenzentwicklung zu überprüfen, sind Checklisten, die zur Fremd- oder Eigenbeurteilung genutzt werden können. Eine Checkliste für den Bereich Gesprächsführung bietet der folgende Vorschlag. Dieser stellt eine praktische Umsetzung der Kompetenzausprägung A dar.

Gespräche führen	stimmt	stimmt zum Teil	stimmt zum Teil nicht	stimmt nicht
Ich verzichte auf Lehrerecho.				
Die Schüler halten die vorher festgelegten Gesprächsregeln ein.				
Ich habe eine offene Körperstellung, halte Blickkontakt mit den Schülern und achte auf angemessene Proxemik.				
Ich vermeide Fehlformen der Lehrerfrage (z. B. Suggestivfragen).				
Ich gebe den Schüler ausreichend Zeit zur Beantwortung einer Frage bzw. zur Reaktion bei einem L-Impuls.				
Ich habe die gesamte Lerngruppe im Blick und beziehe auch die schwächeren bzw. stilleren Schüler mit ein.				
Ich bündele (z. B. durch Paraphrasierung) Gesprächsbeiträge und gebe den Schülern positives bzw. kritisch-konstruktives Feedback zu Redebeiträgen.				
Ich verwende wenig W-Fragen und nutze bei Impulsen die Operatoren des Faches.				
Ich verringere meinen Redeanteil zugunsten größerer Sprechanteile der Schüler (z. B. mithilfe einer Meldekette) und vermeide ‚Ping-Pong-Gespräche'.				
Ich schaffe es, Ergebnisse eines Unterrichtsgesprächs zu bündeln und schülergerecht zu visualisieren bzw. zu sichern.				
Ich strukturiere das Unterrichtsgespräch durch klare Signale.				
Der ‚rote Faden' und das Ziel des Gesprächs ist auch bei divergierenden Aussagen der Schüler deutlich erkennbar.				
Ich ziehe mich bei offenen Schülergesprächen bzw. kontroversen Gesprächen in eine Moderatorenrolle zurück.				

| Gespräche führen | Kompetenzausprägung C |

Ich kann unterschiedliche Gesprächsstrategien und Moderationstechniken so anwenden, dass Beiträge der Lernenden zum Weiterlernen genutzt und Phasen verknüpft werden.

Zehn Strategien zur Verbesserung der Gesprächsführung[11]

1. *Strategie*: Zuhören - Aufmerksamkeit signalisieren - sich Notizen machen - Beiträge zusammenfassend wiederholen bzw. zusammenfassend wiederholen lassen *Beispiele:* - *Wir hören uns jetzt drei Vorschläge (Hypothesen, Fragen, Beispiele, Ideen, ...) an.* - *Ich wiederhole die Beiträge. Eine Gruppe meinte, dass..., die andere Gruppe hingegen meinte, dass...* - *Es wurden drei Argumente genannt: Erstens..., zweitens..., drittens...*	**6. *Strategie:* Gewichten** - zwei oder drei Schüler auffordern, ihre Beiträge zu wiederholen - Beiträge in Beziehung setzen zur Fragestellung der Stunde - Transparenz herstellen zur Zielrichtung des weiteren Vorgehens *Beispiele:* - *Anna, Simon und Johannes wiederholen noch mal ihre Vorschläge.* - *Jetzt vergleichen wir das, was Anna sagt, mit dem von Jonas/mit unserer Ausgangsfrage, ...* - *Ich behaupte: In dem, was Anna sagt, steckt die Antwort (Lösung) auf unsere Problemfrage.*
2. *Strategie:* Öffnen - Schülerbeiträge weitergeben (nicht sofort antworten, weitere Beiträge annehmen) - Schülerkette: jeder Schüler, der einen Beitrag geleistet hat, kann bestimmen, wer als nächstes drankommt. - offene Impulse *Beispiele:* - *Was sagen die anderen dazu?* - *Ich sehe, es gibt noch weitere Vorschläge.* - *Andere haben ganz andere Ideen.* - *Damit viele drankommen, machen wir ein Kettengespräch. Thomas du beginnst.*	**7. *Strategie:* Inhalte ausschärfen** - Inhalte zusammenfassen, um die Schüler zu orientieren (ein Sprachvorbild geben) - Fachbegriffe ergänzen und erläutern - komplexe Sachverhalte visualisieren *Beispiele:* - *Ich fasse das, was Anna sagt, in der Sprache der Physiker zusammen.* - *Damit wir uns eine Vorstellung davon machen können, stelle ich es so dar: ...* - *Wiederhole deinen Vorschlag und benutze den Fachbegriff ...* - *Dieses Diagramm hilft uns, ... besser zu verstehen.*
3. *Strategie:* Zeit geben - ausreichend Zeit zum Nachdenken geben, mindestens drei Sekunden warten - ein Murmelgespräch anregen (zwei Minuten Zeit geben, Meinung, einen Lösungsvorschlag oder eine Frage auszuhandeln. Meinungen abgerufen und im Plenum vergleichend diskutiert.)	**8. *Strategie:* Strukturieren und Kategorisieren** - Kategorien aufzeigen und Beiträge zuordnen lassen - Zusammenhänge zu Grundgesetzlichkeiten herstellen und Abstraktionsschritte verdeutlichen - auf die Abfolge von Arbeitsschritten verweisen

---

[11] Die Strategien sind in Anlehnung an Informationspapiere des Studienseminars in Koblenz (http://www.studienseminar-Koblenz.de//medien/pflichtmodule_unterlagen/2015/621/03%20Strategien%20der%20Gespr%E4chsf%FChrung.pdf [Zugriff am 11.12.2018]

- Notizen machen lassen oder Methode des Aushandelns anwenden *Beispiele:* - Ich gebe euch zwei Minuten für ein Murmelgespräch. - Ich wiederhole die Frage (das Problem) noch mal, ihr bekommt zwei Minuten Zeit zum Nachdenken. Macht Euch ein paar Notizen, wir hören uns dann zwei Vorschläge an und vergleichen diese.	*Beispiele:* - Wir haben jetzt viele Beispiele gehört. Diese sortieren wir als nächstes ein in die Rubriken Energie und Energieträger. - Vergleicht die Vorschläge von Anna und Johannes. - Zuerst haben wir uns Beispiele angesehen, dann haben wir diese nach Gemeinsamkeiten sortiert und jetzt ordnen wir den Gruppen einen Oberbegriff zu. Macht Vorschläge dazu.
4. Strategie: Beiträge wieder aufgreifen - Schüler bitten, seinen Beitrag zu wiederholen - Mitschüler um Stellungnahme bitten - an Beiträge von Schülern erinnern und in Beziehung setzen zu … *Beispiele:* - Anna, du hattest eine gute Idee. Wiederhole deinen Vorschlag, deine Frage, deine Überlegung … noch mal laut und deutlich. - Ich erinnere noch einmal an den Vorschlag von Anna. - Johannes, ich sehe, dass du mit Annas Vorschlag nicht einverstanden bist. - Anna sagte… und Simon sagte… Das widerspricht sich doch! - Wir kommen einen Schritt weiter, wenn wir den Vorschlag von Anna mit dem von Simon verbinden.	**9. Strategie: Phasen miteinander vernetzen** - Transparenz zur Vorgehensweise herstellen und einen Programmüberblick geben - an vorhergehende Phasen erinnern - Ergebnisse in Beziehung setzen zu den Hypothesen vom Anfang der Stunde *Beispiele:* - Jetzt haben wir das … geklärt. Nun steht die Frage an, ob … - Beziehe das, was Anna gesagt hat, auf unsere Ausgangsfrage. - Wir vergleichen das Ergebnis aus dem Experiment mit dem … - Schlagt im Heft (Buch) nach und nutzt das in Verbindung mit …
5. Strategie: Rückmeldung geben - geeignete Beiträge deutlich wiederholen - Hilfen anbieten, einen Beitrag zu präzisieren - auf geeignete Anteile in Schülerantworten hervorhebend verweisen *Beispiele:* - Ich erinnere noch einmal an den Vorschlag von Anna. - Anna, ich formuliere deinen Vorschlag einmal um. - Das Entscheidende an deinem Vorschlag ist …	**10. Strategie: Ergebnisse sichern** - Ergebnisse zusammenfassen oder zusammenfassen lassen - auf die Ausgangsfrage Bezug nehmen - neu erworbenes Wissen mit Vorwissen vernetzen *Beispiele:* - Fassen wir zusammen: …. - Ich fasse in drei Schritten zusammen: 1. …, 2. …, 3. … - Jetzt haben wir alles zusammen, um unsere Ausgangsfrage zu beantworten. - Wie verträgt sich das mit dem, was wir über … gelernt haben? - Neu gelernt haben wir in dieser Stunde …

| **Gespräche führen** | **Kompetenzausprägung D** |

Ich kann phasengerecht unterschiedliche Gesprächsstrategien und Moderationstechniken so anwenden, dass Schülerbeiträge diskursiv und transparent eingebunden werden.

Die Anforderungen an die Gesprächsführung bzw. Moderation von Lehrkräften sind phasenabhängig. So ist die Gesprächsrolle des Lehrers z. B. in Einstiegsphasen eine andere, als bei der Anleitung von Ergebnispräsentationen. Die folgende Tabelle gibt einen Überblick darüber, welche Leistungen auf Schüler- bzw. Lehrerseite gefordert sind.

Schülerleistung	Lehrerleistung
Im Lernkontext ankommen / Problemstellung entdecken	
sich frei äußern sich beteiligen Wirkung, Wahrnehmungen, Meinungen formulieren	mit Impulsen öffnen Zeit lassen begeistern nonverbal aktivieren sammeln nicht kommentieren
Vorstellungen entwickeln / Vermutungen formulieren	
sich an der Entwicklung der Problemfrage, Hypothese beteiligen	Vorstellungen verhandeln, Beiträge akzentuieren, strukturieren, fokussieren
Lernmaterial bearbeiten / Lernprodukt erstellen	
das Lernmaterial in der passenden Sozialform bearbeiten zum Lernprodukt beitragen das eigene/das gemeinsame Lernprodukt verantworten	Methoden erläutern Zeit geben zum Bearbeiten bei Störungen intervenieren
Lernprodukt präsentieren / Lernprodukt diskutieren	
(Diese Phase gehört den Lernern!) die Vielfalt der Produkte als Lernchancen nutzen das eigene/das gemeinsame Lernprodukt verantworten	die Abfolge festlegen sich zurückhalten und genau zuhören zum diskursiven Austausch anregen
Lerngewinn definieren / Lerngewinn sichern	
sich auf den Lehrenden konzentrieren sein eigenes Lernen verantworten	Ergebnisse strukturieren Bezüge herstellen zum Reflektieren anregen
Vernetzen und transferieren / sicher werden und üben	
neu Gelerntes in das Wissensnetz einbinden noch offene Fragen stellen	die Stunde runden das neu Erlernte verallgemeinern (helfen) auf Anwendungen verweisen

Formulierungsbeispiele

Schülerleistung	Lehrerleistung
Im Lernkontext ankommen / Problemstellung entdecken	
sich frei äußern sich beteiligen Wirkung, Wahrnehmungen, Meinungen formulieren	Stummer Impuls! Äußert euch! Äußert euch zu …! Achtet dabei auf…! Äußert eure Gedanken, Gefühle, Meinungen! Wir sammeln! / Wir sammeln weiter! Nehmt Stellung! Kommentiert …! Formuliert eure Meinung! Schildert eure Eindrücke! Ihr seid dran! Beschreibt … (die Abbildung …)! Beschreibt, was ihr seht! Beschreibt, wie der Text auf euch wirkt! Beschreibt die Wirkung! Beschreibt eure Assoziationen! Ihr seid täglich in dieser Situation. Beschreibt eure Wahrnehmungen/Gefühle in dieser Situation! Schildert / erläutert die Wirkung! Ruft das bei euch Reaktionen hervor? Versetzt euch in die Situation …! Stellt euch vor, ihr seid … und sollt …! Ihr kennt doch alle …! Ich gehe davon aus, ihr wisst …! Ich bin überzeugt, ihr kennt …! Erinnert euch an die letzte Stunde! Denkt an …! Bringt … mit dem Ergebnis der letzten Stunde in Verbindung! Setzt das in Beziehung zu...! Versucht, dies in euren eigenen Worten zu sagen! Präzisiere deine Antwort noch! Ich fasse zusammen!
Vorstellungen entwickeln / Vermutungen formulieren	
sich an der Entwicklung der Problemfrage, Hypothese beteiligen	Wenn wir uns auf diesen Punkt konzentrieren, wie könnte dann das Stundenthema lauten? Fasst zusammen, was bisher erarbeitet wurde! Formuliert eure Vermutungen dazu! Nehmt aufeinander Bezug! Erinnert euch! Nehmt Stellung zur Aussage von …! Ergeben sich Probleme? Abschließend können wir also festhalten … Halten wir das bisher Geäußerte in einem Begriff fest! Greife den Gedanken von … auf und entwickle ihn weiter! Vergleicht die Ideen von … und …! Formuliert eine Problemfrage! Ich helfe beim Sortieren: Es wurde etwas gesagt zu … Nun konzentrieren wir uns auf …!

	Tragt eure Ideen zusammen!
	Sammelt Ideen und entwickelt Hypothesen, die sich daraus ableiten lassen!
	Stellt Hypothesen auf, die wir im Anschluss bearbeiten können!
	Ihr habt verschiedene Aspekte genannt: 1. ..., 2. ... und 3. ... Heute wollen wir den 3. Aspekt weiter verfolgen!
	Schlagt Lösungsmöglichkeiten vor!
	Lenkt euren Blick auf den Vorschlag von ...!
	Vergleicht mit unseren bisherigen Erkenntnissen!
	Erkennt ihr Unterschiede/Differenzen, Neuerungen ...?
	Vergleicht die festgestellten Auffälligkeiten mit eurem bisher erworbenen Wissen!
	Entnehmt ihr den bisherigen Äußerungen Gemeinsamkeiten?
	Wird hier etwas Neues, Bekanntes ... zum Ausdruck gebracht?
	Da wurde bereits etwas besonders Wichtiges gesagt!
	Stellt Bezüge zwischen den einzelnen Äußerungen her!
	Das folgende Material hilft uns bezüglich der Frage ... weiter!
	Dieser Punkt scheint euch besonders zu interessieren. Wisst ihr dazu bereits mehr?
	Es wurde häufig ... geäußert. Liegt hier etwas Interessantes/Bemerkenswertes ... vor?
	Ihr habt verschiede Positionen bezogen. Könnt ihr gewichten/euch entscheiden ...?
Lernmaterial bearbeiten / Lernprodukt erstellen	
das Lernmaterial in der passenden Sozialform bearbeiten zum Lernprodukt beitragen das eigene/das gemeinsame Lernprodukt verantworten	Bearbeitet die Aufgaben auf dem AB in EA/PA/GA!
	Nutzt dazu folgende Methode ...!
	Ihr habt ... Zeit und folgendes Material zur Verfügung ...
	Als Hilfe liegt für euch bereit ...
	Der Arbeitsauftrag liegt euch schriftlich vor.
	Präsentiert anschließend euer Ergebnis mittels ...!
	Erklärt dabei euren Mitschülern, wie ihr zu eurem Ergebnis gekommen seid!
	Erkläre, was du leisten sollst!
	Formuliere, was dir schwer fällt!
	Überprüft eure Hypothesen, indem ihr ...
	Um den Aspekt ... näher zu betrachten, arbeitet an folgender Aufgabe...!
	Im nächsten Schritt beschäftigt ihr euch mit der Problemfrage ...
Lernprodukt präsentieren / Lernprodukt diskutieren	
(Diese Phase gehört den Lernern!) die Vielfalt der Produkte als Lernchancen nutzen das eigene/das gemeinsame Lernprodukt verantworten	Stellt das Ergebnis vor!
	Erklärt den Mitschülern euer Produkt!
	Fasst zusammen, was ihr erarbeitet habt!
	Erklärt, zu welchem Schluss/Ergebnis wir kommen können!
	Wir kommen zur Diskussion der Ergebnisse!
	Eine Gruppe präsentiert ihre Ergebnisse zu ..., dann wird das Ergebnis diskutiert, worauf die nächste Gruppe präsentiert!
	Während Gruppe A vorträgt, achtet Gruppe B auf ... (u. a. Richtigkeit, Vollständigkeit, Gemeinsamkeiten, Widersprüche etc.)!
	Hört zu, damit wir danach die Ergebnisse vergleichen und diskutieren können!
	Gebt den Vortragenden Rückmeldung!

	Gibt es Ergänzungen, Fragen?
	Betrachtet euer Lernprodukt/Ergebnis unter folgendem Aspekt!
	Diskutiert die (unterschiedlichen) Ergebnisse!
	Demonstriere dein Ergebnis an/mit …!
	Begründe deine Ergebnisse!
	Informiere die andere Gruppe genau (arbeitsteilige GA)!
	Beleuchtet folgenden Aspekt genauer!
	Bringt das genau auf den Punkt!
	Sind alle der Meinung?
	Könnt ihr euch einigen?
	Erinnert euch an den Beitrag von … und nehmt zu dessen Aussage Stellung!
	Erörtert die dargestellten Möglichkeiten!
	Begründet/beurteilt die Äußerung!
	Unterstützt oder widerlegt die Aussage!
	Bringt die Ergebnisse in eine sinnvolle Reihenfolge!
	Fassen wir alle Ergebnisse zusammen!
Lerngewinn definieren / Lerngewinn sichern	
sich auf den Lehrenden konzentrieren sein eigenes Lernen verantworten	Nennt die wichtigsten Ergebnisse der Stunde!
	Fasst abschließend zusammen!
	Tragt das Wesentliche zusammen!
	Lege die zentralen Erkenntnisse dar!
	Zieht ein Fazit!
	Ordnet die Ergebnisse … zu!
	Vergleicht die Ergebnisse mit den Vorstellungen/Hypothesen vom Stundenbeginn!
	Setzt die Ergebnisse zu … vom Stundenbeginn in Beziehung!
	Erinnert euch an … zu Beginn der Stunde!
	Stellt die bisherigen Ergebnisse strukturiert zusammen!
	Stellt eine Regel auf!
	Formuliert eine allgemeingültige Aussage!
	Jeder formuliert einen Satz zum seiner Meinung nach Wichtigsten der Stunde!
Vernetzen und transferieren / sicher werden und üben	
neu Gelerntes in das Wissensnetz einbinden noch offene Fragen stellen	Grenze das Prinzip … gegen … ab!
	Beurteilt im Hinblick auf …!
	Ordne … in … ein!
	Ihr habt heute erkannt, dass … Beziehe die Aspekte auf Alltagssituationen, die dir bekannt sind!
	Wende das neue Wissen auf … an!
	Spielt dieser Aspekt eine Rolle bei …?
	Ist das denn heute noch/nicht mehr so?
	Abstrahiert die Anwendungen!
	Verbleiben noch offene Fragen im Gesamtprozess?
	Wir haben heute weitere Aspekte zu dem Problemkreis bearbeitet. Können wir nun das Problem insgesamt lösen/beheben?
	Nehmt Stellung/beurteilt …!

| Gespräche führen | **CHECKLISTE** |

A   Ich kann zentrale Gelingensbedingungen der verschiedenen Formen von Unterrichtsgesprächen nennen.

Mein aktueller Standort:
Wenn ich an eine für mich typische Unterrichtsstunde denke, ...
- besteht eine kommunikative Offenheit, so dass der Redeanteil von möglichst vielen Schülern möglichst groß ist.
- kann ich Gesprächsregeln nennen.
- Operatoren für Impulse benennen.
- nutze ich häufig Formen der nonverbalen Kommunikation.

B   Ich kann ein weitestgehend zielführendes Unterrichtsgespräch gestalten, welches einzelne der zentralen Gelingensbedingungen erfüllt.

Mein aktueller Standort:
Wenn ich an eine für mich typische Unterrichtsstunde denke, ...
- rede ich jeden Schüler mit Namen an.
- werden klare Gesprächsregeln beachtet.
- haben Unterrichtsgespräche ein Ziel bzw. Ergebnis.
- sind zentrale Impulse mit Operatoren formuliert.

So kann es gehen:
- Ich formuliere bei der Unterrichtsplanung zentrale Impulse für Gesprächsphasen.
- Ich nutze eine Meldekette, um meine Redeanteile zu reduzieren.
- Ich gebe der Lerngruppe nach einem Impuls Zeit zum Denken und nehme dann erst Schüler dran.

C   Ich kann unterschiedliche Gesprächsstrategien und Moderationstechniken so anwenden, dass Beiträge der Lernenden zum Weiterlernen genutzt und Phasen verknüpfen werden.

Mein aktueller Standort:
Wenn ich an eine für mich typische Unterrichtsstunde denke, ...
- verwende ich öffnende Impulse und offene Fragen.
- können die Lerngruppen ohne Aufforderungen mit Meldeketten umgehen.
- verwende ich ein Grundrepertoire an strukturierenden Gesprächselementen.
- variieren meine Impulse entsprechend der Strategie, die ich anwenden möchte.

So kann es gehen:
- Ich führe erst eine Murmelphase durch, danach führe ich das Gespräch.
- Ich halte Gesprächsergebnisse von mir und Schülern an der Tafel fest.
- Ich lasse wesentliche Impulse in einem Gespräch durch eine weitere Person (Mentor, Schüler etc.) dokumentieren.

D   Ich kann phasengerecht unterschiedliche Gesprächsstrategien und Moderationstechniken so anwenden, dass Schülerbeiträge diskursiv und transparent eingebunden werden.

<u>Mein aktueller Standort:</u>
Wenn ich an eine für mich typische Unterrichtsstunde denke, ...
    beziehen Schülerbeiträge sich häufig aufeinander.
    werden Positionen (aus-)diskutiert.
    variieren meine Impulse entsprechend der Unterrichtsphase.
    nutze ich ein großes Repertoire an strukturierenden Gesprächselementen.

<u>So kann es gehen:</u>
- Ich übergebe die Gesprächsleitung an Schüler.
- Ich bereite Unterrichtsgegenstände so auf, dass unterschiedliche Perspektiven bzw. Positionen eine Diskussion ermöglichen.
- Ich führe die Gesprächsregel ein, dass ein Redner sich mit mindestens einem Satz auf seinen Vorredner beziehen muss.

5.3 Medienbildung und Digitales Lernen: *Drinka Blome & Lars Schmoll*

Kompetenz-ausprägung	Ich kann ...
A	verschiedene digitale Instrumente benennen und in ihren Grundfunktionen bedienen.
B	Medienbildung erklären und ihre Aufgaben und Ziele darstellen.
C	Grundzüge der Mediendidaktik erläutern.
D	Möglichkeiten und Grenzen digitaler Medien für den Unterricht anhand des SAMR-Modells beurteilen.
E	anhand des Europäischen Rahmens für Digitale Kompetenz Lehrender (DigCompEdu) meine eigenen Kompetenzen einschätzen und daraus persönliche Entwicklungsziele ableiten.

Medien nutzen	Kompetenzausprägung A

Ich kann verschiedene digitalen Instrumente benennen und in ihren Grundfunktionen bedienen

Die Digitalisierung der Schulen ist in der Bildungspolitik im ganzen Land das Thema der letzten Jahre und sicher noch lange nicht abgeschlossen. Die Diskussionen pendeln zwischen unkritischen Heilsversprechen und extremer Skepsis.

Fest steht, dass digitale Medien neue Lernmöglichkeiten auf verschiedenen Ebenen bieten (werden). In welcher Weise traditionelle Medien (vor allem die Tafel oder das klassische Schulbuch) noch Bestand haben werden, bleibt abzuwarten. Im Wortsinn sind Medien zunächst einmal „vermittelnde Elemente".

Die Elemente werden in kommunikativen Zusammenhängen mit technischer Unterstützung gespeichert, wiedergegeben, angeordnet oder verarbeitet und in bildhafter und/oder symbolischer Form präsentiert (vgl. genauer z. B. Weidenmann, 2006; Tulodziecki & Herzig, 2002). In der Schule spricht man häufig von digitalen Werkzeugen. Die Möglichkeiten solcher digitaler Werkzeuge sind in jedem Fall sehr vielfältig, wenn auch von Fach zu Fach unterschiedlich. Einen umfassenden Überblick über vorhandene digitale Instrumente zu geben ist schwierig, da die Dynamik in diesem Feld sehr groß ist. Die folgende Liste gibt einen ersten Einblick:

- Lesetagebücher digital (z.B. Book Creator App),
- Erklärvideos erstellen (z.B. www.mysimpleshow.com; www.powtoon.com),
- Virtuelle Rundgänge (z.B. https://biparcour.de; https://actionbound.com),
- Trickfilme (z.B. mit www.stopmotiontuturials.com),
- Quiztools (z.B. https://kahoot.com),
- Filmbearbeitung mit Movie Maker,
- Präsentation (z.B. www.prezi.com, https://explainerverything.com),
- Learning apps (http:learningapps.org),
- Kollaboratives Arbeiten (z.B. https://edupath.ch; www.tricider.com, https://padlet.com),
- Abfragen (z.B. www.mentimeter.com),
- Aufgaben mit QR-Codes belegen (www.qrcode-generator.de),
- Hörspiele erstellen (z.B. www.audacityteam.org/),
- Arbeiten mit einer Lernplattform (z.B. moodle),
- ...

Die Liste lässt sich sicher beliebig erweitern. Zentral ist die Tatsache, dass der Einsatz eines digitalen Instruments nicht per se einen Mehrwert an Lernen darstellt. Es bedarf also eines reflektierten Einsatzes solcher Instrumente, um (digitales) Lernen nachhaltig zu stützen.

Literatur:

Tulodziecki, G. & Herzig, B. (2002). *Computer & Internet im Unterricht. Medienpädagogische Grundlagen und Beispiele*. Berlin: Cornelsen.

Weidenmann, B. (2006). Lernen mit Medien. In: A. Krapp & B. Weidenmann (Hrsg.). *Pädagogische Psychologie* (5. völlig überarbeitete Aufl.) (S. 423-476). Weinheim: Beltz – PVU.

Medien nutzen	Kompetenzausprägung B

Ich kann Medienbildung erklären, ihre Aufgaben und Ziele darstellen

Die rasante Entwicklung der Medien in den letzten Jahren hat zu einer Ausweitung der *Medienpädagogik* geführt, deren Forschungsergebnisse die *Medienerziehung* leiten. Hauptziel ist die Ausbildung einer *Medienkompetenz* bei Kindern und Jugendlichen. Mediendidaktik ist ein Teilgebiet der Medienpädagogik.
Der Begriff der Medienkompetenz (heute eher Medienbildung) wurde in den 1970er Jahren durch den Erziehungswissenschaftler und Medienwissenschaftlicher Dieter Baake eingeführt und umfasst vier Dimensionen (vgl. Baake 1997, Weidenmann 2006):

1. **Medienkritik** (= kritischer Umgang mit Medien, etwa mit Quellen von Nachrichten)
2. **Medienkunde** (= Bedienung der Geräte und das Wissen über heutige Medien),
3. **Mediennutzung** (= das Anwenden und Anbieten von Medien, etwa der Umgang mit dem PC oder einer Software zur Bildbearbeitung),
4. **Mediengestaltung** (= eine innovative und kreative Gestaltung von Medien, etwa einen Beitrag für eine Onlinezeitung verfassen oder eine Homepage gestalten).

Neuere Publikationen sprechen eher von einer Media Literacy, die sich in Anlehnung an Reinmann & Eppler (vgl. 2008) als die Fähigkeit, sich in der heutigen Medienlandschaft sowohl als Konsument als auch, meist in geringerem Maße, als Beteiligter oder Verfasser kritisch und selbstbestimmt bewegen zu können. Die Autoren sehen insgesamt fünf Stufen einer echten Medienkompetenz (vgl. Abb. 1).

STUFEN DER MEDIENKOMPETENZ
Media Literacy

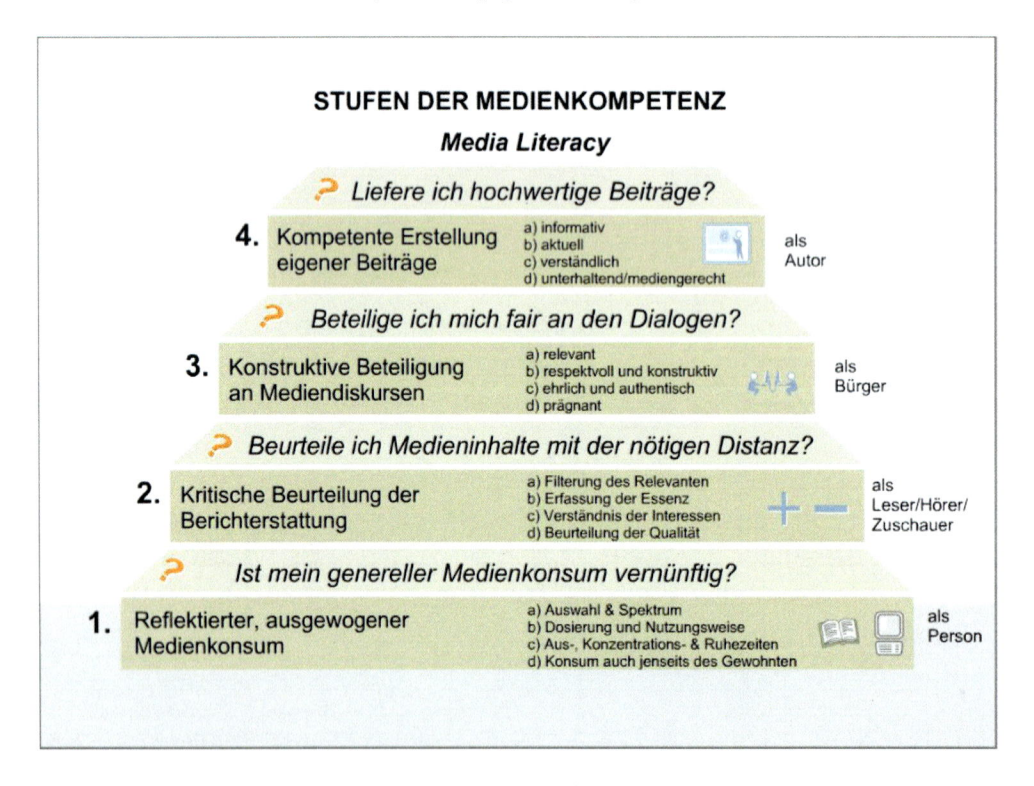

? *Liefere ich hochwertige Beiträge?*

4. Kompetente Erstellung eigener Beiträge
   a) informativ
   b) aktuell
   c) verständlich
   d) unterhaltend/mediengerecht
   als Autor

? *Beteilige ich mich fair an den Dialogen?*

3. Konstruktive Beteiligung an Mediendiskursen
   a) relevant
   b) respektvoll und konstruktiv
   c) ehrlich und authentisch
   d) prägnant
   als Bürger

? *Beurteile ich Medieninhalte mit der nötigen Distanz?*

2. Kritische Beurteilung der Berichterstattung
   a) Filterung des Relevanten
   b) Erfassung der Essenz
   c) Verständnis der Interessen
   d) Beurteilung der Qualität
   als Leser/Hörer/Zuschauer

? *Ist mein genereller Medienkonsum vernünftig?*

1. Reflektierter, ausgewogener Medienkonsum
   a) Auswahl & Spektrum
   b) Dosierung und Nutzungsweise
   c) Aus-, Konzentrations- & Ruhezeiten
   d) Konsum auch jenseits des Gewohnten
   als Person

Abb. 1: Stufen der Medienkompetenz (McLuhan (2016)). Verfügbar über: https://www.zoe-online.org/zeitschrift/rubriken/einblick-grafiken/einblick-ausgabe-316/)

Insbesondere das Internet hat das Lernen und den Umgang mit Wissen stark verändert. In den ersten Jahren war das Internet lediglich ein Medium, um Wissen weiterzugeben. Fachleuten sprechen vom Web 1.0, welches sich etwa ab den 1990er Jahren entwickelte. In den folgenden Jahren wurden Menschen verbunden (Web 2.0) bzw. später Informationen (Web 3.0). Im Zeitalter des Web 4.0, welches sicher noch am Anfang steht, werden Intelligenzen verbunden und schaffen eine soziale und kognitive Vernetzung auf höchstem Niveau (vgl. genauer Zierer 2017, S. 31ff.). Die digitalen Kompetenzen, die in der heutigen digitalen Welt notwendig sind, sind sehr vielschichtig (vgl. Abb.2).

Abb. 2: Digitale Kompetenzen.

In der Abbildung wird deutlich, dass es nicht nur das technisch-fachliche Wissen ist, welches echte Digitale Kompetenz ausmacht. Die sogenannten Soft skills (z.B: Kritikfähigkeit, Vertrauenswürdigkeit, Kommunikation, Neugierde, Kreativität, Teamfähigkeit, Selbstvertrauen, etc.) sind ebenfalls von großer Bedeutung.
Lehrkräfte müssen sich dieser Herausforderung stellen, was sicherlich eine der wichtigsten Aufgaben der Lehreraus- und fortbildung in den nächsten Jahren sein wird. Die Kultusministerkonferenz formuliert daher folgendes Anforderungsprofil:

> „Lehrkräfte benötigen für die Vermittlung von Medienbildung sowohl eigene Medienkompetenz als auch medienpädagogische Kompetenzen. Das bedeutet, Lehrkräfte müssen mit den Medien und Medientechnologien kompetent und didaktisch reflektiert umgehen können, sie müssen gleichermaßen in der Lage sein, Medienerfahrungen von Kindern und Jugendlichen im Unterricht zum Thema zu machen, Medienangebote zu analysieren und umfassend darüber zu reflektieren, gestalterische und kreative Prozesse mit Medien zu unterstützen und mit Schülerinnen und Schülern über Medienwirkungen zu sprechen." KMK (2012, S. 7)

Die Erfüllung dieser Forderung setzt eine positive Haltung bei den Lehrkräften voraus. Eine Haltung, die geprägt ist von Offenheit und Engagement. Keiner wird sich in kurzer Zeit in alle Felder des Digitalen Lernens einarbeiten können. Es gilt, einen Anfang zu machen, Netzwerke zu nutzen und Kooperationen zu schließen. Die Kultusministerkonferenz formuliert fünf besonders wichtige Dimensionen zur Medienbildung (vgl. ebd., S.9):

- Förderung der Qualität des Lehrens und Lernens durch Medien,
- Möglichkeit der gesellschaftlichen und kulturellen Teilhabe und Mitgestaltung,
- Identitäts- und Persönlichkeitsbildung der Heranwachsenden,
- Ausbildung von Haltungen, Wertorientierungen und ästhetischem Urteilsvermögen,
- notwendiger Schutz vor negativen Wirkungen der Medien und des Mediengebrauchs.

Literatur:

Baake, D. (1997). *Medienpädagogik*. Tübingen: De Gruyter.

KMK (Kultusministerkonferenz) (2012). Medienbildung in der Schule. Verfügbar über: https://www.kmk.org/fileadmin/Dateien/veroeffentlichungen_beschluesse/2012/2012_03_08 _Medienbildung.pdf [Zugriff am 17.08.2018].

Reimann, G. & Eppler, M.J. (2007). *Wissenswege*. Hogrefe.

Tulodziecki, G. & Herzig, B. (2002). *Computer & Internet im Unterricht. Medienpädagogische Grundlagen und Beispiele*. Berlin: Cornelsen.

Weidenmann, B. (2006). Lernen mit Medien. In: A. Krapp & B. Weidenmann (Hrsg.). *Pädagogische Psychologie* (5. völlig überarbeitete Aufl.) (S. 423-476). Weinheim: Beltz – PVU.

Zierer, K. (2017). *Lernen 4.0. Pädagogik vor Technik. Möglichkeiten und Grenzen einer Digitalisierung im Bildungsbereich*. Baltmannsweiler: Schneider.

| Medien nutzen | Kompetenzausprägung C |

Ich kann Grundzüge der Mediendidaktik erläutern.

Unstrittig erscheint die Tatsache, dass die Entwicklung der Digitalisierung im schulischen Bereich einige Irrwege beschritten hat und noch beschreiten wird. Umso bedeutender ist es, sich über die Funktion der digitalen Werkzeuge klar zu werden. Die Kultusministerkonferenz formuliert in einem Strategiepapier (2016), dass die Schule dem Primat des Pädagogischen zu folgen hat. Das Lernen muss immer im Vordergrund stehen. Etwas plastischer formuliert Zierer (2017, S. 81): „Pädagogik vor Technik."

Demnach sind mediale Lernangebote vor dem Hintergrund des angestrebten Lernzuwachses immer einer besonderen Prüfung zu unterziehen. Dies ist Aufgabe der Mediendidaktik. Eine Definition dazu bieten De Witt & Czerwionka (2007, S.32):

> „Mediendidaktik befasst sich mit den Funktionen, der Auswahl, dem Einsatz (einschließlich seiner Bedingungen und Bewertung), der Entwicklung, Herstellung und Gestaltung sowie den Wirkungen von Medien in Lehr- und Lernprozessen. Das Ziel der Mediendidaktik ist die Optimierung von Lernprozessen mithilfe von Medien."

Insgesamt lassen sich fünf mediendidaktische Konzepte unterscheiden (vgl. Tab. 1).

Tab. 1: Mediendidaktische Konzepte nach Tulodziecki & Herzog (2004)

Mediendidaktisches Konzept	Rolle der Medien	Rolle der Lehrkraft	Rolle des Lernenden
Lehrmittelkonzept	Hilfsmittel	auswählen, integrieren	rezipierend, reaktiv
Arbeitsmittelkonzept	Arbeitsmittel	auswählen, integrieren	rezipierend, reaktiv
Bausteinkonzept	Wissensvermittler, Entlastung/Ersatz für den Lehrenden	auswählen, unterstützen	rezipierend, reaktiv
Systemkonzept	Arbeitsmittel, Wissensvermittler	auswählen, unterstützen	rezipierend, (re-)aktiv
Lernumgebungskonzept	Arbeitsmittel, Werkzeug, Wissensvermittler	auswählen, begleiten	selbsttätig, aktiv

Unschwer ist zu erkennen, das das Lernumgebungskonzept einem modernen Lernkonzept am ehesten entspricht. Mediale Lernumgebungen, die sich als didaktisch sinnvoll und in der Nutzung erfolgreich erwiesen haben, können nach Kerres (vgl. 1999) z. B. durch folgende Charakteristika beschrieben werden:

- Sie beinhalten ein Arrangement unterschiedlicher Arten von Medien (Einzel-, Multi- oder Telemedien), Hilfsmitteln (Geräte), Einrichtungen (Selbstlernzentrum usw.) und personalen Dienstleistungen (tutorielle Betreuung usw.), die aufeinander bezogen sind.
- Die Medien sind so aufbereitet, dass sie das Eintauchen in eine Umwelt, die Lernprozesse besonders anregt, fördern: Die Beschäftigung mit dem Medium ist „in sich" motivierend. Hierbei helfen insbesondere Bezüge („Anker") zu Ereignissen oder Objekten der realen Welt, die Darstellung aus verschiedenen Sichtweisen und die direkte Manipulierbarkeit der dargestellten Objekte durch die Lernenden.
- Die Lernprozesse basieren in starkem Maße auf Eigenaktivitäten der Lernenden. Die Lernenden sollen in der Verfolgung ihrer (Lern-)Interessen durch die Umgebung unterstützt werden (z. B. durch empfohlene Lernpfade, Hinweise oder Rückmeldungen), aber gleichzeitig so wenig wie nötig bei ihren Lernaktivitäten eingeschränkt werden.
- Das mediale Lernangebot ist ggf. Teil einer bewusst gestalteten physikalisch-sozialen Umwelt, z. B. eines Weiterbildungs- oder Fernstudiensystems mit unterschiedlichen Arten personaler Betreuung und Dienstleistungen.

Digitale Multimediasysteme sind als Elemente einer solchen Lernumgebung interessant, weil sie didaktische Konzepte, wie die Forderung nach einer anschaulichen Darstellung oder nach reaktiven oder gar interaktiven Systemen, besonders gut einlösen können. *Didaktische Medien* sind alle *Objekte*, die dem Schüler im Unterricht begegnen und eine didaktische Funktion erfüllen (vgl. Herzig, 2001).

Besonders in der Art der Interaktion und Kommunikation zwischen dem Lernenden und Lehrenden bzw. den Lernenden untereinander bieten sich durch die Digitalisierung völlig neue Möglichkeiten. In Anlehnung an Schulmeister (2007) lassen sich insgesamt drei Großformen von Lernumgebungen unterscheiden:

1. **Präsenzunterricht**: Der Unterricht findet wie gewohnt im Klassenraum statt. Digitale Medien kommen vor allem im Klassenraum zum Einsatz. Ausnahmen sind Hausaufgaben.
2. **Blended Learning:** Der Unterricht findet wie gewohnt statt, er wird aber bewusst durch Online-Sitzungen oder betreutet Gruppen ergänzt.[12]
3. **Virtueller Unterricht bzw. Webinar**: Nach Einführung der notwendigen Software, des Lernweges und der Ziele findet der Unterricht nur noch Online statt.

Das Konzept des Blended Learning oder ergänzende Webinare sind an vielen Hochschulen bereits Alltag und werden voraussichtlich auch verstärkt in den Schulen Einzug halten. Ein Unterricht, der langfristig nur virtuell abgehalten wird kann einem umfassenden Bildungsverständnis nicht gerecht werden und bleibt hoffentlich nur ein theoretisches Konstrukt.

---

[12] In den letzten Jahren ist dies durch das Konzept des „Flipped Classroom" ergänzt worden. Darin werden die Lerninhalte vor dem Präsenzunterricht in aufbereiteter Form (etwa durch ein Erklärvideo) zur Verfügung gestellt und die gemeinsame Zeit im „Klassenraum" für Praxis und Anwendung nutzt. Das Konzept des Flipped Classroom wird auch als „umgedrehte Lehre" bezeichnet. Allerdings setzt das Konzept natürlich ein gewisses Motivationspotential der Lernenden voraus.

Literatur:

Baake, D. (1997). Medienpädagogik. Tübingen: De Gruyter
De Witt, C. & Czerwionka, T. (2007). Mediendidaktik. Studientexte für die Erwachsenenbildung. Bielefeld: Bertelsmann.
Herzig, B. (2001). *Medien machen Schule*. Weinheim: Juventa.
Kerres, M. (1999). Didaktische Konzeption multimedialer und telemedialer Lernumgebungen. In: *HMD – Praxis der Wirtschaftinformatik*.
KMK (Kultusministerkonferenz) (2016). *Strategie der Kultusministerkonferenz „Bildung in der digitalen Welt"* (Stand: 27.04.2016).Verfügbar über: https://www.kmk.org/fileadmin/ Dateien/pdf/PresseUndAktuelles/2016/Entwurf_KMK-Strategie_Bildung_in_der_ digitalen_ Welt.pdf [Zugriff am 17.08.2018]
Reimann, G. & Eppler, M.J. (2007). *Wissenswege*. Hogrefe.
Schulmeister, R. (2007). Grundlagen hypermedialer Lernsysteme. Theorie – Didaktik- Design (4. Aufl.). München: Oldenbourgh.
Tulodziecki, G. & Herzig, B. (2002). *Computer & Internet im Unterricht. Medienpädagogische Grundlagen und Beispiele*. Berlin: Cornelsen.
Tulodziecki, G. & Herzig, B. (2004). *Handbuch Medienpädagogik. Bd. 2: Mediendidaktik*. Stuttgart: Klett-Cotta.
Weidenmann, B. (2006). Lernen mit Medien. In: A. Krapp & B. Weidenmann (Hrsg.). *Pädagogische Psychologie* (5. völlig überarbeitete Aufl.) (S. 423-476). Weinheim: Beltz – PVU.
Zierer, K. (2017). *Lernen 4.0. Pädagogik vor Technik. Möglichkeiten und Grenzen einer Digitalisierung im Bildungsbereich*. Baltmannsweiler: Schneider.

| **Medien nutzen** | **Kompetenzausprägung D** |

Ich kann Möglichkeiten und Grenzen digitaler Medien im Unterricht anhand des SAMR-Modells beurteilen.

Digitale Medien bieten unterschiedliche Möglichkeiten, hat aber auch Grenzen. Wenn Medien pädagogisch und didaktisch optimal aufbereitet werden, können sie zur Qualitätsverbesserung von Unterricht und so zur Förderung von Lernprozessen beitragen. Medien können im Unterricht verschiedene Funktionen erfüllen. Dazu zählen:

- Lernmotivierende Funktion,
- Darstellende Funktion,
- Übungs- und Kontrollfunktion,
- Unterstützung von Wissenskonstruktionen,
- Unterstützung von interpersoneller Kommunikation.

Die Chancen und Herausforderungen eines Medieneinsatzes sollten schon bei der Unterrichtsplanung berücksichtigt werden. In einem Planungsentwurf sollten Überlegungen zum Medieneinsatz notiert werden, so dass deutlich wird, dass der Medieneinsatz auf der Grundlage von abwägenden Überlegungen stattgefunden hat. Wichtig ist das bewusste Wahrnehmen von Risiken und Grenzen des Medieneinsatzes. Dazu zählen nach Reinmann-Rothmeier (vgl. 2001):

- Der verbesserte Zugriff auf Informationen vor allem durch das Internet ist für Lernende verschiedener Altersstufen zu unstrukturiert und häufig auch zu groß. Die Heranwachsenden stoßen auf zu viele Informationen, deren Glaubwürdigkeit häufig fragwürdig ist und die fehlinterpretiert werden. Viele Webseiten sind zu lang und komplex, so dass relevante Inhalte nur schwer zu erkennen sind.
- Mit der Nutzung digitaler Medien wird häufig die Erwartung verbunden, die Lernenden können sich Lernumgebungen selbstständig erschließen. Nicht selten geht die dazu erforderliche kognitive Verarbeitungskapazität zu Lasten der lernrelevanten Auseinandersetzung mit den eigentlichen Inhalten. Dies betrifft vor allem Heranwachsende mit ungünstigen Lernvoraussetzungen.
- Die erhofften positiven Motivationseffekte vor allem durch den Einsatz digitaler Medien lassen sich empirisch nicht nachweisen. Häufig lässt sich nach einer Motivationssteigerung im Erstkontakt mit dem neuen Medium eine Ernüchterung bei den Lernenden verzeichnen.

Die zentrale Frage lautet: Unter welchen Bedingungen wirkt Lernen mit digitalen Medien lernförderlich? Zu dieser Frage liegen mittlerweile umfassende Studien vor. Insbesondere durch die Hattie-Studie hat wichtige Aspekte dazu herausgearbeitet (vgl. zur Einführung Hattie & Zierer 2016). In der Meta-Studie wurden verschiedene digitale Medien untersucht. Dabei kam heraus, dass allein Interaktive Lernvideos (d=0,52)[13] einen nachweisbaren lernförderlichen Einfluss haben (können). Nutzung von Taschenrechnern, Programmierte Instruktion oder Webbasiertes Lernen zeigten nahezu keine Wirkung.

---

[13] Der Buchstabe d bezeichnet bei Hattie das Effektmaß nach der es einen Zusammenhang zwischen Faktor und Lernleistung des Schülers gibt. Bei einem Effektmaß d > 0,4 spricht man von Wirksamkeit.

Als sehr hilfreich zur Überprüfung der Wirksamkeit eines digitalen Mediums kann das SAMR-Modell, welches 2006 von Ruben Puentedura entwickelt wurde (vgl. Abb. 1).

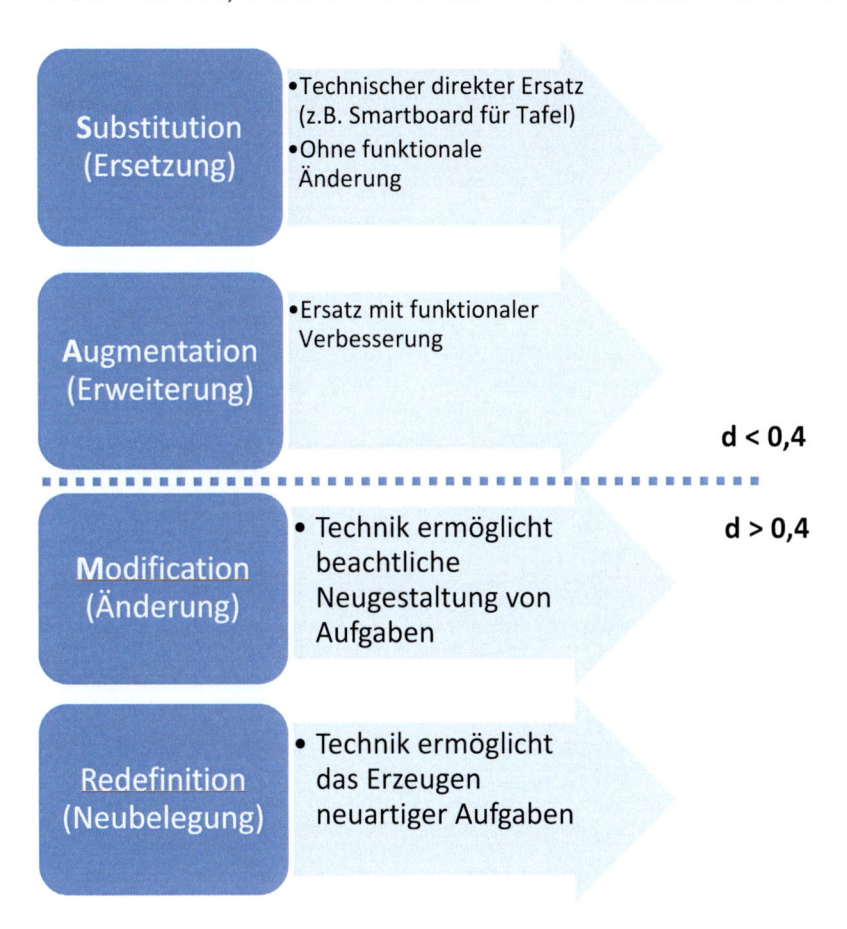

Substitution (Ersetzung)
- Technischer direkter Ersatz (z.B. Smartboard für Tafel)
- Ohne funktionale Änderung

Augmentation (Erweiterung)
- Ersatz mit funktionaler Verbesserung

$d < 0,4$

Modification (Änderung)
- Technik ermöglicht beachtliche Neugestaltung von Aufgaben

$d > 0,4$

Redefinition (Neubelegung)
- Technik ermöglicht das Erzeugen neuartiger Aufgaben

Abb. 1. Das SAMR-Modell nach Puentedura

Ein Beispiel aus dem Deutschunterricht soll das Modell verdeutlichen (vgl. genauer Zierer 2017, S. 61ff.):

Wenn Schüler eine Geschichte statt mit Stift auf Papier, mit dem Computer schreiben erfolgt lediglich eine **Ersetzung**. Ein Mehrwert wird dadurch nur schwer zu erzielen sein. Im Gegenteil werden viele Lernenden aufgrund mangelnder Fähigkeit im Tastaturschreiben viel mehr Zeit benötigen.
Für die Arbeit an der Geschichte stehen dem Schüler verschiedene Nachschlagewerke und Lexika zur Verfügung. Dadurch wird die Geschichte fehlerfreier und inhaltlich ggf. besser. Beim Einsatz des Computers kann (etwa durch automatische Rechtschreibkorrektur oder den Zugang zum Internet unzähligen Nachschlagewerken) dies schneller erfolgen. Es findet als eine Art **Erweiterung** statt.[14]
Eine echte **Änderung** des Lernprozesses könnte erfolgen, wenn die Geschichte im Team verfasst wird. Neue Medien bieten die Möglichkeiten das die Lernenden von verschiedenen Orten zu verschiedenen Zeiten an einem Dokument bzw. an einer Geschichte arbeiten (z.B. mit dem Programm OneNote).

---

[14] Allerdings muss daraufhin gewiesen werden, dass ein zu viel an Informationen das Arbeitsgedächtnis der Lernenden schnell überfordern können und von der eigentlichen Aufgabe ablenken.

Von einer **Neubelegung** ist dann zu sprechen, wenn die fertige Geschichte noch in einem anderen Medium weiterverarbeitet wird (z.B. in einem Drehbuch mit anschließender Filmgestaltung.

So einfach, wie es in dem skizzierten Beispiel klingt, ist eine Umsetzung der beiden höheren Stufen des SAMR-Modells sicherlich nicht. Neben der notwendigen technischen Voraussetzung setzen die Stufen der Änderung bzw. der Neubelegung des Lernprozesses hohe Anforderungen an die Lernenden selbst.

Literatur:

Hattie, J. & Zierer, K. (2016). *Kenne deinen Einfluss. „Visible Learning" für die Unterrichtspraxis.* Baltmannsweiler: Schneider.

Reinmann-Rothmeier, G. (2001). Bildung mit digitalen Medien. Möglichkeiten und Grenzen für Lehren und Lernen. In: W. Schindler; R. Bader & B. Eckmann (Hrsg.), *Bildung in visuellen Welten. Praxis und Theorie außerschulischer Bildung mit Internet und Computer* (S. 275-300). Frankfurt am Main: Evangelische Publizistik.

Zierer, K. (2017). *Lernen 4.0. Pädagogik vor Technik. Möglichkeiten und Grenzen einer Digitalisierung im Bildungsbereich.* Baltmannsweiler: Schneider.

| Medien nutzen | | | | | Kompetenzausprägung E |

Ich kann anhand des Europäischen Rahmens für Digitale Kompetenz Lehrender (DigCompEdu) meine eigenen Kompetenzen einschätzen und daraus persönliche Entwicklungsziele ableiten.

Die Entwicklung der Lernmöglichkeiten mit digitalen Medien ist rasant und nur schwer im Detail zu verfolgen. Umso wichtiger ist die Einschätzung und Vergewisserung der einzelnen Lehrkraft, über den aktuellen Standort bzw. die persönliche Kompetenzauprägung. Nur dadurch lassen sich Entwicklungsmöglichkeiten formulieren und konkrete Schritte für die Lehreraus- und weiterbildung festlegen.

Eine hervorragende Möglichkeit einer solchen Einschätzung bietet der Europäische Rahmen für Digitale Kompetenz Lehrender. Der Rahmen enthält sechs Kompetenzbereiche, welche in ihrer Komplexität und Anforderung kontinuierlich ansteigen (vgl. Tab. 1)[15].

1. Berufliches Engagement	2. Digitale Ressourcen	3. Lehren und Lernen	4. Lernkontrolle	5. Lernerorientierung	6. Förderung der Digitalen Kompetenz der Lernenden
1.1 Berufliche Kommunikation	2.1 Digitale Ressourcen auswählen	3.1 Unterricht	4.1 Strategien der Lernkontrolle	5.1 Zugang und Inklusion	6.1 Informations- und Medienkompetenz
1.2 Berufliche Zusammenarbeit	2.2 Digitale Ressourcen erstellen und modifizieren	3.2 Anleitung	4.2 Analysieren digitaler Informationen	5.2 Differenzierung und Personalisierung	6.2 Digitale Kommunikation und Zusammenarbeit
1.3 Reflektierte Praxis	2.3 Digitale Ressourcen verwalten, schützen und verbreiten	3.3 Gruppenarbeit	4.3 Rückmeldung und Planung	5.3 Aktive Beteiligung der Lernenden	6.3 Erstellung digitaler Inhalte
1.4 Digitale Weiterbildung		3.4 Selbstgesteuertes Lernen			6.4 Verantwortungsvoller Umgang mit digitalen Medien
					6.5 Digitales Problemlösen

Einige der integrierten Items sind durch ihre Bezeichnung nahezu selbsterklärend, andere eher nebulös. So meint der Kompetenzbereich 3.1 (Lehren und Lernen: Unterricht) eine effektive Planung und Gestaltung von Lehrinterventionen mit digitalen Geräten. Dabei werden digitale Methoden angemessen in den Unterricht eingebettet und neue Lehrformate entwickelt und erprobt.

Zur besseren Standortbestimmung bietet der Rahmen weiterhin sechs Rollenbeschreibungen, die es erleichtern sollen eigene Entwicklungsmöglichkeiten zu bestimmen (vgl. Abbildung 1).

---

[15] Genauere Informationen mit Beschreibung einer jeden Kompetenzstufe finden sich unter https://ec.europa.eu/jrc/digicompedu.

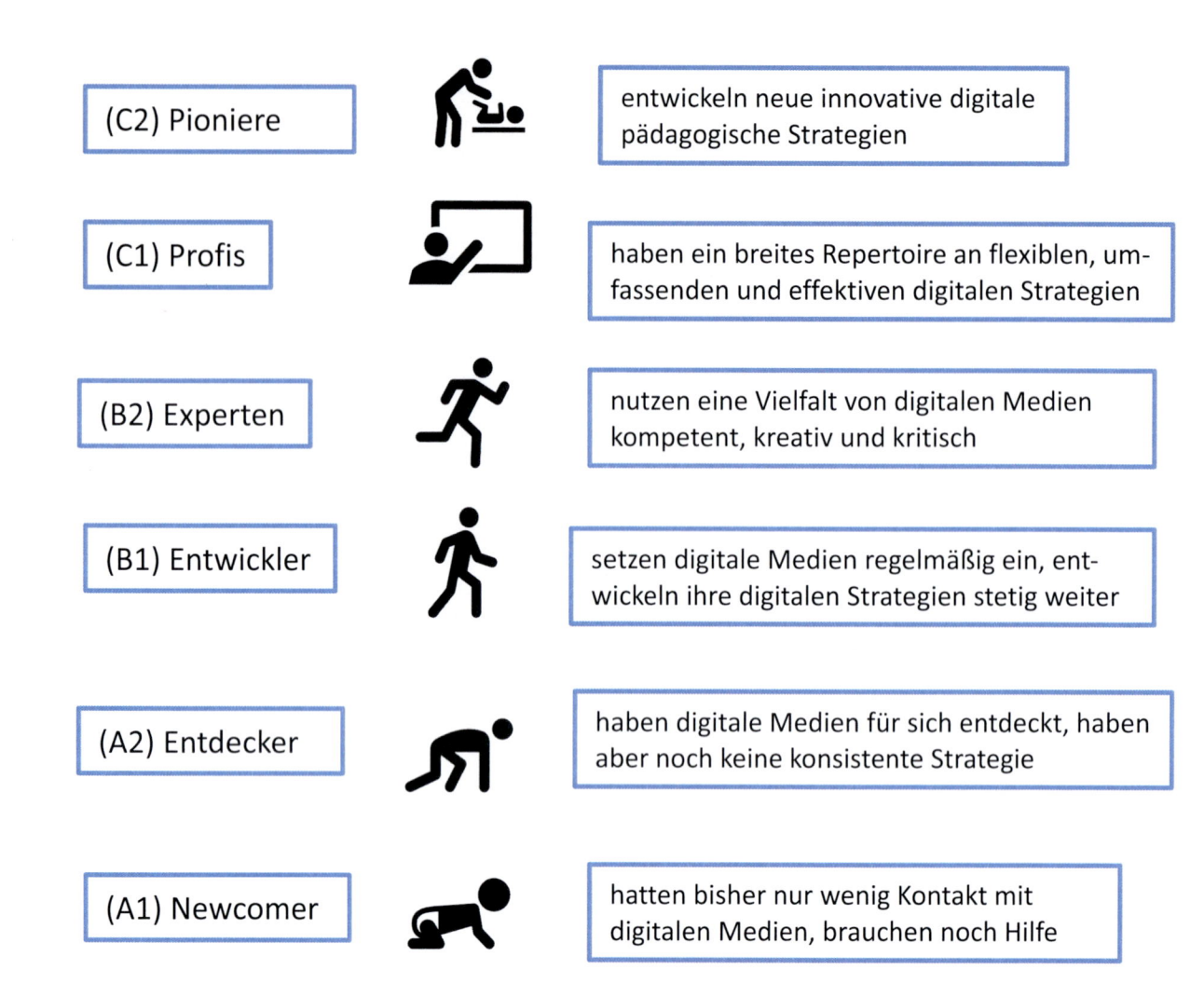

Stufe	Rolle	Beschreibung
(C2)	Pioniere	entwickeln neue innovative digitale pädagogische Strategien
(C1)	Profis	haben ein breites Repertoire an flexiblen, umfassenden und effektiven digitalen Strategien
(B2)	Experten	nutzen eine Vielfalt von digitalen Medien kompetent, kreativ und kritisch
(B1)	Entwickler	setzen digitale Medien regelmäßig ein, entwickeln ihre digitalen Strategien stetig weiter
(A2)	Entdecker	haben digitale Medien für sich entdeckt, haben aber noch keine konsistente Strategie
(A1)	Newcomer	hatten bisher nur wenig Kontakt mit digitalen Medien, brauchen noch Hilfe

Abbildung 1. Sechs Rollenbeschreibung der unterschiedlichen Kompetenzniveaus bei Lehrenden im Hinblick auf ihre Digitale Kompetenz (vgl. Europäische Kompetenzrahmen für Lehrkräfte)[16]

Bei genauer Betrachtung der sechs Rollenzuschreibungen fallen zentrale Entwicklungsschritte und unbedingte Voraussetzungen auf. Wie immer bei neuen Kompetenzbeschreibungen, die einer Berufsgruppe zugeschrieben werden **muss die Haltung** stimmen. Ohne Neugier, Bereitschaft und Motivation wird niemand eine höhere Stufe erreichen. Daraus ergibt sich die Forderung, dass jede Lehrkraft sich einer ehrlichen Analyse der eigenen digitalen pädagogischen Praxis stellt und daraus Entwicklungsschritte ableitet. Zur Konkretisierung ein mögliches Entwicklungsziel:

Ich werde mit meinem Kurs im Fach XY die von der Schule angebotene Moodle Platform nutzen, um auch außerhalb des Unterrichts mit den Lernenden zu interagieren. Dabei werde ich vorbereitende Aufgaben zur Verfügung stellen und alle Unterrichtsergebnisse in moodle sichern. Zum Halbjahr werde ich gemeinsam mit meinen Lernenden, die Arbeit mit moodle anhand eines vorbereiteten Feedbackbogens systematisch reflektieren.

---

[16] Der europäische Kompetenzrahmen für Pädagogen (DigiCompEdu) wurde 2018 von der Europäischen Union veröffentlicht (vgl. https://ec.europa.eu/jrc/en/digcompedu [Zugriff am 10.12.2018])

| **Medien nutzen** | **Kompetenzausprägung F** |

Ich kann Medien so einsetzen, dass sie effizient den Lernzuwachs unterstützen und diese Effizienz anschließend reflektieren.

Der Einsatz digitaler Geräte und Anwendungen soll den Unterricht hinsichtlich seines Ziels unterstützen und zur Initiation von Lernprozessen beitragen. Bei der Planung eines Einsatzes digitaler Medien sind daher einige Faktoren zu bedenken:

- Merkmale der Zielgruppe (z. B. Vorerfahrungen, Lernvoraussetzungen der Schüler)
- Lernziel bzw. Kernanliegen
- Didaktisches Modell des Unterrichts
- Möglichkeiten und Grenzen des gewählten Mediums

Der Medieneinsatz als solcher dient keinem didaktischen Ziel, das Medium soll zur Erreichbarkeit des Ziels beitragen oder dieses initiieren. Das heißt, dass der Einsatz auf erwünschte Ziele und Faktoren abgestimmt sein muss, um sinnvoll verankert zu sein. Erst durch die sinnvolle Einbindung in eine Unterrichtsplanung, die schüler- und lernzielorientiert ist, kann das Medium seine didaktische Funktion erfüllen.

Der Einsatz von Medien kann nicht nur zur Erreichung eines Lernziels erfolgen, sondern auch, um den kompetenten Umgang mit Medien selbst zu vermitteln.

Es bedarf konsequenter Reflexion des Medieneinsatzes, in dem die Möglichkeiten und Grenzen eines Mediums analysiert wird. Daraus folgen dann Entscheidungen für die weitere Unterrichtsplanung. Folgende Fragen können eine Reflexion erleichtern:

- War dieses Medium wirklich für mein Vorhaben geeignet?
- Habe ich mein Ziel erreicht?
- Welche Vorteile hatte der Medieneinsatz?
- Konnte ich als Lehrperson den Medieneinsatz angemessen anleiten/vorbereiten?
- Welche Grenzen bestanden auf Seiten der Schüler?
- Konnte jeder Schüler teilhaben?
- Mit welchem Medium hätte ich das Lernziel effektiver erreichen können?
- Wurde die Schüleraktivität beeinflusst? Wenn ja, wie?
- Welche Grenzen haben sich hinsichtlich der Organisation aufgezeigt? War der Aufwand angemessen?
- …

Digitale Geräte werden den Unterricht weiter verändern, aber nicht jede Entwicklung ist dem Lernen förderlich. **Lernen bleibt**, so Zierer (2017, 51f), **Lernen**. Zierer (vgl. ebd.) weist nachdrücklich darauf hin, dass **Digitalisierung kein Selbstzweck** ist. Hilfreich wird Digitalisierung dann, wenn Lernausgangslage berücksichtigt, Fehler sichtbar und Gespräche über den Lernprozess der Schüler initiiert werden (vgl. ebd.). Letztendlich ist die entscheidende Frage: **In welcher Weise können digitales Instrumente lernförderlich sein?**

Literatur:

Zierer, K. (2017). *Lernen 4.0. Pädagogik vor Technik. Möglichkeiten und Grenzen einer Digitalisierung im Bildungsbereich*. Baltmannsweiler: Schneider.

Medien nutzen | **CHECKLISTE**

A   Ich kann verschiedene digitale Instrumente benennen und in ihren Grundfunktionen bedienen.

Mein aktueller Standort:
Wenn ich an eine für mich typische Unterrichtsstunde denke, ...
  nutze ich z.B. digitale Tafel, PC mit Beamer, Dokumentenkamera, etc. als leicht verfügbares Medium,
  habe ich erste Erfahrungen mit unterschiedlichen digitalen Instrumente (z.B. Lernapps, etc.)
  nutze ich die verschiedenen Tafelflächen für unterschiedliche Funktionen.
  kann ich Schwierigkeiten im Umgang mit einzelnen digitalen Medien benennen.
  kann ich Vor- und Nachteile einzelner digitaler Medien benennen.

B   Ich kann Medienbildung erklären und ihre Aufgaben und Ziele darstellen.

Mein aktueller Standort:
Wenn ich an eine für mich typische Unterrichtsstunde denke, ...
  berücksichtige ich bei der Ausbildung der Medienkompetenz unterschiedliche Dimensionen
  vermittle ich in langfristigen Lernarrangements aufbauende Stufen einer media literacy
  kann ich die digitalen Kompetenzen einzelner Lernenden beschreiben,
  bin ich mir meinen Stärken und Schwächen beim Einsatz digitaler Lerninstrumente bewusst.

So kann es gehen:
- Ich plane punktuell im Rahmen eines Unterrichtsvorhabens deutlich anhand vorliegender Dimensionen und Stufen einer anzustrebenden Medienkompetenz,
- Ich erprobe ausgewählte Instrumente des digitalen Lernens und prüfe konsequent, ob diese für meine Fächer lernförderlich sind.
- Ich lege ein für mich anzustrebendes Anforderungsprofil fest und ermittle durch Selbst- und Fremdeinschätzung möglichen Fortbildungsbedarf.

C   Ich kann Grundzüge der Mediendidaktik erläutern

Mein aktueller Standort:
Wenn ich an eine für mich typische Unterrichtsstunde denke, ...
  nutze ich Medien aus der Lebenswelt meiner Lerngruppen,
  orientiere ich mich an Medienkonzepten der Allgemeinen Didaktik und der Fachdidaktik,
  steht der Medieneinsatz immer im Zusammenhang zum Kernanliegen,

So kann es gehen:
- Ich wähle Medien aus, die fachwissenschaftlichen Kriterien genügen.
- Ich erprobe bewusst bewährte Konzepte der Mediendidaktik und erweitere so mein Handlungsrepertoire,
- Ich schaffe Lernarrangements in verschiedenen digitalen Lernumgebungen.

D   Ich kann Möglichkeiten und Grenzen digitaler Medien für den Unterricht anhand des SAMR-Modells beurteilen.

Mein aktueller Standort:
Wenn ich an eine für mich typische Unterrichtsstunde denke, …
  biete ich den Lernenden unterschiedlicher Zugänge bei den Lernprozessen,
  schaffe ich bei der Darstellung von Aufgaben durch digitale Instrumente funktionale Verbesserung.

So kann es gehen:
- Ich beschreibe zentrale Funktionen von Medien für meinen Unterricht,
- Ich beurteile mögliche Grenzen des Einsatzes digitaler Medien,
- Ich analysiere die Lernwirksamkeit möglicher Medien,
- Ich schaffe im Sinne des SAMR-Modells eine neugestaltete bzw. neuartige Aufgaben.

E   Ich kann anhand des Europäischen Rahmens für Digitale Kompetenz Lehrender (DigCompEdu) meine eigenen Kompetenzen einschätzen und daraus persönliche Entwicklungsziele ableiten

aktueller Standort:
Wenn ich an eine für mich typische Unterrichtsstunde denke, …
  Kann ich meine eigenen Kompetenzen im Hinblick auf einen lernförderlichen Einsatz digitaler Medien einschätzen.

So kann es gehen:
- Ich analysiere meine Kompetenzen durch Selbst- und Fremdeinschätzung mit Hilfe des DigCompEdu,
- Ich prüfe meine Haltung gegenüber des Einsatzes digitaler Medien mithilfe vorhandener Rollenzuschreibung,
- Ich setze mir, ggf. mit kollegialer Hilfe, realistische Entwicklungsziele zur Optimierung meiner digitalen Kompetenzen

F   Ich kann Medien so einsetzen, dass sie effizient den Lernzuwachs unterstützen und diese Effizienz anschließend reflektieren

Mein aktueller Standort:
Wenn ich an eine für mich typische Unterrichtsstunde denke, …
  ist das gewählte Kernanliegen bzw. Hauptlernziel planungsleitend,
  erfolgt der Medieneinsatz immer nach einer genauen Lerngruppenanalyse.

So kann es gehen:
- Ich formuliere zunächst ein Kernanliegen und erst dann erfolgt die Entscheidung, welche digitalen Medien eingesetzt werden.
- Ich nutze Prüffragen zur Entscheidung, welche digitalen Medien ich einsetze.

5.4 Lernaufgaben einsetzen: *Dirk Braun*

Kompetenz-ausprägung	Ich kann ...
A	Merkmale von guten Aufgaben benennen.
B	Aufgaben (z. B. mithilfe von Operatoren) formulieren, so dass die Schüler phasenweise selbsttätig arbeiten und ein Lernprodukt erstellt wird.
C	Lernaufgaben konstruieren, die eine stimmige Performanzsituation zu einer Kompetenz herstellen und intelligentes Wissen vermitteln.
D	kompetenzorientierte Lernaufgaben erstellen, die in einen Kontext eingebunden und durch die Aufgabenstellung sowie Materialien klar strukturiert sind.
E	Lernende mit Lernaufgaben arbeiten lassen, die unterschiedlich geöffnet und durch ein aufeinander aufbauendes Hilfesystem gekennzeichnet sind.

| Lernaufgaben einsetzen | Kompetenzausprägung A |

Ich kann Merkmale von guten Lernaufgaben benennen.

Lernaufgaben sind Aufgaben, die Schüler dazu anregen sollen, Lernaktivitäten auszuführen (z. B. zusammenfassen, analysieren, diskutieren, etc.) oder zu Lernerfahrungen führen (z. B. der kognitiven Kompetenz, Erweiterung der Methodenkompetenz bzw. der kommunikativen Kompetenz). Aufgrund der Tatsache, dass Lernen ein selbsttätiger Prozess ist, muss gewährleistet sein, dass die Schüler die Lernaufgaben selbstständig bearbeiten können. Hierzu ist es notwendig, Transparenz über die Lernaufgabe bzw. den Ablauf der Lernaufgabe herzustellen. Bei der Stellung von Lernaufgaben haben sich folgende Schritte bewährt:

- Ich stelle den Schülern *eine* interessante Lernaufgabe oder biete ihnen *mehrere* Lernaufgaben *zur Auswahl* an.
- Ich demonstriere der Klasse auf anschauliche Weise, wie die Aufgabe ausgeführt werden kann, etwa indem ich es an einem Beispiel vorspiele und vordenke oder indem ich es mit Schülern im Zeitraffer durchspiele.
- Ich bitte die Schüler einzeln, zu zweit oder in Gruppen die Lernaufgabe(n) zu bearbeiten.
- Ich sage den Schülern, wie viel Zeit sie für die selbständige Arbeit haben und wie das Ergebnis aussehen soll.
- Ich sage den Schülern, wie das Arbeitsergebnis hinterher weiterverarbeitet werden soll.

Eickenbusch weist (vgl. 2008, S. 7) grundsätzlich auf veränderte Anforderungen an Lernaufgaben hin. So ist die Lernaufgabe heute mehr als ein Impuls, ein Auftrag oder ein Problem. Heute müssen Aufgaben u. a.:

- die veränderte Schülerrolle als eigenverantwortlichen Lerner beachten,
- Lernsettings für selbstständige Arbeit schaffen,
- Individualisierung und Binnendifferenzierung ermöglichen,
- Standards umsetzen,
- Grundlagen für Diagnose- und Fördermaßnahmen schaffen.

Im Unterrichtsalltag ist es darüber hinaus von zentraler Bedeutung, dass Lernaufgaben bei den Schülern auch ankommen. Zwei Aspekte erscheinen dabei besonders bedeutsam: Zum einen ist für die Aufgabenstellung immer ausreichend Zeit einzuplanen, zum anderen sollten Aufgaben immer visualisiert werden (vgl. genauer Eickenbusch, 2008a).
Während die Schüler an den Lernaufgaben arbeiten, ist es wichtig, dass sie einen angemessenen Zeitrahmen sowie ausreichend Ruhe zum Bearbeiten erhalten. Auch soll es ihnen ermöglicht werden, sich mit den Lernaufgaben möglichst selbstständig auseinanderzusetzen. Für die Lehrkraft bedeutet das, dass sie während der Arbeitsphase:

- in der Regel an ihrem Platz sitzt und selbst arbeitet (Modellverhalten) oder
- den folgenden Unterrichtsschritt vorbereitet (etwa indem sie etwas an die Tafel schreibt).

Sollten Schüler Fragen haben, kann die Lehrkraft:

- sporadisch leise in der Klasse umhergehen und mit Einzelschülern im Flüsterton interagieren, aber auf keinen Fall mit der ganzen Klasse laut sprechen (Unterbrechung des Arbeitsprozesses!).
- einzelnen Schülern erlauben zu mir zu kommen, wenn diese eine Frage haben oder um Hilfe bitten wollen.

Die Arbeitsphase, in der die Schüler die Lernaufgaben bearbeiten, ist die eigentlich wichtige Phase des Unterrichts. Sie nimmt dabei häufig die meiste Zeit einer Unterrichtsstunde in Anspruch.

Literatur:

Eikenbusch, G. (2008). Aufgaben die Sinn machen. Wege zu einer überlegten Aufgabenpraxis im Unterricht. *Pädagogik* (60) 3, S. 6-10.

Eikenbusch, G. (2008a). „Wollen wir mal sehen, wie wir das am dümmsten anstellen können ...". 25 Dinge, die man tun muss, damit Aufgaben nicht bei den Schülern ankommen. *Pädagogik* (60) 3, S. 34-37.

Leisen, J. (2010). Lernaufgaben als Lernumgebung zur Steuerung von Lernprozessen. In: H. Kiper; W. Meints; S. Peters; S. Schlump & S. Schmit (Hrsg.), *Lernaufgaben und Lernmaterialien im kompetenzorientierten Unterricht* (S. 60-67). Stuttgart: Klinkhardt.

| Lernaufgaben einsetzen | Kompetenzausprägung B |

Ich kann Aufgaben (z. B. mithilfe von Operatoren) formulieren, so dass die Schüler phasenweise selbsttätig arbeiten und ein Lernprodukt erstellt wird.

Der Lernprozess wird von der Lehrkraft auf vielfältige Weise gesteuert. Steuerungen werden zunächst über die Aufgabenstellungen und die zur Verfügung stehenden Lernmaterialien und Methoden vorgenommen.

Steuerung 1: Aufgabenstellungen

Die Aufgabenstellungen sollten angemessen fordernd sein, also hinreichend komplex, bedeutsam, authentisch, anspruchsvoll und an die Lerngruppe angepasst. Besonders in der Sekundarstufe II sollten sie unter Verwendung von Operatoren (Handlungszugriffe) gemäß den Vorgaben des jeweiligen Faches formuliert werden. Die Aufgabenstellungen sollten in sich gestuft sein und sich an den Anforderungsbereichen orientieren und somit die geistige Tätigkeit der Schüler vorstrukturieren.

Aufgabenstellungen zielen auf ein auswertbares Lernprodukt ab (z. B. Flussdiagramm, Begriffsnetz, Verfahrensplan, Mindmap, Tabelle, Versuchsskizze, Verlaufsplan, Schema, Text, Organigramm, Präsentation, Simulation, Rollenspiel...).

Steuerung 2: Lernmaterialien und Methoden

Lernmaterialien (z. B. Gegenstände, Experimentiermaterialien, Bilder, Zeichnungen, Texte, Hörtexte, Filme, Comics, Sprechblasen, Berichte, ...) initiieren und begleiten den Lernprozess. Sie sind in der Regel Teil der Aufgabenstellungen. Die Lernmaterialien sollten möglichst authentisch sein und sich auf eine für die Schüler nachvollziehbare Handlungssituation beziehen.

Lernaufgaben oder -aufträge müssen außerdem:

- unmissverständlich und adressatengerecht konzipiert und geschrieben sein (sie sollen ja die Lehrperson während des selbständigen Arbeitens ersetzen!).
- klare Lernziele formulieren und Erfolgskriterien definieren.
- klären, wie viel Zeit zur Verfügung steht.
- Material und Sozialform angeben.
- Hinweise geben, ob Selbst- oder Fremdkorrektur verlangt ist.

Lernaufgaben einsetzen	Kompetenzausprägung C

Ich kann Lernaufgaben konstruieren, die eine stimmige Performanzsituation zu einer Kompetenz herstellen und intelligentes Wissen vermitteln.

Leisen definiert Kompetenz allgemein als handelnder Umgang mit Wissen (vgl. Leisen, 2010). Der Anforderungsbereich einer Lernsituation oder der Kompetenzstand eines Lerners sind folglich sowohl durch Wissen als auch durch Handeln definiert. Die folgende Abbildung versucht modellhaft zu erfassen, wie das Anspruchsniveau einer Lernsituation vor dem Hintergrund des Lernstandes eines Lernenden einzuordnen ist.

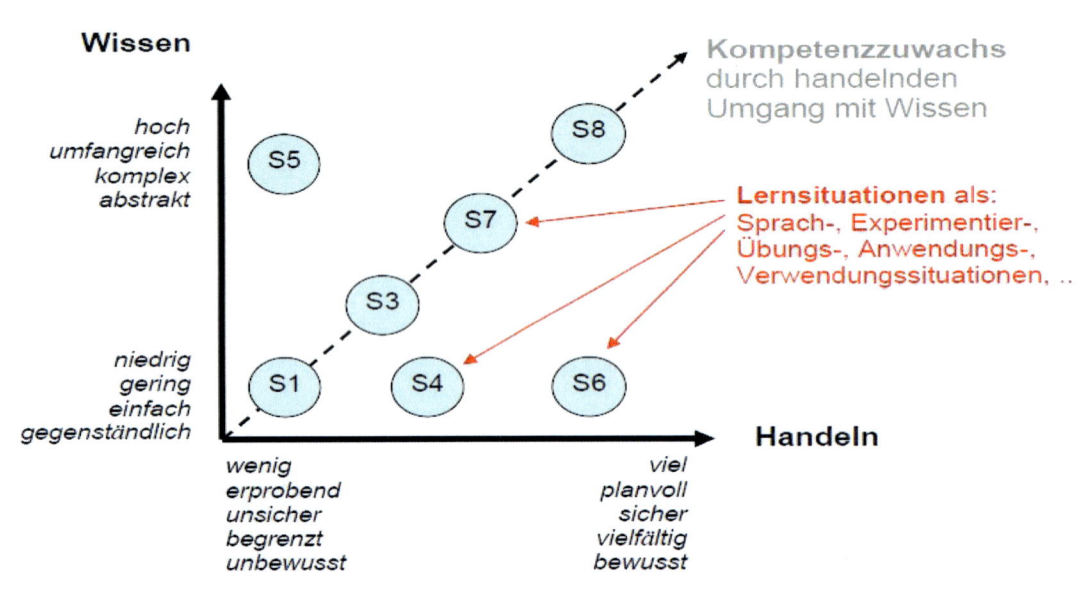

Abb. 1: Formen einer Lernsituation. (vgl. ebd.)

Der Kompetenzzuwachs kann dabei nach Leisen (ebd., S. 64) als Wissen gekoppelt mit (Sprach-)Handeln definiert werden. Lernsituationen können etwa so gestaltet werden, dass lediglich geringes Wissen erprobt (S1) oder komplexes Wissen in einem eng begrenzten Bereich angewendet wird (S5). Denkbar sind auch Lernaufgaben, durch die einfaches Wissen planvoll und umfangreich in Handlungssituationen angewendet wird (S6). Im Unterricht können generell alle Lernsituationen vorkommen. Empfehlenswert ist die häufige Verwendung von S3-Aufgaben. Dabei führt nach Leisen (ebd.) „angemessenes Wissen in angemessenen und herausfordernden Situationen zum Handeln". Das gleiche gilt für die Aufgabentypen S7 und S8. Eine Lernaufgabe kann dabei z. B. eine Sprach-, Experimentier-, Übungs-, Anwendungs-, Verwendungssituationen, etc. sein.

Eine vertikale Verschiebung der Lernaufgaben wird nach Leisen (ebd.) „durch wissensbetonte Aufgabenstellungen in der Lernaufgabe erreicht, die horizontale Verschiebung durch Aufgabenstellungen, in denen der „handelnde Umgang" (mit Fachwissen) thematisiert, reflektiert oder geübt wird". Dabei kann und wird häufig eine Integration von „Inhaltslernen" und „Methodenlernen" erfolgen. Wichtig ist die Unterscheidung zwischen Lern- und Leistungssituationen. Lernaufgaben sollten die Schüler zunächst in Lernsituationen bringen. In einem nächsten Schritt kann die Lehrkraft dann eine ähnliche Aufgabe als Leistungssituationen ergänzen, wobei die zugrunde liegenden Bewertungskriterien den Lernenden vorher transparent gemacht werden müssen.

Wichtig ist darüber hinaus, dass die Lehrkraft sich darüber im Klaren ist, welche Funktion die gewählten Aufgaben erfüllt. Dazu erscheint es hilfreich, die Ausrichtung der Lernaufgabe genauer zu analysieren. Eine Aufgabe besteht nach Bruder (2003, S. 13) häufig aus drei Komponenten: einer Ausgangssituation, einer Endsituation und einer Transformation der Ausgangs- in die Endsituation. Bei einer Aufsatzaufgabe im Deutschunterricht ist die Endsituation lediglich durch das Thema bestimmt. Die Ausgangssituation kann je nach Vorwissen der Lernenden unterschiedlich vorstrukturiert sein. Schreibt ein Schüler erstmalig einen Aufsatz, kann noch keine Transformation erfolgen. Später können eventuell erlernte Strategien (Aufbau des Aufsatzes, Hinweise zur Einleitung) genutzt werden. Um die Funktionen einer Lernaufgabe besser bestimmen zu können, bietet Stäudel (2003, S. 17) ein anschauliches Raster (vgl. Abb. 2):

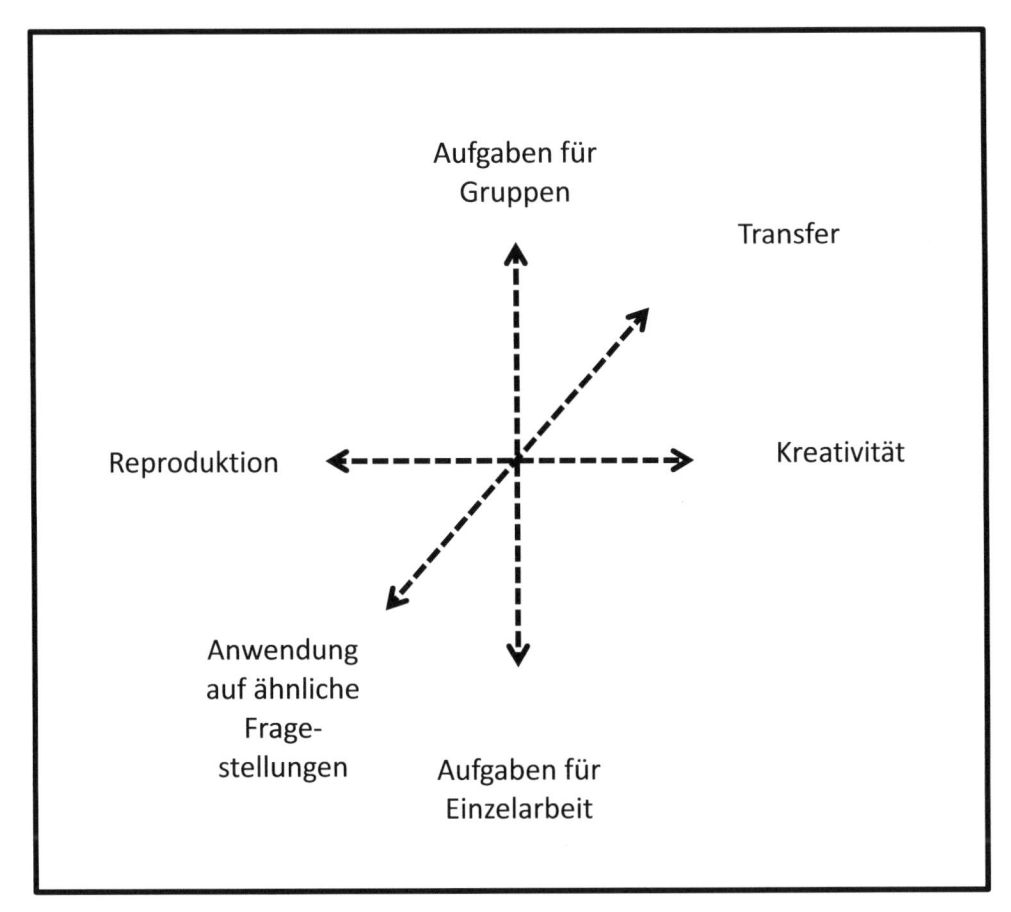

Abb. 2: Funktionen von Lernaufgaben nach Stäudel (2003).

Gute Lernaufgaben als Aufgaben in Lernsituationen im Fachunterricht haben nach Leisen (2010, 65) demnach folgende Merkmale:

- sie sind eingebettet in eine Atmosphäre des Lernens und nicht des Prüfens,
- sie orientieren sich am Kompetenzmodell der Bildungsstandards,
- sie knüpfen an Vorkenntnisse der Lernenden an,
- sie behandeln Problemstellungen, die Lernende mittels Arbeitsaufträgen selbstständig bearbeiten,
- sie führen zu einem Lernprodukt, welches auswertbar ist,
- sie fördern das Bewusstsein der Lernenden für das eigene Können und zeigen den Lernzuwachs,
- sie verankern das neu Gelernte in einer Art „Wissensnetz",
- wenden sie das neu Gelernte auf andere Beispiele an.

Eine weitere wesentliche Voraussetzung einer gelungenen Lernaufgabe berührt die konstruktivistische Frage, welche subjektive Sicht der Lernende auf die gestellte Aufgabe hat. Denn diese Sicht entscheidet darüber, in welcher Weise die Aufgabe bearbeitet wird. Nach Bruder (2003, S. 12) muss eine gute Aufgabe die Übernahme von Verantwortung für das eigene Lernen anbahnen und darüber hinaus Zielklarheit und eine persönliche Sinn- oder Bedeutungsvorstellung über die jeweiligen Lerninhalte ermöglichen.

Literatur:

Bruder, R. (2003). Konstruieren – auswählen – begleiten. Über den Umgang mit Aufgaben. In: *Friedrich Jahresheft* XXI, S. 12-15.

Leisen, J. (2010). Lernaufgaben als Lernumgebung zur Steuerung von Lernprozessen. In: Kiper,H.; Meints, W.; Peters, S.; Schlump, S. & Schmit, S. (Hrsg.), *Lernaufgaben und Lernmaterialien im kompetenzorientierten Unterricht* (S. 60-67). Stuttgart: Kohlhammer.

Stäudel, L. (2003). Der Aufgabencheck. Überprüfen Sie ihre „Aufgabenkultur". In: *Friedrich Jahresheft* XXI, S. 16-17.

| Lernaufgaben einsetzen | Kompetenzausprägung D |

Ich kann kompetenzorientierte Lernaufgaben erstellen, die in einen Kontext eingebunden und durch die Aufgabenstellung sowie Materialien klar strukturiert sind.

Menschliches Handeln ist immer kontextabhängig. Demnach sollte Lernen nach Möglichkeit situiert stattfinden. Ein solches Lernen ist gegeben, wenn *authentische Probleme* in einer *wirklichkeitsgetreuen Umgebung* bearbeiten werden. Für den schulischen Kontext bedeutet das: Bei der Vielzahl der denkbaren Situationen, die den Lernenden begegnen können, ist es unmöglich, Unterricht so zu planen, dass die Schüler auf jede Eventualität angemessen vorbereitet sind. Die Forderung muss deshalb lauten, dass einerseits Unterricht Techniken und Fähigkeiten in exemplarischen Situationen vermitteln muss, die von den Lernenden auf andere Kontexte übertragen werden können (Paradigma). Andererseits sollen Fähigkeiten dort gelehrt werden, wo sie zur Anwendung kommen.

Lernaufgaben müssen klar strukturiert sein und ihre Struktur muss den Schülern transparent gemacht werden. Das folgenden Ablaufschemata kann helfen gute Lernaufgaben zu skizzieren.

- Themenstellung,
- Didaktische Leitfrage,
- Szenario,
- Einstiegsanweisung,
- Anweisung: Bewertungskriterien formulieren,
- Abfolge von Selbsterschließungsanweisungen,
- Schlussanweisung,
- Anweisung zur Selbstevaluation,
- Lernorganisatorische Angaben.

Als Merkmale guter Lernaufgaben lassen sich folgende Aspekte festhalten:

- sie sind herausfordernd und auf passendem Anspruchsniveau,
- sie fordern und fördern inhalts- und prozessbezogene Kompetenzen,
- sie knüpfen an Vorwissen an und bauen das strukturierte Wissen kumulativ aus,
- sie sind in sinnstiftende Kontexte eingebunden,
- sie stärken das Selbstbewusstsein in Hinblick auf den eigenen Könnensstand durch erfolgreiches Bearbeiten und intensives Üben,
- sie ermöglichen individuelles und ggf. kooperatives Lernen,
- sie haben (in der Regel) ein Lernprodukt.

| Lernaufgaben einsetzen | Kompetenzausprägung E |

Ich kann Lernende mit Aufgaben arbeiten lassen, die unterschiedlich geöffnet und durch ein aufeinander auf-bauendes Hilfesystem gekennzeichnet sind.

Geschlossene Lernaufgaben sind für schwächere Lerner geeignet (vgl. Grell & Grell, 1983). Sie werden auch im Bereich des (Sprach-)Anfangsunterrichts eingesetzt. Merkmale der geschlossenen Aufgaben sind:

- Die Aufgabenstellung ist eng auftragsgebunden.
- Die lebenspraktische Situation wird durch die Aufgabenstellung modelliert.
- Die zur Bewältigung der Aufgabe notwendigen Fähigkeiten und Fertigkeiten sind klar umgrenzt und lassen nur wenig Spielraum (z. B. Lückentextübungen).
- Die Aufgabe ist geschlossen bzgl. der Lösungsansätze, Strategien und der Darstellungsform der Lösung.

(Teil-)Offene Lernaufgaben sind für stärkere Lerner und in Anwendungsphasen des Unterrichts geeignet. Sie werden häufig zum Transfer des bereits erworbenen Wissens eingesetzt. Merkmale der teiloffenen Aufgabe sind:

- Die Aufgabe ist teilweise als Lernaufgabe konzipiert.
- Die Schüler erarbeiten sich das Fachwissen mit Hilfekarten und Infoblättern selbst.
- Die Schüler modellieren die lebenspraktische Situation selbst.
- Die Schüler erarbeiten sich das Fachwissen unter Hilfeangeboten selbst.
- Die zur Bewältigung der Aufgabe notwendigen Fähigkeiten und Fertigkeiten sind vielfältig und lassen einen relativ großen Spielraum für eigene Ansätze zu.
- Die Aufgabe ist offen bzgl. der Lösungsansätze, Strategien und der Darstellungsform der Lösung.

Um möglichst alle Lernenden zunehmend an die Bewältigung komplexer Lernaufgaben heranzuführen, sollten Aufgaben mit Hilfesystemen versehen werden. Daraus ergeben sich folgende Möglichkeiten der individuellen Förderung zur Bewältigung von Lernaufgaben für alle Schüler:

- Aufgaben mit unterschiedlichen bzw. gestuften Anforderungen: Lernern werden Aufgaben mit unterschiedlich hohen fachlichen und/oder sprachlichen Anforderungen gestellt.
- Aufgaben mit gestuften Hilfen: allen Lernern wird dieselbe Aufgabe mit denselben Anforderungen gestellt, Lerner können auf gestufte Hilfen zurückgreifen.

Rückmeldungen durch die Lehrkraft sind im Lernprozess ebenfalls eine wichtige Stellgröße. Eine methodische Möglichkeit zur Reflexion ist das Vergleichen und Bewerten von Lernprodukten. Der jeweilige Lernzuwachs lässt sich dabei durch Vergleich der eigenen Vorstellung und des Wissens vor und nach dem Unterricht ermitteln.

Das kann durch Lerntests erfolgen, aber auch durch eine Diagnose des Vernetzungsgrades in Begriffsnetzen, durch Bewerten von Zitaten, Meinungen und Situationen. Zur Reflexion gehört auch Sprachbewusstheit, die Sensibilität für Sprache(n) und ihre Formen, Strukturen, Funktionen sowie deren Gebrauch.

Literatur:

Grell, M. & Grell, J. (1983). *Unterrichtsrezepte*. Weinheim: Beltz.

Lernaufgaben einsetzen — CHECKLISTE

A Ich kann Merkmale von guten Aufgaben benennen.

Mein aktueller Standort:
Wenn ich an eine an eine idealtypische Unterrichtsstunde denke, ...
- kann ich Lernaufgaben als Phasen des möglichst selbstständigen Lernens von Schülern erkennen.
- kann ich Lernaufgaben als Phase identifizieren, wenn Schüler zielgerichtet arbeiten.
- halte ich mich zurück, wenn Schüler selbstständig arbeiten.
- benötigen Lernaufgaben eine in der Regel vorbereitete Lernumgebung.

B Ich kann Aufgaben (z. B. mithilfe von Operatoren) formulieren, so dass Schüler phasenweise selbsttätig arbeiten und ein Lernprodukt erstellt wird.

Mein aktueller Standort:
Wenn ich an eine für mich typische Unterrichtsstunde denke, ...
- sind Aufgabenstellungen mit klaren Handlungsanweisungen (zumeist mit Operatoren) formuliert.
- wird die Aufgabenstellung systematisch vorgestellt (Erklären, Visualisieren, Fragen etc.) und ihr Verständnis eruiert.
- arbeitet die Lerngruppe selbsttätig bzw. selbstständig an einem Lernprodukt.
- störe ich die Lerngruppe bei der Arbeit möglichst wenig.

So kann es gehen:
- Ich lasse die Aufgabenstellung von einem Schüler in eigenen Worten erklären.
- Ich steuere die Schüleraktivität durch die Aufgabenstellung, die Materialien und geeignete Impulse.
- Ich nutze pro Teilaufgabenstellung einen Operator.

C Ich kann Lernaufgaben konstruieren, die eine stimmige Performanzsituation zu einer Kompetenz herstellen und intelligentes Wissen vermitteln.

Mein aktueller Standort:
Wenn ich an eine für mich typische Unterrichtsstunde denke, ...
- sind die Schüleraktivitäten auf das Kernanliegen ausgerichtet.
- ist das Lernprodukt stimmig zum Kernanliegen.
- wird durch die Lernaufgabe auch Wissen vermittelt, das flexibel, transferierbar und anschlussfähig ist.
- wird die Lerntätigkeit durch die Aufgabenstellung und die Materialien deutlich.

So kann es gehen:
- Ich variiere Lernaufgabenstellungen mit dem Modell des divergenten Denkens (vgl. z. B. https://www.schulportal-thueringen.de/web/guest/media/detail?tspi=2035).
- Ich erstelle ein Kompetenzerwerbsschema, um den systematischen Aufbau von Kompetenzen bzw. intelligentem Wissen durch die Lernaufgaben zu dokumentieren.
- Ich formuliere meine Aufgaben klar als Lernsituation, Diagnose oder Übung.

D   Ich kann kompetenzorientierte Lernaufgaben erstellen, die in einen Kontext eingebunden und durch die Aufgabenstellung sowie Materialien klar strukturiert sind.

Mein aktueller Standort:
Wenn ich an eine für mich typische Unterrichtsstunde denke, …
    ist die Lernaufgabe in einem fachwissenschaftlich bedeutenden Zusammenhang gestellt.
    greift die Lernaufgabe eine Frage- bzw. Problemstellung aus der Lebenswelt der Lerngruppe auf.
    zielt der Einstieg auf die Lernaufgabe ab.
    verdeutlichen Materialien und Aufgabenstellungen den Kontext der Lernaufgabe.

So kann es gehen:
- Ich plane die Stunde vom Herzstück (Lernaufgabe) ausgehend; danach richte ich den Einstieg und die Ergebnissicherung aus.
- Ich kontrolliere meine Aufgabenstellung nach den Kriterien von Baptist und Raab (siehe Kompetenzbereich: Lernaufgaben einsetzen, Kompetenzausprägung D).
- Ich wähle Kontexte aus, die meine Lerngruppen motivieren.

E   Ich kann Lernende mit Aufgaben arbeiten lassen, die unterschiedliche geöffnet sind und durch ein aufeinander auf-bauendes Hilfesystem gekennzeichnet sind.

Mein aktueller Standort:
Wenn ich an eine für mich typische Unterrichtsstunde denke, …
    findet Binnendifferenzierung durch gestufte Hilfsmaterialien statt.
    findet Binnendifferenzierung durch unterschiedlich offene Aufgabenstellungen statt.
    haben Lerngruppen Möglichkeiten der Auswahl.
    unterstützen sich Schüler gegenseitig.

So kann es gehen:
- Ich formuliere Aufgabenstellungen durch das Modell der Multiplen Intelligenzen (vgl. genauer Gardner, 2011).
- Ich reflektiere mit den Schülern ihre Aufgabenauswahl.
- Ich reflektiere die Aufgabenschwierigkeit nach Grad der Menge und Dichte notwendiger Schlussfolgerungen, Implizitheitsgrad der Operatoren, Diversität des Bezugsgegenstands, Anspruchsniveau des Bezugsgegenstandes (z. B. Textschwierigkeit) und Anforderung an die (sprachliche) Darstellung der Lernprodukte (vgl. genauer z. B. Klinger, 2005).

Literatur:
Gardner, H. (2011). *Frames of Mind: The Theory of Multiple Intelligence*. New York: Basic books.
Klinger, U. (2005). Mit Bildungsstandards Unterrichts- und Schulqualität entwickeln – Eine Curriculumwerkstatt für Fachkonferenzen, Steuergruppen und Schulleitungen. In: *Friedrich Jahresheft*. XXIII, S.130-143.

5.5 Mit Heterogenität umgehen: *Maria Eloisa Imedio Murillo & Dirk Braun*

Kompetenz-ausprägung	Ich kann ...
A	die Ausprägung von Heterogenität beschreiben.
B	Heterogenität in meinen Lerngruppen und mögliche Differenzierungsmaßnahmen benennen.
C	aus meinen Lerngruppenbeschreibungen Konsequenzen für meine Unterrichtsplanung ziehen
D	aufgrund der sozialen und kulturellen Lebensbedingungen der Schüler stärkenorientiert Einfluss im Rahmen der Schule auf deren individuelle Entwicklung nehmen und zu selbstbestimmten Lernen erziehen.
E	selbst und mit Lernenden die Differenzierungsmaßnahmen reflektieren und selbstgesteuerte Lern- und Bildungsprozesse initiieren.

| Mit Heterogenität umgehen | Kompetenzausprägung A |

Ich kann die Ausprägung von Heterogenität beschreiben.

Es ist normal, verschieden zu sein! Diese Einsicht ist im deutschen Schulsystem noch nicht vollständig angekommen. So existiert in einigen Vorstellungen unterrichtender Lehrkräfte die Fiktion einer weitestgehend homogenen Lerngruppe. Dabei ist die Diskussion über die nicht vorhandene Gleichheit in der Schule keineswegs neu. Bereits Johann Friedrich Herbart (1776-1841) sah als einen Grundfehler der Schule an, auf die Verschiedenheit der Köpfe nicht zu achten (vgl. 1843, S. 89). Annedore Prengel plädiert schon lange eindringlich dafür die *Heterogenität* bzw. heute eher die *Vielfalt* einer Lerngruppe nicht als Belastung, sondern als Chance zu begreifen (vgl. 1993). Etwas pathetisch ausgedrückt wird häufig die Forderung formuliert: *Die Lehrkräfte müssen mehr auf Schatzsuche und weniger auf Fehlersuche gehen!*

Klippert (vgl. 2010) weist darauf hin, dass kaum ein Schüler so universal begabt ist, dass er keine Schwächen hat. Und kein schwacher Schüler verfügt über gar keine Kompetenzen. Auffällig ist etwa, dass viele Kinder mit rascher Auffassungsgabe und hohem logisch-mathematischem Leistungsvermögen in den Bereichen Teamarbeit oder Kommunikation Probleme haben. Wer sich dagegen noch Schwächen im abstrakt-kognitiven Bereich besitzt, der muss deshalb noch lange nicht große Lücken in anderen Kompetenzbereichen aufweisen. Schüler, die sich hyperaktiv oder in sonstiger Weise verhaltensauffällig zeigen, können sehr wohl beträchtliches soziales und intellektuelles Potenzial haben (vgl. ebd.). Interindividuelle Unterschiede zwischen den Schülern einer Klasse können sehr vielschichtig sein und ganz unterschiedliche Bereiche betreffen (vgl. genauer Boller, 2007; Grunder, 2009):

- Häusliche Arbeitsbedingungen und soziales Milieu,
- Erfahrungshintergrund,
- Kenntnisse und Vorerfahrungen,
- Allgemeine und spezifische Fähigkeiten und Begabungen,
- Persönlichkeitsmerkmale,
- Lerntempo, Arbeitsverhalten und Arbeitstechniken,
- Motivation und Einstellungen zu bestimmten Unterrichtsfächern,
- Etc.

Die einzelnen Bereiche können sich gegenseitig bedingen bzw. überlagern. So kann fehlende Motivation trotz vorhandenen Kenntnissen und Fähigkeiten schulische Lernprozesse nahezu unmöglich machen. Für die schulische Leistung sind die Heterogenitätsbereiche besonders bedeutsam, die individuelle Lernmerkmale betreffen. Ein professioneller Umgang mit Heterogenität im Unterricht muss differenzierte Lernangebote bereithalten, um individuelle Förderung zu ermöglichen. Darüber hinaus werden besondere Anforderungen an die Lehrerrolle gestellt.

Literatur:
Boller, S. (Hrsg.) (2007). *Heterogenität in Schule und Unterricht*. Weinheim: Beltz.
Grunder, H. U. (Hrsg.) (2009). *Zum Umgang mit Heterogenität in der Schule*. Baltmannsweiler: Schneider.
Herbart, J. F. (1843). *J. F. Herbart's kleine philosophische Schriften und Abhandlungen*. Bd. 3. Leipzig: Brockhaus.
Klippert, H. (2010). *Heterogenität im Klassenzimmer. Wie Lehrer effektiv und zeitsparend damit umgehen können*. Weinheim: Beltz.
Prengel, A. (1993). *Pädagogik der Vielfalt. Verschiedenheit und Gleichberechtigung in interkultureller, feministischer und integrativer Pädagogik*. Opladen: Leske & Budrich.

| Mit Heterogenität umgehen | Kompetenzausprägung B |

Ich kann Heterogenität in meinen Lerngruppen und mögliche Differenzierungsmaßnahmen benennen.

Differenzierte Lernangebote stellen eine Grundvoraussetzung guten Schulunterrichts dar. Die Forderung nach individueller Förderung jedes einzelnen Heranwachsenden stellt schon lange eine zentrale Forderung an Lehrkräfte dar. Was verbirgt sich aber hinter dem Etikett differenzierten und individuellen Lernens? Die folgende Definition von Paradies & Linser (2005, S. 9) verdeutlicht die Vielschichtigkeit des Themas:

„Differenzierung in der Schule und im Unterricht begreift Individualität als konstitutive Basis und verfolgt nur ein einziges Ziel: Jeder einzelne Schüler soll individuell maximal gefordert und damit optimal gefördert werden. Das individuelle Leistungsvermögen und das Lernverhalten sind Grundlage für differenzierende Maßnahmen auf der inhaltlichen, didaktischen, methodischen, sozialen und organisatorischen Ebene."

Die Definition enthält drei unterschiedliche Schwerpunkte. Der erste Teil dieser Definition zielt zunächst auf ein bestimmtes Bild einer Lerngruppe ab. Eine professionelle Lehrkraft begreift die vorhandene Heterogenität als Chance und verabschiedet sich von der Fiktion einer homogenen Lerngruppe. Jeder Heranwachsende wird dabei in den Blick genommen (vgl. z. B. Tillmann, 2004). Aspekte der Heterogenität betreffen z. B. Interessen, Gender, Sozialverhalten, Lernwillen, Arbeitshaltung, Kreativität, Kenntnisse, Intelligenz, Einstellungen, Temperament, kulturelle Herkunft, Sprache, Umwelt, Elternhaus etc. Der zweite Teil bezieht sich auf den individuellen Ist-Zustand, also das Lernvermögen und -verhalten. Aus diesem Grund kommt der Diagnose der einzelnen Schüler eine entscheidende Funktion zu. Das bedeutet, dass die Lehrkraft zunächst genau die Heterogenität der jeweiligen Lerngruppe analysieren muss (siehe Kompetenzstufe I). Wenn Lernende, die sich etwa mit dem rezeptiven Lernen schwertun, vor allem auf genau dieser Ebene gefordert werden, dann ist das für viele von ihnen nicht nur frustrierend, sondern auch hochgradig ungerecht. Der dritte Teil beinhaltet die eigentlichen Differenzierungsmaßnahmen. Aus dieser Definition folgt die Erkenntnis, dass Differenzierung immer mit Diagnosemaßnahmen gekoppelt werden muss. Ein idealtypischer Ablauf veranschaulicht die Abbildung 1.

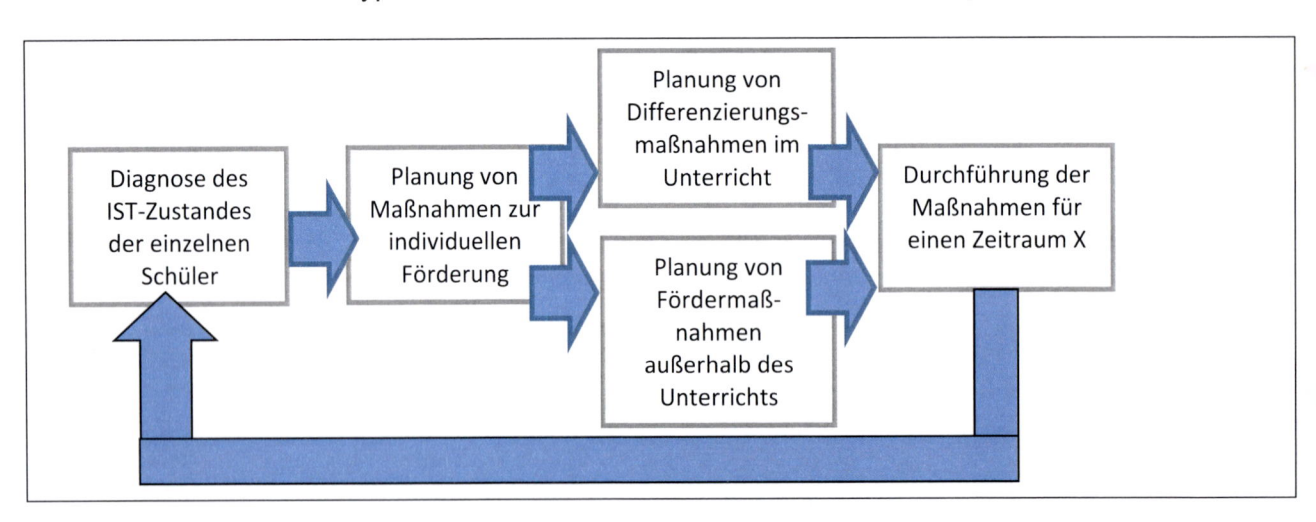

Abb. 1: Der Diagnose – Differenzierungskreislauf (eigener Entwurf).

Die eigentliche individuelle Förderung manifestiert sich dann in den verschiedenen Differenzierungsmaßnahmen. Ein ältere, aber immer noch aktuelle Definition dazu bieten Klafki & Stöcker (1976, S. 497):

„Der Begriff der Differenzierung (Binnendifferenzierung) umfasst alle organisatorischen und methodischen Bemühungen, die darauf abzielen, den individuellen Begabungen, Fähigkeiten, Neigungen und Interessen einzelner Schüler oder Schülergruppen innerhalb einer Schule oder Klasse gerecht zu werden."

Die verschiedenen Differenzierungsarten sind in Abbildung 2 dargestellt:

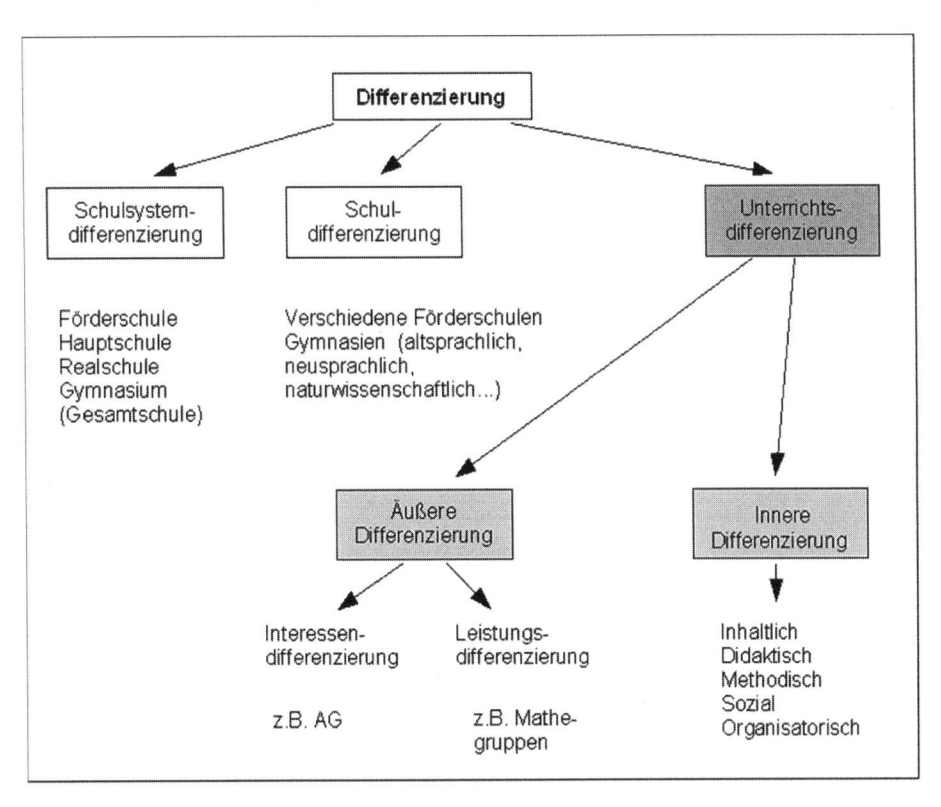

Abb. 2: Differenzierungsarten (vgl. Klafki, W. & Stöcker, H. (1976)

Im Unterricht spielen demnach Maßnahmen der inneren Differenzierung eine entscheidende Rolle. Die innere Differenzierung lässt sich dreifach unterteilen, nach:

- Maß der Lehrerzuwendung: unterschiedlich intensive Betreuung.
- Aufgabe: Menge der Zeit, Anzahl der Aufgaben, Anzahl der Wiederholungen, Komplexität der Aufgabe.
- Zugängen, Interessen und Lehr- und Lernstilen: bezogen auf Medien, bezogen auf Sozialformen und Methoden, bezogen auf inhaltliche Zugänge, bezogen auf Ziele.

Die Unterrichtsforschung stellt bezüglich der individuellen Förderung im Unterricht eine Diskrepanz zwischen weitreichenden Erwartungen und praktischen Einlösungen fest (vgl. Trautmann & Wischer, 2007). Die Autoren nennen insbesondere zwei Gründe:

- Institutioneller Rahmen (z. B. höherer Zeitaufwand ist im 45-Minutentakt nicht zu erfüllen).
- Fehlendes Umdenken der Lehrkräfte.

Somit steht für die Lehrkraft die Reflexion der eigenen Sicht auf Unterricht am Anfang eines differenzierten Unterrichts. Darüber hinaus sollten Lehrkräfte intensiv zusammenarbeiten und sich unterstützen. Des Weiteren ist nach Möglichkeit mit kleinen Schritten der Differenzierung zu beginnen.

Eine Chance der Differenzierung kann im Konzept des Kooperativen Arbeitens gesehen werden (vgl. Green & Green, 2005). Darin liegt zugrunde, dass sich die Schülerinnen und Schüler zunächst allein einer Aufgabe zuwenden (Think-Phase). Erst dann vergleichen sie ihre Überlegungen in der Gruppe oder mit dem Partner. In dieser Phase der Kooperation unterstützen sich die Schüler wechselseitig, denn hier können sie auf die Probleme und Lernschwierigkeiten ihrer Mitschüler eingehen und sie so individuell fördern (vgl. genauer Brüning & Saum, 2009).

Ein besonderer Vorteil kann dabei darin gesehen werden, dass ihre kognitiven Kompetenzen der Schüler zwar unterschiedlich sind, aber dennoch relativ nahe beieinander liegen. Heranwachsende lernen mitunter besser von denen, die ihren Problemen noch nahe sind, als von Lehrenden, die viel weiter entwickelte kognitive Kompetenzen haben. Eine weitere Möglichkeit des kooperativen Arbeitens liegt darin, dass Gruppen, die ihre Aufgaben schneller als andere erledigt haben, Tutoren für andere Gruppen stellen. Dabei ist allerdings von zentraler Bedeutung, dass sie nicht einfach nur die Lösung mitteilen, sondern dass sie die Gruppe bei der Überwindung ihrer Schwierigkeiten unterstützen. Die Differenzierung und Individualisierung erfolgt beim kooperativen Arbeiten insgesamt auf vier verschiedene Arten (vgl. Brüning & Saum, 2011, S. 12 f.):

- Förderschwerpunkte,
- Interessen,
- Kompetenzniveau,
- Lerntempo.

So überzeugend das Konzept in der Theorie daher kommt, so schwierig ist es in der praktischen Umsetzung. Aufgaben und Lernarrangements müssen, vor allem im Hinblick auf Aufgabenschwierigkeit, für die Lernenden passend entwickelt werden. Ansonsten unterrichten Ahnungslose Ahnungslose.

Literatur:

Bönsch, M. (2004). *Differenzierung in Schule und Unterricht. Ansprüche, Formen, Strategien*: München: Oldenbourg.
Bönsch, M. (2009). *Erfolgreicher Lernen durch Differenzierung im Unterricht*. Braunschweig: Westermann.
Brüning, L. & Saum, T. (2009). *Erfolgreich unterrichten durch Kooperatives Lernen. Band 1: Strategien zur Schüleraktivierung*. Essen: NDS.
Brüning, L. & Saum, T. (2010). Individualisierung und Differenzierung – aber wie? *Pädagogik*, 56 (11), S. 12-13.
Green, N. & Green, K. (2005). *Kooperatives Lernen im Klassenraum und im Kollegium*. Seelze: Kallmeyer.
Klafki, W. & Stöcker, H. (1976). Innere Differenzierung des Unterrichts. *Zeitschrift für Pädagogik*, 22 (4), S. 497-498.
Paradies, L. & Linser, H.J. (2005). *Differenzieren im Unterricht*. Berlin: Cornelsen.
Tillmann, K. J. (2004). System jagt Fiktion. Die homogene Lerngruppe. *Friedrich Jahresheft XXII (Heterogenität)*. S. 6-9.
Trautmann, M. & Wischer, B. (2007). Individuell fördern im Unterricht. Was wissen wir über innere Differenzierung? *Pädagogik*, 53 (12), S. 44-48.

| Mit Heterogenität umgehen | Kompetenzausprägung C |

Ich kann aus meinen Lerngruppenbeschreibungen Konsequenzen für meine Unterrichtsplanung ziehen.

Heterogenität bietet viele Chancen; allerdings nur dann, wenn die erforderliche Lernkultur konsequent aufgebaut und gepflegt wird. Insgesamt müssen die Lernenden möglichst differenziert angesprochen werden. Sie sollen ihre unterschiedlichen Begabungen und Interessen angemessen einbringen können. Das betrifft sowohl Lernaufgaben als auch Lernwege. Das bedeutet, dass die Lerner vielseitig und handlungsorientiert angesprochen werden müssen, etwa durch individuelle Wahlarbeiten (z. B. Wochenpläne, Werkstatt- und Stationenlernen etc.). Darüber hinaus sind Kooperatives Lernen, vernetzte Lernaktivitäten und grundlegende Lernkompetenzen zu integrieren (Methodentraining und -pflege, Lerntagebücher etc.).

Grundsätzlich gilt: Je breiter die Lernangebote und Lernwege, desto größer die Chance, dass alle Lernende Anschluss finden bzw. Anschluss halten. Dabei sind gar keine ausufernden Individualisierungen und Differenzierungen notwendig, sondern vor allem unterschiedliche Zugänge zum jeweiligen Lerngegenstand. Das können differenzierte Aufgaben, Methoden oder Produkte sein. Darüber hinaus bieten differenzierte Teilaufgaben Möglichkeiten, individuelle Stärken der Schüler zu fördern bzw. Schwächen zu minimieren. Abbildung 1 zeigt mögliche Differenzierungsansätze im Überblick (vgl. genauer Klippert, 2010, S. 52 f.)

Aufgaben	Methoden	Lernprodukte
• Leseaufgaben	• Einzelarbeit	• Text/Aufsatz
• Knobelaufgaben	• Partnerarbeit	• Gedicht
• Paukaufgaben	• Gruppenarbeit	• Schaubild
• Ordnungsaufgaben	• Unterrichtsgespräch	• Spickzettel
• Rechercheaufgaben	• Stuhlkreis	• Mindmap
• Visualisierungsaufgaben	• Lernzirkel	• Karteikarte
• Kommunikationsaufgaben	• Wochenplanarbeit	• Diagramm
• Kooperationsaufgaben	• Werkstattarbeit	• Tabelle
• Strukturierungsaufgaben	• Projektarbeit	• Zeichnung
• Produktionsaufgaben	• Rollenspiel	• Plakat
• Präsentationsaufgaben	• Planspiel	• Fragebogen
• Entscheidungsaufgaben	• Talkshow	• Werkstück
• Problemlöseaufgaben	• Debatte	• Protokoll
• Planungsaufgaben	• Reportage	• Referat
• Projektaufgaben	• Befragung	• Wandzeitung
• Vortragsaufgaben	• Erkundung	• Folie

Abb. 1: Differenzierungsansätze im Überblick (Klippert, 2010, S. 53).

Eine besondere Form des Umgangs mit Heterogenität ist das so genannte Lernspiral-Konzept (vgl. genauer Klippert, 2012). Darin sind vielfältige Differenzierungsmöglichkeiten Teil eines spiralförmigen Arbeits- und Interaktionsprozesses und ermöglichen den Heranwachsenden immer wieder, sich aktiv und konstruktiv in das laufende Unterrichtsgeschehen einzubringen. Die Lerner arbeiten dabei in der Regel am gleichen Thema, mit gleichen oder ähnlichen Inputs. Dadurch hält sich der Vorbereitungs- und Betreuungsaufwand der Lehrkräfte in Grenzen.

Auch die zeitlichen Rahmenvorgaben sind im Regelfall für alle Schüler gleich. Ansonsten ist es schwierig, die nötigen Kontroll-, Anwendungs-, Präsentations- bzw. Besprechungsphasen sicherzustellen. Gleichwohl bleiben den Schülern genügend unterschiedliche Zugänge zum Arbeiten und Lernen. Das Konzept sieht folgende Differenzierungsarten vor (vgl. genauer Klippert, 2010):

- Aufgabendifferenzierung,
- Tätigkeitsdifferenzierung,
- Produktdifferenzierung,
- Methodendifferenzierung,
- Soziale Differenzierung,
- Differenzierte Lernhilfe.

Bei dem Konzept der Lernspirale gilt, dass sich zu jedem Thema *unterschiedliche Aufgabenstellungen und -niveaus* definieren lassen, die den Lernenden differenzierte Zugänge zum Lerngegenstand eröffnen. Eine Möglichkeit ist etwa, dass zwei korrespondierende Pflichtaufgaben auf unterem und mittlerem Anforderungsniveau sowie zwei Küraufgaben auf höherem Niveau angeboten werden. Die schwächeren Schüler konzentrieren sich dann häufig auf die leichteren, die stärkeren Schüler auf die schwierigeren Aufgaben. Die Heranwachsenden, die schneller arbeiten, erledigen alle vier Teilaufgaben, wer mehr Zeit benötigt, schafft vielleicht gerade mal die beiden Pflichtaufgaben. Auf diese Weise wird unterschiedlichen Leistungspotenzialen und Arbeitsgeschwindigkeiten Rechnung getragen. Dabei arbeiten im Regelfall alle Schüler am gleichen Thema und mit ähnlichen oder gleichen Grundmaterialien, Zeitvorgaben und Lehrerinputs. Dadurch werden alle Klassenmitglieder zusammengehalten und bleiben anschlussfähig.

Dabei ist die Tätigkeitsvielfalt, aus der die Schüler wählen können, eine zentrale Voraussetzung für das erfolgreiche Arbeiten in und mit heterogenen Lerngruppen. Die Tätigkeitspalette kann je nach Gegenstand vom Schreiben, Lesen und Zeichnen über das Visualisieren, Gestalten, Bauen, Experimentieren und Problemlösen bis hin zum Kommunizieren, Kooperieren, Präsentieren, Diskutieren und Reflektieren reichen. Je nachdem, was ein Schüler besser kann, wird er sich schwerpunktmäßig der einen oder anderen Lerntätigkeit zuwenden. Arbeitsteilung ist je nach gewählter Sozialform möglich und erwünscht.

Des Weiteren sind *zeitliche Differenzierungsmöglichkeiten* möglich, indem kleinere oder größere Teilaufgaben übernommen oder – bei komplexeren Arbeitsschritten – unterschiedliche Zeit- bzw. Arbeitstakte eingeplant werden. Wichtig ist, dass den Schülern angemessene Zeit-Budgets zur Verfügung stehen.

Gleichwohl sind Lernspiralen, anders als z. B. Freiarbeit, reglementiert und lehrergelenkt. Sie zielen auf die Synchronisation der unterrichtlichen Lern- und Arbeitsprozesse und beschreiben mehr oder weniger eng oder weit gefasste Lernkorridore (vgl. Klippert, 2010).

Zusammenfassend muss Unterrichten in heterogenen Gruppen vor allem eines heißen: den Lernenden eine breite Palette unterschiedlicher Lernanforderungen und Lernaktivitäten zu bieten. Dazu gehören z. B. differenzierte Aufgabenstellungen und Materialien, unterschiedlicher Lernprodukte sowie vielseitige Lerntätigkeiten im kognitiven, sozialen, kommunikativen bzw. psychomotorischen Bereich.

Literatur:

Klippert, H. (2010). *Heterogenität im Klassenzimmer. Wie Lehrer effektiv und zeitsparend damit umgehen können*. Weinheim: Beltz.

Klippert, H. (2012). *Unterrichtsvorbereitung leicht gemacht. 80 Bausteine zur Förderung selbstständigen Lernens*. Weinheim: Beltz.

| Mit Heterogenität umgehen | Kompetenzausprägung D |

Ich kann aufgrund der sozialen und kulturellen Lebensbedingungen der Schüler stärkenorientiert Einfluss im Rahmen der Schule auf deren individuelle Entwicklung nehmen und zu selbstbestimmten Lernen erziehen.

Selbstbestimmtes Lernen ist gekennzeichnet durch ein hohes Maß an Autonomie, Anwenden von Lernstrategien und Problemlösungstechniken, komplexen Aufgaben und Selbstbewertung der Arbeitsqualität. Häufig wird selbstbestimmtes Lernen gerne im Zuge von reformpädagogischen Unterrichtskonzepten, wie z. B. der Montessori-Pädagogik, gebraucht, allerdings mit verschiedenem Bedeutungsumfang. Selbstbestimmtes Lernen wird in der Literatur oft synonym mit Offenem Lernen benutzt. Peschel (vgl. 2003) begegnet für das offene Lernen diese Unbestimmtheit mit einem so genannten Bestimmungsraster in Bezug auf verschiedene Dimensionen und Grade der Offenheit (vgl. Tabelle 1).

Tab. 1: Bestimmungsraster zum Grad der Offenheit nach Peschel

	Organisatorische Öffnung	Methodische Offenheit	Inhaltliche Offenheit	Soziale Offenheit	Persönliche Offenheit
	Inwieweit können Schüler Rahmenbedingungen ihrer Arbeit selbst bestimmen?	Inwieweit können Schüler ihren eigenen Lernweg folgen?	Inwieweit können Schüler über ihre Lerninhalte selbst bestimmen?	Inwieweit können Schüler in der Klasse Regeln und Unterrichtsablauf mitbestimmen?	Inwieweit besteht ein positives Lernklima?
Lehrgangsunterricht	schwächere Ausprägung	schwächere Ausprägung	schwächere Ausprägung	--	--
Stationsbetrieb	schwächere Ausprägung	schwächere Ausprägung	schwächere Ausprägung	--	--
Wochenplanunterricht	mittlere Ausprägung	schwächere Ausprägung	schwächere Ausprägung	--	--
Werkstattunterricht	stärkere Ausprägung	mittlere Ausprägung	schwächere Ausprägung	--	--
Reisetagebücherunterricht	mittlere Ausprägung	stärkere Ausprägung	stärkere Ausprägung	--	--
Freiarbeit	stärkere Ausprägung	mittlere Ausprägung	mittlere Ausprägung	--	--
Projektorientierter Unterricht	stärkere Ausprägung	stärkere Ausprägung	mittlere Ausprägung	stärkere Ausprägung	stärkere Ausprägung
Freie Schulen (Klassenrat etc.)	stärkere Ausprägung	stärkere Ausprägung	stärkere Ausprägung	--	--

Eine Zusammenfassung weiterer Fördermöglichkeiten für Schüler liefert die Abbildung des Ministeriums für Bildung, Wissenschaft und Kultur Mecklenburg-Vorpommern (2010, S. 9):

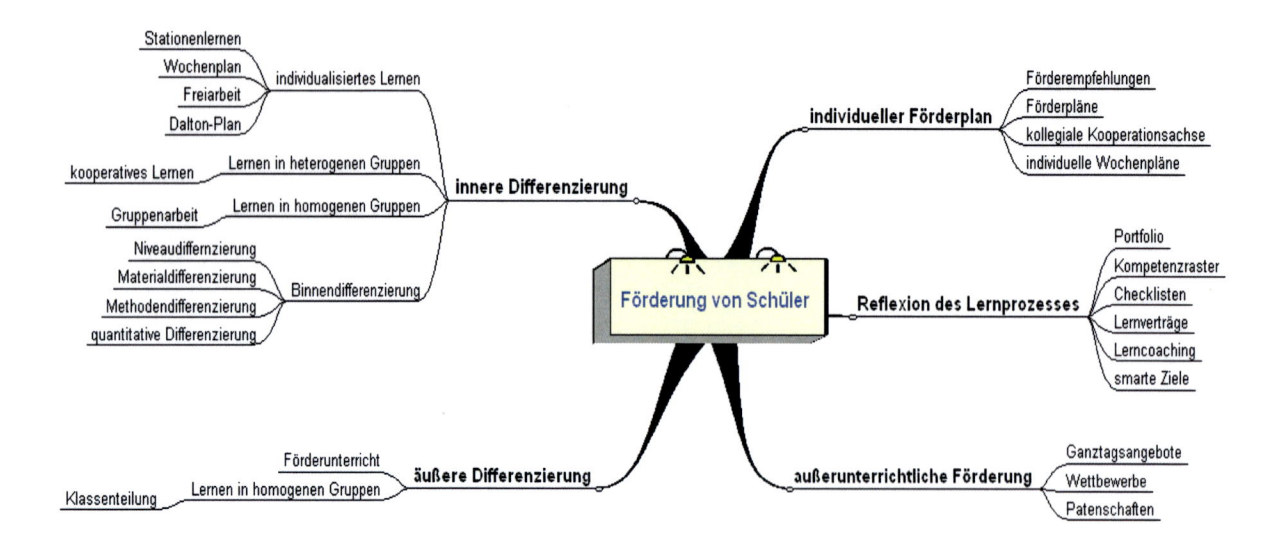

Abb. 1. Förderung von Schülern (eigener Entwurf).

Der Plan zur individuellen Förderung ist ein Element des Schulprogramms und sollte im Zusammenhang mit allen anderen Förderelementen gesehen und implementiert werden. Dafür sollten in der Schule konkrete Verantwortlichkeiten sowie eine verbindliche Zusammenarbeit von Lehrerteams festgelegt werden.

Um individuelle Förderpläne erstellen zu können, benötigen Lehrer Diagnosekompetenz. Dazu gehört die „Erfassung aller Informationen zu den Lernvoraussetzungen, Lernprozessen und zum Lernstand eines Schülers, die für eine gezielte Unterstützung des Einzelnen wichtig sind. Allgemeine diagnostische Zugänge, wie Beobachtungen, Kind-Umfeld-Analyse, Befragungen, Vergleichsarbeiten, Zensuren, usw. ermöglichen den Lehrkräften an Schulen den Förderbedarf einer Schülerin bzw. eines Schülers zu erkennen. Im Sinne einer Prozessdiagnostik muss das jeweilige Förderplanteam neben dieser Analyse der Gegebenheiten Veränderungen beobachten, Schlussfolgerungen ableiten und Entscheidungen treffen" (ebd. S. 9). Auf Basis dieser differenzierten pädagogischen Diagnostik können dann ressourcenorientiert als auch systemisch Fördermaßnahmen entwickelt werden. Dieses enge Zusammenspiel wird in der folgenden Abbildung 2 in Anlehnung an Höhmann (2004, S. 2 f.) dargestellt.

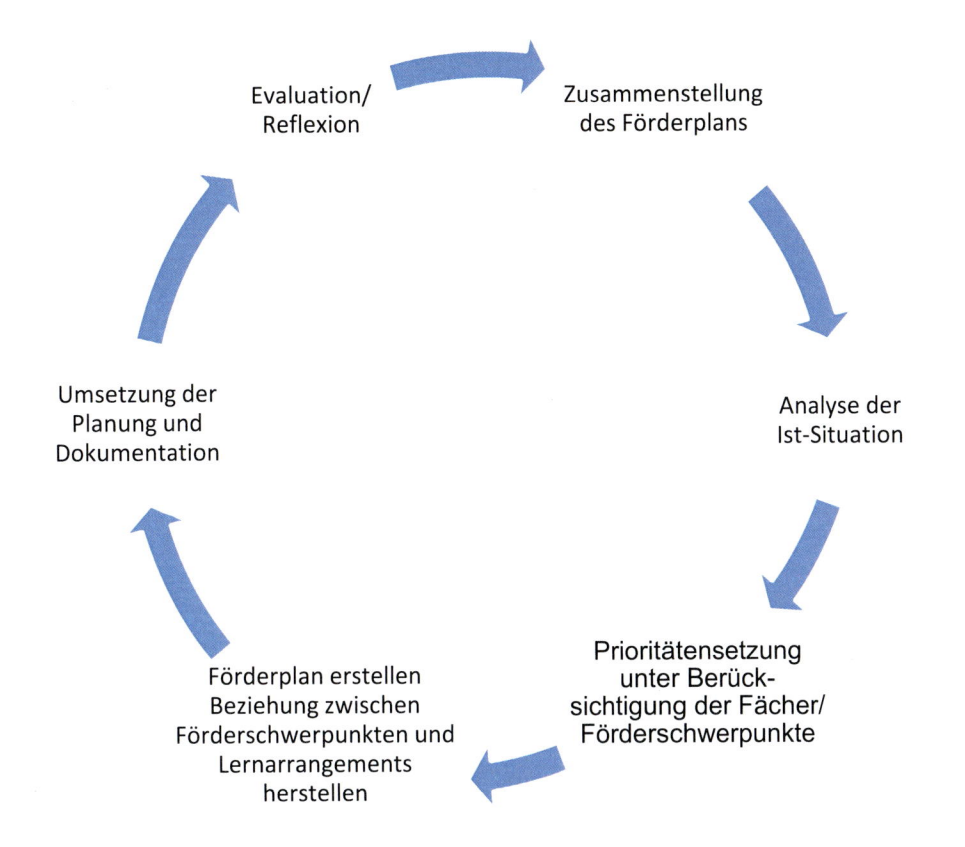

Abb. 2: Fördermaßnahmen (eigener Entwurf).

Ein solcher Umgang mit Heterogenität geht von einer lösungsorientierten Haltung gegenüber Menschen aus. Voraussetzung dafür ist ein positives und wertschätzendes Menschenbild. Dies äußert sich auch in einem prinzipiellen Zutrauen gegenüber den Leistungen der Lernenden. Unterstützung bzw. Förderung erfolgt systemisch und muss die Ressourcen der Schülerinnen und Schüler berücksichtigen. Dabei liegt der Fokus auf dem Gelingen. „Durch die Ausrichtung auf das Positive, die Lösung und die Zukunft wird eine Veränderung in die gewünschte Richtung erleichtert, weshalb wir uns auch stets auf den Gebrauch einer lösungsorientierten Sprache konzentrieren sollen" (Hogger 2010 S. 41). Das setzt ein Sprechen mit und nicht über Schüler voraus. Sie geben die Ziele vor, da sie für sich selbst die besten Fachleute sind. Wer das Problem hat, hat auch die Lösung. Deshalb sagen die Lehrer in lösungsorientierten Beratungsgesprächen weniger, als sie fragen. Ein Gespräch kann sich wie folgt gliedern:

Allgemeiner Rückblick:	Worüber möchtest du sprechen? Was hast du mitgebracht? Was läuft gut in deinem Schulalltag? Was nervt dich an der Schule?
An Stärken anknüpfen:	Was tust du dafür, dass es gut läuft? Was hat dir zum Erfolg verholfen?
Für Ziele motivieren:	Wie schaffst du es, das zu ertragen, was nicht gut läuft? Was hat dir im Wege gestanden? Was müsste passieren, damit du mit einem guten Gefühl das Gespräch beendest? Gab es Zeiten, wo das Problem kleiner oder weg war? Wie kommt das zustande? Was war da anders? Erzähl von Zeiten, wo ein wenig davon geschieht. Wie hast du das gemacht?
Zielklärung:	Welche konkreten schulischen Ziele hast du dir für das Schulhalbjahr gesteckt? Was wäre der erste kleine Schritt in diese Richtung? Wunderfrage (Angenommen, während du schläfst würde ein Wunder geschehen, was wäre dann anders?) Wofür möchtest du deine Ziele erreichen?
Zielformulierung/ Lernvertrag:	Smart/e Ziele (spezifisch, messbar, attraktiv, realistisch, terminiert)? Welche Einzelschritte musst du gehen, um dein Ziel zu erreichen? Wer kann dich unterstützen? Was kann dich an der Zielumsetzung hindern? Wie kannst du Hindernisse bei der Zielumsetzung bewältigen? Angenommen dein Problem wäre gelöst, was wäre dann anders? Wie erkennst du, dass du dein Ziel erreicht hast?
Metakommunikation:	War das für alle Beteiligten ein konstruktiver Prozess? Bringt dir dieser Lernvertrag etwas? Was hat dich an diesem Gespräch gestört?

Literatur:

Höhmann, K. (2004). *Zukunft Bildung. Die sechs Stationen der Förderplanung.* Dortmund: Friedrich.
Hogger, B. (2010). *Lösungs- und ressourcenorientierte Pädagogik.* Baltmannsweiler: Schneider.
Ministerium für Bildung, Wissenschaft und Kultur Mecklenburg-Vorpommern Institut für Qualitätsentwicklung (Hrsg.) (2010): *Förderplanung – Aber wie?. Eine Handreichung für Lehrerinnen und Lehrer der allgemeinbildenden Schulen Mecklenburg-Vorpommerns.* Schwerin.
Peschel, F. (2003). *Offener Unterricht. Teil 1.* Baltmannsweiler: Schneider.

Mit Heterogenität umgehen	Kompetenzausprägung E

Ich kann selbst und mit Lernenden die Differenzierungsmaßnahmen reflektieren und selbstgesteuerte Lern- und Bildungsprozesse initiieren.

Das Gehirn des Menschen ist auf Lernen spezialisiert. Dieses Lernen ist nicht auf ein spezielles Alter, Schule oder in Verbindung mit lehrenden Personen beschränkt. Ein solcher natürlicher Lernwille wird vor allem durch Selbstwirksamkeitserfahrungen unterstützt. Solche Selbstwirksamkeitserfahrungen werden durch die Selbstbestimmungstheorie von Deci & Ryan (vgl. 1993) wissenschaftlich aufgegriffen. Selbstbestimmtheit bezieht sich nicht nur auf selbst frei zu entscheidende Handlungen, sondern auch auf subjektiv erlebte Entscheidungsfreiheit. Dabei gehen sie davon aus, dass jede Person die drei psychologischen Grundbedürfnisse befriedigen möchte:

- Autonomie,
- Kompetenzerleben,
- Eingebundenheit in eine soziale Gruppe.

Nur bei Erfüllung dieser drei Grundbedürfnisse ist Entwicklung und psychisches Wohlbefinden möglich. Die Wege zur Erfüllung und das Ausmaß der Zufriedenstellung der Grundbedürfnisse werden bestimmt durch die eigenen Fähigkeiten, Fertigkeiten, Wissen, Umweltansprüche, Hindernisse und Anforderungen im sozio-kulturellen Umfeld. Das Streben nach den Grundbedürfnissen mündet in eine intrinsische Handlungs-Motivation.
Damit korrespondiert gewöhnlich eine Erhöhung der Selbstwirksamkeit mit größerer Lernfreude. Dies gilt gleichsam umgekehrt, womit auch eine Unterstützung des Lernprozesses darstellt. Denn Lernen kann auch einen konstruktiven Umgang mit Schwierigkeiten und Widerständen bedeuten. Das ist mit Anstrengungen verbunden. Dafür wird das subjektive Gefühl von Machbarkeit vorausgesetzt. In der Regel nehmen Menschen dann Dinge in Angriff, wenn sie sich ihnen gewachsen fühlen. Nicht beeinflussbare Situationen werden gemieden oder mit Angst- oder Aggressionsreaktionen belegt. Wer der Meinung ist, die nötigen Kompetenzen zu besitzen, nimmt die Herausforderungen an und verstärkt das Engagement und reagiert mit mehr Beharrlichkeit und Kreativität.
Umgesetzt werden diese Gedanken u. a. im Prinzip des generierenden Lernens (vgl. Müller 2004). Es gliedert sich in drei Komponenten, die integral miteinander verschlungen sind: Antizipation – Partizipation – Reflexion.

Antizipation bedeutet Vorausblicken, sich orientieren und Zielperspektiven aufbauen. Dies steht im Widerspruch zum klassischen Verhalten von Schülerinnen und Schülern, welches im Prinzip ein reaktives bzw. adaptives Verhalten ist.
Partizipation meint, aktiv einen Lernprozess anzugehen, damit individuell die neuronalen Verknüpfungen im Gehirn beeinflusst werden können. Dafür müssen Schüler Verantwortung für inhaltliche und formale Gestaltung übernehmen. Sie sind beteiligt bei der Arbeit mit innerer Präsenz. Zu diesem Zwecke wird Transparenz geschaffen, Verständigungsprozesse angeregt, Rollen geklärt und alle Beteiligte ernst genommen.
Reflexion bezweckt, aus den Erfolgserlebnissen die Lösungsstrategien für die Zukunft zu gewinnen. Das bedeutet mit seinen Stärken zu wachsen, indem die Zielperspektiven systematisch ausgewertet werden.

In Abbildung 1 sind diese drei Komponenten noch mal in ein Phasenmodell überführt.

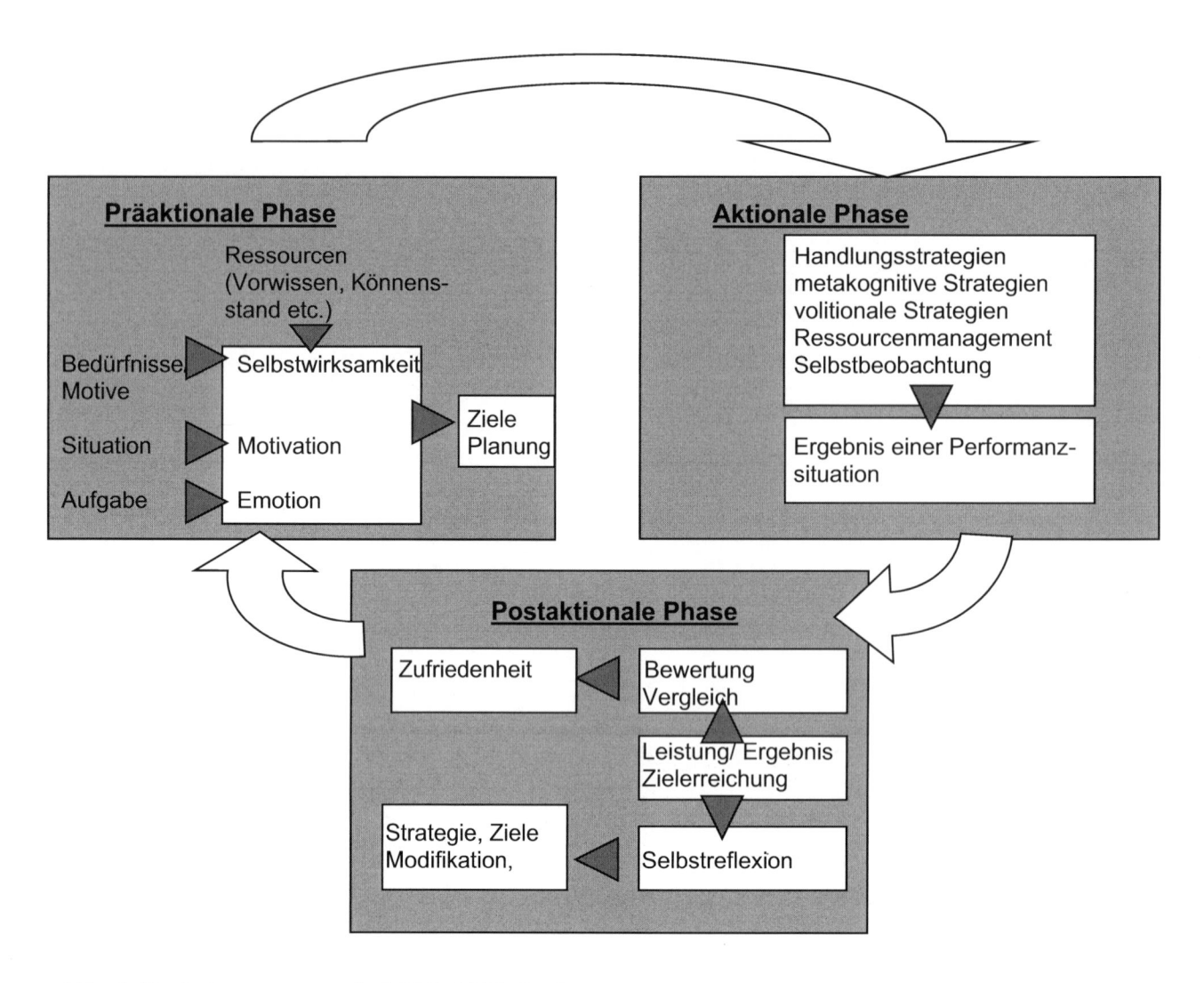

Präaktionale Phase
- Ressourcen (Vorwissen, Könnensstand etc.)
- Bedürfnisse, Motive
- Situation
- Aufgabe
- Selbstwirksamkeit
- Motivation
- Emotion
- Ziele Planung

Aktionale Phase
- Handlungsstrategien
- metakognitive Strategien
- volitionale Strategien
- Ressourcenmanagement
- Selbstbeobachtung
- Ergebnis einer Performanzsituation

Postaktionale Phase
- Zufriedenheit
- Bewertung Vergleich
- Leistung/ Ergebnis Zielerreichung
- Strategie, Ziele Modifikation,
- Selbstreflexion

Abb. 1: Förderkomponenten (vgl. IQS, 2011, S. 7).

Selbstwirksames Lernen benötigt Arrangements, bei denen Lernende ihr Lernen selbst in die Hand nehmen können. Die dafür notwendige Orientierung wird durch Referenzieren erlangt. Hierbei wird die individuelle Leistung mit einem Referenzwert in Bezug gesetzt. Solche Referenzwerte sind in allgemeiner Form in Kernlehrplänen vorgegeben. Konkretisiert und handhabbar werden sie in Kompetenzrastern. Diese formulieren die Inhalte und die Qualitätsmerkmale der verschiedenen vorgegebenen Kompetenzen in genauen Ich-Kann-Formulierungen. Einzelnen Rasterfeldern bzw. Kompetenzen werden im Unterricht unterschiedliche Lernjobs als Performanzsituationen zugeordnet. Im Sinne der Binnendifferenzierung können diese niveaudifferenziert, lerntypspezifisch, etc. sein. Die Lernden wählen aus dem Angebot unterschiedliche Lernjobs aus, bis sie die Kompetenz beherrschen. Dann kann die Leistungsbewertung in Form von Tests, etc. erfolgen. Die Auswahl und Planung der Lernjobs und der Lernprozesse selbst kann in selbst erstellten Wochenplänen, Portfolios oder Lerntagebüchern erfolgen. Der Ort dieses Lernens kann ein Lernbüro sein. Ein solcher Platzhalter im Tagesablauf ermöglicht den Schülern, an ihren individuellen Zielen bzw. Kompetenzen zu arbeiten. Sie erstellen sich ihren individuellen Stundenplan selbst. Das sollte in möglichst konkreten Arbeitsaufträgen erfolgen, die spezifisch auf eine Person ausgerichtet, messbar, ausführbar, realistisch und terminiert sind. Sie sind somit Ankerpunkte in der antizipativen Planung, bilden den Rahmen für die Partizipation und Grundlage bei der Reflexion für die Erfolgsbilanz.

Ein Lernportfolio beschreibt in diesem Zusammenhang anhand ausgewählter Belege eine persönliche Biografie des Lernens. Es macht deutlich, was eine Schülerin oder ein Schüler kann und wie es dazu gekommen ist. Der Begriff Portfolio bezeichnet somit eine sinnvolle Sammlung von Arbeiten, in der vor allem Leistungen, Erkenntnissen und/oder in einem oder mehreren Lernbereichen transparent gemacht werden. Arbeiten sind Dokumente aller Art. Das können Tests sein, Zeichnungen, Aufsätze. Es kann sich aber auch um Fotos oder Fotoprotokolle von Prozessen und Situationen (z. B. von Vorträgen oder Projektarbeiten) handeln. Somit zeigt das Lernportfolio Meilensteine auf dem Weg der individuellen Entwicklung (vgl. Müller 2005).

Ein Lernen in Unterrichtsfächern, Jahrgangskohorten, Units und Klassenarbeiten im herkömmlichen Sinn widerspricht in vielerlei Hinsicht, was man über nachhaltiges Lernen weiß. Im übertragenen Sinne und im konkreten Raum werden offene Settings bzw. Möglichkeiten geschaffen, die dann durch die Lerner selbst Verbindlichkeit erfahren. Die Verbindlichkeit kommt aber nicht von alleine. Die Schüler müssen lernen, ihre Freiheiten zu nutzen und benötigen Personen, die die selbstständigen Lernprozesse begleiten und unterstützen. Müller nennt solche Personen Lerncoaches, die nicht unbedingt aber wahrscheinlich häufig die Lehrkräfte sein werden.

Der Fachbegriff ‚Coaching' benennt eine spezifische Form professioneller Beratung und Begleitung, deren Fokus grundsätzlich auf die berufliche Praxis des Ratsuchenden gerichtet ist. Historisch originär ist Coaching eine professionelle Beratung von Führungskräften mit der Zielsetzung der Förderung beruflicher Selbstgestaltungspotenziale (Selbstmanagement). Das Ziel ist es, dem Coachee seine Selbstregulierungsfähigkeiten wiederzugeben und damit sein Selbstmanagement zu optimieren (vgl. vertiefend Hardeland 2016; Lehmann 2015; Wiethoff & Stolcis 2018).

Literatur:

Deci, E. & Ryan, R. (1993). Die Selbstbestimmungstheorie der Motivation und ihre Bedeutung für die Pädagogik. *Zeitschrift für Pädagogik*, 39, S. 223-238.

Hardeland, H. (2016). *Lerncoaching und Lernberatung: Lernende in ihrem Lernprozess wirksam begleiten und unterstützen. Ein Buch zur (Weiter-)Entwicklung der theoretischen und praktischen (Lern-) Coachingkompetenz*. Baltmannsweiler: Schneider.

IQS (=Institut für Qualitätsentwicklung) (Hrsg.) (2011). *Selbstreguliertes Selbstmanagement für Lehrerinnen und Lehrer*. Wiesbaden.

Lehmann, K. (2015). *Lehrer coachen Schüler: Methoden und Arbeitsblätter zur Selbstreflexion, Persönlichkeitsentwicklung und positivem Denken*. Mühlheim: Verlag an der Ruhr.

Müller, A. (2004). Referenzieren. Ein Verfahren zur Förderung selbstwirksamen Lernens. In: *Die Deutsche Schule*. H. 1, S. 52-62.

Müller, A. 2008: *Mehr ausbrüten, weniger gackern*. Bern: Hep.

Wiethoff, C. & Stoicis, M. (2018). *Systemisches Coaching mit Schülerinnen und Schülern*. Stuttgart: Kohlhammer.

Mit Heterogenität umgehen	**CHECKLISTE**

A **Ich kann die Ausprägung von Heterogenität beschreiben.**

Mein aktueller Standort:
Wenn ich an meine Lerngruppen denke, …
    fallen mir unterschiedlich leistungsstarke Schüler ein.
    kann ich unterschiedliche Persönlichkeiten beschreiben.
    weiß ich, wer schneller bzw. langsamer arbeitet.
    kann ich motivierte und weniger motivierte Schüler benennen.

B **Ich kann Heterogenität in meinen Lerngruppen und mögliche Differenzierungsmaßnahmen benennen.**

Mein aktueller Standort:
Wenn ich an eine für mich typische Arbeitswoche denke, …
    kann ich das Lernverhalten, etc. einzelner Schüler genauer charakterisieren.
    erhalten Schüler einfache Hilfsmaterialien (Duden, Formelsammlung etc.).
    erhalten schnellere Schüler Zusatzaufgaben.
    setze ich kooperative Lernarrangements ein, damit die Schüler sich gegenseitig helfen können.

So kann es gehen:
- Ich wähle einen Schüler aus, den ich in verschiedenen Bereichen genauer diagnostiziere.
- Ich setze Murmelphasen vor Unterrichtsgesprächen ein, damit leistungsschwächere Schüler zuerst in Paaren bzw. kleineren Gruppen Sicherheit bekommen können.
- Ich setze in Lerngruppen etwa das Lerntempoduett ein.

C **Ich kann aus meinen Lerngruppenbeschreibungen Konsequenzen für meine Unterrichtsplanung ziehen.**

Mein aktueller Standort:
Wenn ich an eine für mich typische Arbeitswoche denke, …
    kann ich den Lernstand einer Lerngruppe genau charakterisieren.
    sind Aufgabenstellungen niveaudifferenziert.
    stehen den Lerngruppen gestufte Hilfsangebote zur Verfügung.
    werden kooperative Lernarrangement gezielt zur Förderung von Schülern eingesetzt.

So kann es gehen:
- Ich führe eine Schwierigkeitenanalyse durch.
- Ich ermutige Schüler erste Lösungsversuche der Aufgabe selbstständig zu unternehmen, indem ich zu Beginn einer Arbeitsphase keine Schülerfragen beantworte und aufeinander aufbauende Hilfsmaterialien zur Verfügung stelle.
- Ich lasse Lerngruppen ihre Lernschwierigkeiten sammeln und erarbeite dann Lösungen, wie mit diesen Schwierigkeiten umgegangen werden kann.

D Ich kann aufgrund der sozialen und kulturellen Lebensbedingungen der Schüler stärkenorientiert Einfluss im Rahmen der Schule auf deren individuelle Entwicklung nehmen und zu selbstbestimmten Lernen erziehen

Mein aktueller Standort:
Wenn ich an eine für mich typische Arbeitswoche denke, ...
   sind Beratungsgespräche lösungsorientiert.
   erhalten Schüler regelmäßig insbesondere bestärkende Rückmeldungen über ihren Könnensstand.
   setzen sich Schüler individuelle Ziele.
   existieren für einzelne Schüler individuelle Förder- und Förderpläne.

So kann es gehen:
- Ich führe Elternsprechtage mit Schülern und Eltern zusammen durch.
- Ich coache wertschätzend den Lernerfolg von Schülern nach dem Prinzip „Weniger sagen, mehr fragen!".
- Ich diagnostiziere durch die Methode „lautes Denken".

E Ich kann selbst und mit Schüler die Differenzierungsmaßnahmen reflektieren und selbstgesteuerte Lern- und Bildungsprozesse initiieren.

Mein aktueller Standort:
Wenn ich an eine für mich typische Arbeitswoche denke, ...
   nutzen Schüler Kompetenzraster selbstständig.
   erstellen sich die Schüler selbstständig einen Wochenplan.
   können Lernnachweise bei Misserfolg wiederholt werden.
   werden Beratungstermine von Schülern durch multiprofessionelle Teams vorbereitet.

So kann es gehen:
- Ich lasse auf einem quartalsweise stattfindenden Beratungstag Schüler ihren Eltern unter Zuhilfenahme von Kompetenzrastern und Checklisten ihr Können erklären.
- Ich lasse Lerngruppen ihre persönlichen Lernportfolios anfertigen.
- Ich initiiere regelmäßig Feedbackrunden, bei denen sich Schüler untereinander Rückmeldungen geben sowie ich Rückmeldungen an Schüler gebe bzw. von ihnen erhalte.

5.6 Unterricht in inklusiven Klassen planen und gestalten: *Lars Schmoll*

Kompetenz-ausprägung	Ich kann ...
A	Grundlagen der Inklusion erläutern und mögliche Förderbedarfe benennen.
B	zentrale Fördermaßnahmen beschreiben.
C	auf der Basis von Förderplänen individualisierte Lernziele festlegen.
D	in einem multiprofessionellen Team gemeinsame Lernarrangements gestalten, die die Teilhabe aller ermöglichen.

Unterricht in inklusiven Klassen planen und gesalten — Kompetenzausprägung A

Grundlagen der Inklusion erläutern und mögliche Förderbedarfe benennen.

Inklusion bezeichnet einen Zustand der selbstverständlichen Zugehörigkeit aller Menschen zur Gesellschaft. Das heißt: Menschen mit Behinderungen müssen sich nicht mehr integrieren und an die Umwelt anpassen, sondern diese ist von vornherein so ausgestattet, dass alle Menschen gleichberechtigt leben können – egal wie unterschiedlich sie sind. Das Ideal der Inklusion ist, dass die Unterscheidung „behindert/nichtbehindert" keine Relevanz besitzt.

Der Begriff „Inklusion" (lat.: Enthaltensein) entstand erstmals in den 70er-Jahren in den USA, als Mitglieder der Behindertenbewegung eine volle gesellschaftliche Teilhabe einforderten. Obwohl damit alle Lebensbereiche gemeint sind, hatten ihre Forderungen zunächst vor allem Auswirkungen auf den Bildungsbereich. Sie führten zum Beispiel 1994 zur Salamanca-Erklärung der UNESCO-Weltkonferenz. Dort beschlossen Vertreterinnen und Vertreter von Nichtregierungsorganisationen und von rund 90 Staaten das gemeinsame Ziel „eine Schule für alle". 2006 wurde das Thema von der UNO in den Blickpunkt genommen. Auf einer Generalversammlung in New York wurde das Übereinkommen über die Rechte von Menschen mit Behinderungen (auch: *Behindertenrechtskonvention, BRK*) formuliert und 2008 verabschiedet. Die Konvention ist ein von 138 Staaten und der EU abgeschlossener völkerrechtlicher Vertrag, der Menschenrechte für die Lebenssituation behinderter Menschen konkretisiert. Der Begriff der Behinderung ist in der Konvention nicht definiert.

In der Präambel e) wird festgehalten, dass sich das Verständnis von Behinderung weiterentwickelt. Artikel 1 S. 2 lautet: „Zu den Menschen mit Behinderungen zählen Menschen, die langfristige körperliche, seelische, geistige oder Sinnesbeeinträchtigungen haben, welche sie in Wechselwirkung mit verschiedenen Barrieren an der vollen, wirksamen und gleichberechtigten Teilhabe an der Gesellschaft hindern können."

Ein wichtiges inklusiv zu gestaltendes Recht behinderter Menschen ist das Recht auf Bildung. Dazu heißt es in Artikel 24:

"Die Vertragsstaaten anerkennen das Recht von Menschen mit Behinderungen auf Bildung. Um dieses Recht ohne Diskriminierung und auf der Grundlage der Chancengleichheit zu verwirklichen, gewährleisten die Vertragsstaaten ein integratives Bildungssystem auf allen Ebenen..."

Aus pädagogischer Sicht löste die Inklusion die Integration ab:

> *„Die **Integration** unterscheidet zwischen Kindern mit und ohne sonderpädagogischem Förderbedarf. Die **Inklusion** geht von den Besonderheiten und den individuellen Bedürfnissen eines jeden Kindes aus. Während die integrative Pädagogik die Eingliederung der aussortierten Kinder mit Behinderung anstrebt, erhebt die inklusive Pädagogik den Anspruch eine Antwort auf die komplette **Vielfalt** aller Kinder zu sein"*[17] *(Schumann 2009, S.51).*

Soweit der rechtliche Rahmen bzw. die die pädagogische Theorie. Was bedeutet das aber für den Alltag in Schulen?

---

[17] In dieser Begriffsbestimmung steckt ein „enger" bzw. „weiter" Inklusionsbegriff. Der „weite" Inklusionsbegriff schließt alle Kinder im Sinne der *Vielfalt* ein (z.B. Hochbegabte, Flüchtlingskinder ohne Deutschkenntnisse, Kinder aus prekären Familiensituationen, etc.). Der enge Begriff bezieht sich vor allem auf die Kinder mit sonderpädagogischem Förderbedarf. In den folgenden Handouts geht es um einen „engen" Inklusionsbegriff, da das Thema Vielfalt in einem kurzen Überblick kaum angemessen behandelt werden kann.

In Nordrhein-Westfalen bedeutet Inklusion im Alltag zunächst schulrechtlich, dass der gemeinsame Unterricht von Kindern mit und ohne Behinderung der Normalfall ist. In der Praxis der letzten Jahre führte das dazu, dass vielen Schulen sich kurzfristig mit dem Thema des *Gemeinsamen Unterrichts* auseinandersetzen mussten. Das dies an vielen Stellen ohne die notwendigen sächlichen und personellen Ausstattungen erfolgte bedarf keiner besonderen Erwähnung. Mittlerweile gibt es bildungspolitische neue Ansätze, die eher auf Schwerpunktschulen der Inklusion setzen.

Eine Lehrkraft, die in einer Lerngruppe des Gemeinsamen Lernens unterrichtet, muss sich der Situation so oder so stellen und im Sinne der Heranwachsenden möglichst alle optimal fördern. Im Idealfall stehen – zumindest phasenweise – Förderschullehrer und Integrationshelfer zur Seite und arbeiten in einem multiprofessionellen Team gut zusammen. Grundsätzlich geht es bei Auseinandersetzung mit der Thematik „Inklusion" – wie so oft im Schuldienst – um die richtige **Haltung**, ganz gleich, welche Hindernisse sich ergeben. Von der Groeben (2013) sieht acht Hindernisse, die Inklusion behindern:

1. Das Kollegium lehnt das Gemeinsame Lernen ab und empfindet es als „von oben" aufgezwungen,
2. Die „Inklusionskinder" werden als gesonderte Gruppe,
3. Die Professionen schotten sich voneinander ab, die Lehrkräfte unterrichten wie immer und die „Inklusionskinder" werden nur den Förderschullehrern überlassen,
4. Die Lerngruppen werden so zusammengesetzt, dass Lern- und Verhaltensproblemen sich extrem häufen und Unterrichtsprozesse quasi zum erliegen kommen.
5. Leistungsdruck und Angst gefährden Inklusionsgedanken,
6. Leistungsanforderungen und Formen der Bewertung werden der Unterschiedlichkeit der Lernenden nicht gerecht,
7. Es nahezu keine sächlichen und personellen Ressourcen gibt,
8. Individuelle Betreuung und Förderung nahezu nicht stattfinden kann.

Es ist anzunehmen, dass es nicht so viele Schulen gibt, die keines dieser Hindernisse zu bewältigen hat. Gleichwohl muss sich jeder einzelne Lehrer positionieren. Grundsätzlich ist das Gemeinsame Lernen als konsequente Form der Abkehr von einer Illusion einer homogenen Lerngruppe. Das moderne Berufsprofil einer Lehrkraft erfordert **Akzeptanz von Diversität und Individualität**. Anders – zugegeben etwas pathetisch ausgedrückt – heißt das:

Wer Inklusion will sucht Lösungen, wer Inklusion nicht will sucht Probleme!

Auf der anderen Seite helfen schöne Worte den Lehrkräften nicht bei der alltäglichen Arbeit. Benötigt werden realistische Sichtweisen und pragmatische Hilfestellungen. Natürlich muss eine Lehrkraft der Regelschule nicht die Arbeit eines Förderschullehrers übernehmen, dass kann und soll er auch gar nicht. Gewisse Grundkenntnisse, etwa zu den einzelnen Förderschwerpunkten - sind dagegen sinnvoll und notwendig.

Für Nordrhein-Westfalen regelt die Verordnung über die sonderpädagogische Förderung, den Hausunterricht und die Schule für Kranke (Ausbildungsordnung sonderpädagogischer Förderung = AOSF) (zuletzt geändert 2014) die Ausbildung der Kinder mit sonderpädagogischem Förderbedarf. Danach gibt es für NRW **sieben** verschiedene **Förderschwerpunkte**[18] die in der folgenden Tabelle zusammengefasst und definiert sind:

Tab. 1: Übersicht über die sieben Förderschwerpunkte

Förderschwerpunkt	Definition
Lernen ⇨ *Zielfdifferenter Unterricht!*	Das Lern- und Leistungsvermögen weicht deutlich, langandauernd und umfassend von der Altersnorm ab. In der Regel geht dieses mit einer Beeinträchtigung der Intelligenz einher (IQ), die aber nicht so schwerwiegend ist, dass es sich um eine geistige Behinderung handelt.
Sprache	Der Gebrauch der Sprache ist nachhaltig gestört und mit erheblichen Störungsbewusstsein und Beeinträchtigungen in der Kommunikation verbunden. Diese Beeinträchtigungen können nicht allein durch schulische Maßnahmen behoben werden.
Emotionale und soziale Entwicklung	Es liegen deutliche Beeinträchtigungen im sozialen und emotionalen Bereich vor – diese äußern sich in unterschiedlichen Formen der Verhaltensauffälligkeiten.
Geistige Entwicklung ⇨ *Zielfdifferenter Unterricht!*	Komplexe kognitive Beeinträchtigungen, die mithilfe standardisierter Intelligenztests in Form von IQ-Werten gemessen werden. Geistige Behinderung beginnt mit einem IQ-Bereich von unter 70. Kinder mit einem IQ-Bereich von 69 bis 50 können bei entsprechender Förderung das Lesen und Schreiben, teilweise auch Rechnen erlernen, wenn auch sehr verzögert.
Körperbehinderung	Es liegen dauerhafte und umfängliche körperliche und motorische Beeinträchtigungen vor, die aufgrund von Funktionsstörungen im Stütz- und Bewegungssystem, Rückenmark, Knochengerüst, Fehlfunktionen von Organen oder schwerwiegenden psychischen Belastungen infolge andersartigen Aussehens auftreten.
Hörschädigungen	Hörstörungen umfassen ein Spektrum zwischen Schwerhörigkeit und Gehörlosigkeit mit Auswirkungen auf die sprachliche kommunikative und/oder allgemeine Entwicklung.
Sehschädigungen	Es liegt eine meist dauerhafte massive Einschränkung der visuellen Wahrnehmungsfähigkeit vor. Seh-beeinträchtigungen umfassen ein Spektrum zwischen Sehbehinderung und Blindheit, je nach verbliebenem Ausmaß der Sehschärfe

Literatur:

Schumann, B. (2009). Inklusion statt Integration – eine Verpflichtung zum Systemwechsel. Deutsche Schulverhältnisse auf dem Prüfstand des Völkerrechts. In: *Pädagogik*, 61 (2), S. 51-53.
Von der Groeben, A. (2013). Schulen auf dem Weg zur Inklusion. In: *Pädagogik*, 65 (9), S. 6-9.

---

[18] Zu diesen sieben Förderschwerpunkten kommt der Bereich der Autismus-Spektrum-Störungen, der keinen eigenen Förderschwerpunkt darstellt. Ein Kind, welches einen sonderpädagogischen Förderbedarf in diesem Bereich hat kann, je nach Schwere der Beeinträchtigung, sowohl ziel- als auch zieldifferent unterrichtet werden.

| Unterricht in inklusiven Klassen planen und gestalten | Kompetenzausprägung B |

Ich kann zentrale Fördermaßnahmen beschreiben.

„Sie bekommen eine Klasse 8 in Gesellschaftslehre im neuen Schuljahr; da sind auch zwei I-Kinder drin". Der kurze Satz einer Schulleitung kann einen Lehrer, egal welchen Alters, verunsichern bzw. lassen viele Fragen entstehen:

- Welchen Förderschwerpunkt haben die Kinder?
- Arbeite ich mit einem Förderschullehrer zusammen?
- Haben die Kinder einen Integrationshelfer?
- Welche Status haben die I-Kinder in der Klassengemeinschaft?
- Welche Erwartungen haben die Eltern?
- …

Zunächst einmal ist es wichtig, sich der Erwartungen und Ansprüche zu vergewissern. Niemand kann und will erwarten, dass ein Regelschullehrer – quase nebenberuflich – sich der Profession des Förderschullehrers möglichst annähert. Es muss kein elaboriertes Wissen über einzelne Förderschwerpunkte vorliegen. Dafür sind Förderschullehrer zuständig, auch wenn diese nicht in jeder Stunde anwesend sind.

Gleichwohl sollte ein Minimum an Handlungsrepertoire vorhanden sein. In der folgenden Tabelle sind erste Fördermaßnahmen zu jedem Förderschwerpunkt aufgelistet:

Tab. 1: Übersicht über mögliche einfache Fördermaßnahmen

Förderschwerpunkt	Mögliche Fördermaßnahmen
Lernen ⇨ *Zieldifferenter Unterricht!*	• vorschnelle Abstrahierung vermeiden und immer wieder zur Handlungsebene zurückkehren • Anschauungsmaterial auch im fortgeschrittenen Lernprozesse ergänzen • erworbene Kompetenzen kontinuierlich anwenden • den Lernprozess regelmäßig durch die Schüler reflektieren lassen • differenzierte Lernangebote bereitstellen (z.B. vereinfachte Texte, Illustrationen, Strukturierungshilfen, differenzierte Schwierigkeitsniveaus, etc.) • …
Sprache	• deutliche und einfache Lehrersprache • Arbeitsaufträge visualisieren und wiederholen lassen • Anweisungen in der richtigen Reihenfolge geben (zuerst, dann, danach), • das eigene Handeln und Handlungen der SuS sprachlich begleiten, • Wörter in Silben zergliedern und im Chor sprechen • Wortschatzerklärungen in allen Unterrichtsfächern, • Satzanfänge vorgeben (z.B. Ich vermute, dass; Ich sehe,) • ausreichend Zeit und Möglichkeiten zum Sprechen geben. • …
Emotionale und soziale Entwicklung	*Klassenebene*: • Strukturen, Rituale und Regeln • Klare Absprachen zwischen den in der Klasse unterrichtenden Lehrkräften (Klassenteam) • Training des Sozialverhaltens, insbesondere in Kooperation und Konfliktlösung • Klassenzusammenhalt fördern *Individuelle Ebene*: • Grenzziehung und Hilfen durch Klarheit im Erziehungsstil • Verstärkung von gewünschtem Verhalten in kurzen Intervallen • Vereinbarung individueller Verhaltensziele und regelmäßige Reflexion über die Zielerreichung

Förderschwerpunkt	Mögliche Fördermaßnahmen
Geistige Entwicklung ⇨ *Zielfdifferenter Unterricht!*	• Vorbilder/Lernen durch Nachahmen ermöglichen • Ressourcen nutzen (z.B. hohe sozial-emotionale Fähigkeiten eines Kindes mit Down-Syndrom) • Zusätzliche Arbeitszeit • Differenzierte Lernangebote • Handlungsorientiertes Arbeiten mit konkreten Materialien • Schwerpunkt auf Lernkompetenzen legen • Kleine Schritte würdigen • ...
Körperbehinderung	*Organisatorisches* • barrierefreie Ausstattung des Schulhauses, einschließlich Toiletten • Geeignetes Schulmobiliar *Technische Hilfen* • Orthopädische Hilfsmittel (z.B. Haltegriffe) • Spezielle Arbeitshilfen und -materialien (z.B. spezielle Stifte und Scheren) *Didaktisch-methodische Aspekte* • Übergroße Zeichen/vergrößerte Arbeitsblätter • Kopie der Tafeltexte • ...
Hörschädigungen	• Sitzordnung, durch die der Blickkontakt zum jeweiligen Sprecher hergestellt werden kann (z.B. U-Form, Halbkreis) • Hintergrund- und Störgeräusche minimieren • Schallreduzierung des Raumes (z.B. Akustikdecke, Vorhänge, Filzgleiter unter den Stühlen, etc.) • Sitzplatz in der 1. Reihe, klar und deutlich sprechen • wichtige Inhalte visualisieren, bei mündlichen Lernzielkontrollen Fragen auch schriftlich anbieten • Konzentrations- und Hörpausen ermöglichen • Arbeitsaufträge visualisieren und wiederholen lassen
Sehschädigungen	*Organisation im Klassenzimmer* • Sitzplatz in der 1. Reihe • Ausreichend Platz für ein Bildschirmlesegerät oder eine Arbeitsplatzbeleuchtung • Wege am Boden, z.B. mit Leuchtstreifen markieren • Materialien etwa mit 3-dimensionalen Aufklebern versehen, so dass der Schüler diese ertasten kann *Individuelle Hilfen im Unterricht* • Alle Inhalte versprachlichen, digitalisieren und/oder in Brailleschrift übertragen • Arbeitsblätter vergrößern (von A4 auf A3) • Zusätzliche Arbeitszeit bei Übungen und bei Leistungserhebungen • ...
Autismus-Spektrum Störung (kein eigener Förderschwerpunkt)	• Klare Rituale • Möglichst wenig Veränderung • Konstante Bezugspersonen • Sozialtraining • Klassengemeinschaft fördern • Rückzugsmöglichkeiten schaffen (z.B. in der Pause oder in Krisensituationen) • Stärken und Interessen nutzen und fördern ...

| **Unterricht in inklusiven Klassen planen und gestalten** | **Kompetenzausprägung C** |

| **Ich kann auf der Basis von Förderplänen individualisierte Förderziele festlegen** |

Jedes Kind hat das Recht auf eine individuelle Förderung! So steht es in den meisten Schulgesetzen der Länder. Dass die optimale Förderung jedes einzelnen Schülers in der Praxis kaum umsetzbar ist, weiß jeder, der als Lehrer tätig ist. Gleichwohl gilt es, das Optimale aus den eigenen Möglichkeiten herauszuholen. Bei einer immer heterogenen Schülerschaft ist das sicherlich eine der größten Herausforderung des Lehrerberufs. Im inklusiven Unterricht wird die Heterogenität in aller Regel noch mal verstärkt.

Allerdings bieten sich in der Zusammenarbeit von Förder- und Regelschullehrern neue Möglichkeiten der Kooperation (vgl. zur Einführung etwa Reich 2014). Die Kooperation kann sowohl in der Diagnostik, der Zielformulierung und den anschließenden Fördermaßnahmen erfolgen. In der inklusiven Diagnostik ist ein „Gutachten" mit der Beschreibung des individuellen Förderbedarfs entscheidend. Ausgehend von einem solchen Gutachten – welches für Förderschullehrer Alltagsgeschäft darstellt – kann ein umfassender individueller Förderplan erstellt werden. An dieser Stelle können bzw. müssen Regelschullehrer von den Förderschullehrern lernen. Umfassende Förderpläne zu schreiben gehörte bisher nicht zu den genuinen Aufgaben eines Regelschullehrers. Ein echter Förderplan ergibt sich aus der genauen ganzheitlichen Betrachtung der Ressourcen und Probleme des einzelnen Schülers. Daraus ergibt sich dann ein individueller Förderplan, der systematisch, bereichsübergreifend und zirkulär angelegt ist, also regelmäßig evaluiert wird (vgl. genauer Eggert 2007). Folgende Leitfragen (vgl. Albers 2014, 117 können bei der Formulierung helfen:

- Bis wann können die Ziele erreicht werden?
- Welche Bedeutung hat die Zielerreichung für das Kind?
- Wie wichtig ist die Zielerreichung für die schulische Laufbahn?
- Welche Bedeutung hat das Erreichen für die Eltern?

Die letzte Frage bezieht die Eltern mit ein und unterstreicht die Bedeutsamkeit der Zusammenarbeit der Schule mit dem Elternhaus. Die folgende Tabelle ist ein Beispiel einer Förderplanung und verdeutlicht eine mögliche Ausgestaltung.

Tabelle 1: Beispiel einer Förderplanung

Schuljahr 2017/18	Name: Viktoria K.[19]	Klasse 10	Förderschwerpunkt: Emotional-Soziale Entwicklung	
Datum	Förderbereich	Prozessbeobachtung	kurze und mittelfristige Förderziele	Fördermaßnahmen, -methode, -material, -programm
19.10.2017	Emotionalität	Viktoria zeigt starke Schwankungen in ihrer Gefühlswelt und reagiert häufig distanzlos und aggressiv. Sie hat ein negatives Selbstbild und zeigt sich vordergründig überlegen und stark	Viktoria hat das Ziel ihre Gefühle der Hilflosigkeit, Ängstlichkeit und Unzulänglichkeit abzubauen und selbstbewusster Aufzutreten	Aufbau einer tragfähigen Beziehung und einer Atmosphäre des Achtens und Akzeptierens. Viktoria soll Erfolgserlebnisse bewusst erleben. Dazu führt sie bis auf Weiteres ein Schultagebuch
19.10.2017	Sozialverhalten	Viktoria fällt häufig durch Provokationen auf. Außerdem widersetzt sie sich Lehreranweisungen und versucht sich durch Lügen Vorteile zu verschaffen	Viktoria hat das Ziel auf Provokationen und Lügen zu verzichten. Darüber hinaus muss Sie den Lehreranweisungen folgen.	Vermittlung von Strategien zur Konfliktbewältigung. Verstärkung von positivem Verhalten und möglichst Ignorieren negativer Verhaltensweisen durch den Lehrer. Freitags jeweils Reflexionsgespräche mit den Lehrkräften
19.10.2017	Lern- und Arbeitsverhalten	Viktoria fehlt häufig ein Durchhaltevermögen und sie hat Schwierigkeiten, sich länger zu konzentrieren. Häufig verweigert sie auch ganz die Mitarbeit.	Viktoria hat das Ziel im Unterricht sofort mit einer Aufgabe zu beginnen und diese ohne Unterbrechung zu Ende zu führen.	Verstärkung positivem Verhaltens durch die Lehrkraft. Vermittlung grundlegender Arbeits- und Lernmethoden. Feedback Freitag im Rahmen des Reflexionsgesprächs

Für einen Regelschullehrer, der wenig Erfahrung mit inklusivem Unterricht hat, mögen diese Ziele ein wenig banal klingen. Für ein Kind mit diagnostiziertem Förderbedarf können solche Ziele sehr herausfordernd sein. Es ist anzunehmen, dass z.B. ein Kind mit großen Konzentrationsschwierigkeiten, diese voraussichtlich nur langfristig beheben kann. Eventuell müssen dazu umfassendere Förderprogramme genutzt werden, wie etwa das Marburger Konzentrationstraining (vgl. genauer und als Überblick zu anderen Programmen Langfeldt 2009).

Literatur:

Albers, T. (2014). Partizipative Förderplanung. Kinder und Familien als Mitgestalter von Individuellen Förderplänen. *Friedrich Jahresheft* (32) S. 116/117.
Eggert, D. (2007). *Von den Stärken ausgehen. Individuelle Entwicklungspläne in der Lernförderdiagnostik* (5. Aufl.). Dortmund: Borgmann.
Langfeld, H. P. (Hrsg.) (2009). *Trainingsprogramme zur schulischen Förderung. Kompendium für die Praxis*. Weinheim: Beltz PVU.
Reich, K. (2014). *Inklusive Didaktik*. Weinheim: Beltz.

---

[19] Der Name ist geändert, der Förderplan aber aus der Praxis entnommen.

| Unterricht in inklusiven Klassen planen und gestalten | Kompetenzausprägung D |

Ich kann in einem multiprofessionellen Team gemeinsame Lernarrangements gestalten, die die Teilhabe aller ermöglichen.

Inklusion ist eine große Aufgabe, die nur gelingen kann, wenn die Professionen kooperativ zusammenarbeiten. Die Arbeit in einem multiprofessionellen Team ist insbesondere für Regelschullehrer eine neue Herausforderung, die in der Aus- und Weiterbildung zumeist nur eine untergeordnete Rolle spielen wird. Je nach Situation können sehr unterschiedliche Berufsgruppe ein multiprofessionelles Team bilden (vgl. zur Übersicht Philipp 2014, S. 10). In der inklusiven Schulpraxis werden es vor allem Regel- und Förderschullehrer sowie Integrationshelfer sein, die ein multiprofessionelles Team bilden.

Ein Team ist „jede Gruppe von Personen, die einander brauchen, um ein Ergebnis zu erzielen" (Senge 1996, S. 409). Wir gehen an dieser Stelle davon aus, dass alle Beteiligten das gleiche Ziel haben, nämlich die Heranwachsenden bestmöglich zu fördern. Als grundlegendste Voraussetzung für das Gelingen der Arbeit eines Teams ist eine tragfähige Vertrauensbasis zu sehen (vgl. u.a. Comelli 2003, S.170). In Anlehnung an Philipp (2014, S. 20f.) lassen sich daran anschließend folgende Gelingensbedingungen konkretisieren:

- Wertschätzung (Schätzen die anderen Teammitglieder mich?),
- Integrität (Stehen alle Teammitglieder zu den propagierten Werten?),
- Kompetenz (Verfügen alle Teammitglieder über die notwendigen Fähigkeiten im Sinne ihrer Profession?)[20],
- Rücksichtnahme (Haben alle Teammitglieder auch das Wohl der Anderen im Blick?),
- Konfliktfähigkeit (Können Probleme offen und konstruktiv angesprochen werden?),

Wie wird man, ausgehend von diesen Gelingensbedingungen, ein gutes Team?
Bei der Beantwortung kann als Ausgangspunkt die Kassler Teampyramide benutzt werden (vgl. u.a. Kauffeld & Lehmann-Willenbrock 2008) (vgl. Abbildung 1)

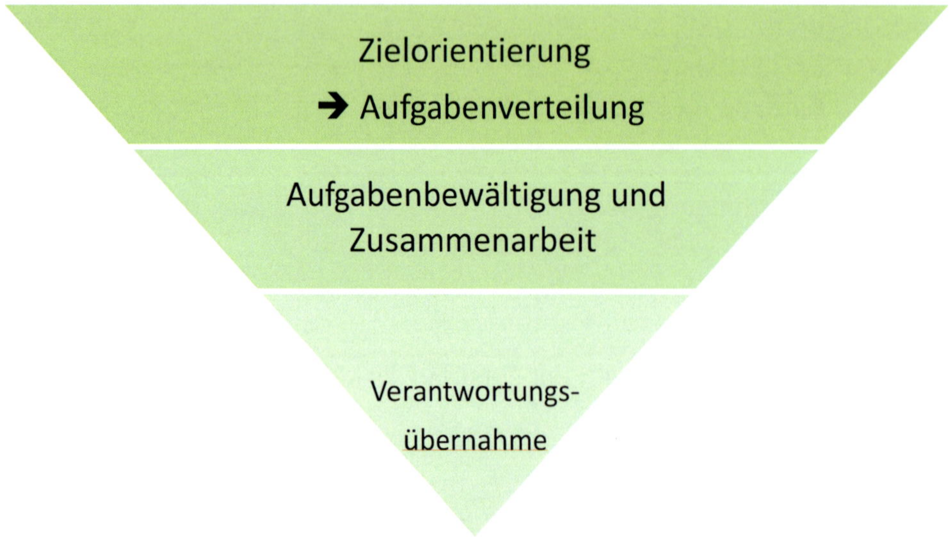

Zielorientierung
→ Aufgabenverteilung

Aufgabenbewältigung und Zusammenarbeit

Verantwortungsübernahme

Abbildung 1. Prozessmodell der Teamentwicklung in Anlehnung an die Kassler Teampyramide

---

[20] Diese Bedingung birgt m. E. im Rahmen der Inklusion besondere Aufmerksamkeit. Kaum einer, der noch nicht von einem arroganten Gymnasialkollegen oder einem überengagierten Integrationshelfer („Eigentlich bin ich der bessere Lehrer) zu berichten wusste.

Die Pyramide wurde ursprünglich zur Rückmeldung und Bestandsaufnahme von Teamprozessen benutzt, kann aber auch gut zur Teamentwicklung benutzt werden. Entgegen dem Original wurde die Pyramide umgedreht und die Aufgabenfestlegung bzw. -bewältigung nicht als eigene Pyramidenebene ausgewiesen. Die Zielorientierung steht in jedem Fall ganz oben und sollte demnach immer am Anfang stehen. Im Idealfall findet eine Teambesprechung noch vor dem Erstkontakt mit der (neuen) Lerngruppe statt. Solche Teambesprechungen sollten regelmäßig stattfinden. Darüber hinaus sind verbindliche Regeln der Zusammenarbeit und eindeutige Rollenverteilungen unabdingbar.

In der Praxis des inklusiven Unterrichts werden in erster Linie der Regelschullehrer und der Förderschullehrer den Unterricht im Rahmen eines Team-Teachings planen und durchführen (vgl. zur Einführung Reich 2016). Bei der Durchführung sind verschiedene Modelle denkbar, welche die Rolle der einzelnen Lehrkraft verdeutlichen (vgl. Abb. 2).

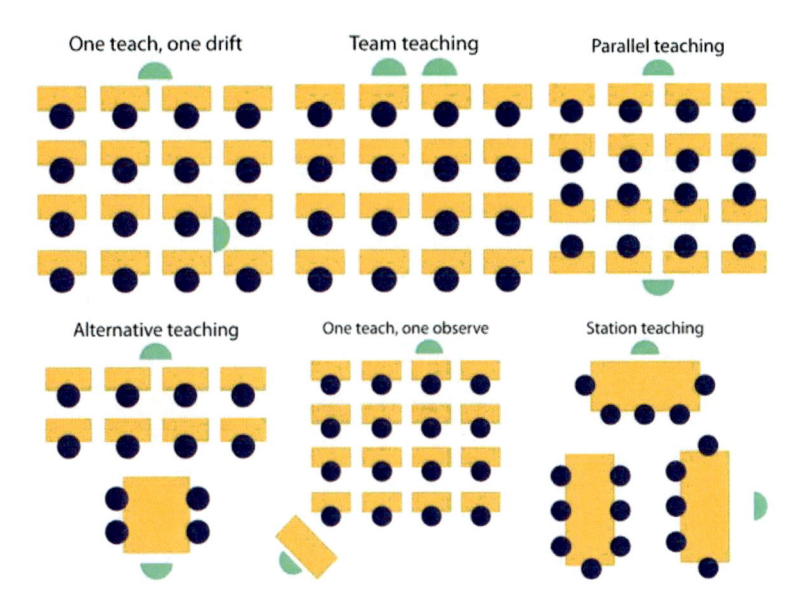

Abb. 2 Modelle des Team-Teachings (vgl. genauer Lütje-Klose 2014, S. 27ff.)

Über die Vor- und Nachteile lässt sich sicherlich auch noch vieles ergänzen. Zum Abschluss soll aber lediglich eine Aussage eines Regelschullehrers nach ersten Erfahrungen mit dem Team-Teaching ein positives pointiertes Schlaglicht setzen: *„Ich wünsche allen Einzelkämpfern die Erfahrung eines Team-Teachings, wie es eben ist, wenn gemeinsam etwas entwickelt wird und aus gemeinsamer Arbeit viel Kraft geschöpft wird."*

Literatur:
Comelli, G. (2003). Anlässe und Ziele von Teamentwicklungsprozessen. In S. Stumpf & A. Thomas (Hrsg.), *Teamarbeit und Teamentwicklung* (S. 149-189). Göttingen: Hogrefe.
Kauffeld, S. & Lehmann-Willenbrock, N. (2008). Teamdiagnose und Teamentwicklung. In I. Jöns (Hrsg.), *Erfolgreiche Gruppenarbeit. Konzepte, Instrumente, Erfahrungen* (S. 30-41). Wiesbaden: Gabler.
Lütje-Klose, B. (2014). Kooperation in multiprofessionellen Teams. Fördern als gemeinsame Aufgabe in inklusiven Schulen. *Friedrich Jahresheft* (32) S. 26-29.
Philipp, E. (2014). *Multiprofessionelle Teamentwicklung. Erfolgsfaktoren für die Zusammenarbeit in der Schule*. Weinheim: Beltz.
Reich, K. (Hrsg.) (2016). *Team Teaching*. Verfügbar über http://methodenpool.uni-koeln.de/download/teamteaching.pdf [Zugriff am 10.08.2018].
Senge, P. (1996). *Die fünfte Disziplin. Kunst und Praxis der lernenden Organisation*. Stuttgart: Klett-Cotta.

| Unterricht in inklusiven Klassen [...] gestalten | CHECKLISTE |

A **Ich kann Grundlagen der Inklusion erläutern und mögliche Förderbedarfe benennen.**

Mein aktueller Standort:
Wenn ich an eine für mich typische Arbeitswoche denke, ...
    kann ich Inklusion im Sinne von behindertenspezifische Förderbedarfe wahrnehmen,
    kann ich meine Haltung zur Inklusion (auch) kollegial kriterienorientiert reflektieren und die vorhandene Diversität in meinem Unterricht annehmen.
    kann ich alle Förderschwerpunkte in Grundzügen definieren.

B **Ich kann zentrale Fördermaßnahmen beschreiben.**

Mein aktueller Standort:
Wenn ich an eine für mich typische Unterrichtsstunde denke, ...
    analysiere ich in inklusiven Klassen die Lerngruppe und richte daran meine Planung aus,
    schaffe ich Lerngelegenheit für alle Kinder meiner Klasse.

So kann es gehen:
- Ich formuliere Kernanliegen, die ggf. auch zieldifferent sein können,
- Ich versuche nach Möglichkeit alle Lernenden an einem Gegenstand arbeiten zu lassen,
- Ich kann zu allen Förderbedarfen erste Fördermaßnahmen umsetzen.

C **Ich kann auf der Basis von Förderplänen individualisierte Förderziele festlegen.**

Mein aktueller Standort:
Wenn ich an eine für mich typische Unterrichtsstunde denke, ...
    Berücksichtige ich die vorhandenen Förderpläne der einzelnen Kinder mit sonderpädagogischem Förderbedarf.

So kann es gehen:
- Ich analysiere mit der Förderschullehrkraft die vorhandenen Förderpläne und entwickele diese weiter,
- Ich formuliere gemeinsam mit dem Förderschullehrer die Kernanliegen, für die Kinder mit sonderpädagogischem Förderbedarf.
- Ich unterstütze die Förderschullehrkraft bei der Erstellung von Diagnosebögen zur Prüfung der Zielerreichung der Förderpläne.
- überlege mir geeignete Diagnose und Reflexionsmöglichkeiten zur Prüfung der Zielerreichung der

D Ich kann in einem multiprofessionellen Team gemeinsame Lernarrangements gestalten, die die Teilhabe ermöglichen.

<u>Mein aktueller Standort:</u>
Wenn ich an eine für mich typische Arbeitswoche denke, ...
- Arbeite ich mit den Förderschullehrkräften und Integrationshelferinnen und -helfern kollegial und wertschätzend zusammen,
- lege ich meine Planungsentscheidungen regelmäßig transparent und bin offen für mögliche Optimierungsvorschläge,
- binde ich die Integrationshelferinnen und -helfer sinnvoll in den Unterrichtsprozess ein.

<u>So kann es gehen:</u>
- Ich initiiere ein funktionierendes multiprofessionelles Team,
- Ich treffe auf der Grundlage der Förderpläne verlässliche Absprachen in meinem multiprofessionellen Team,
- Ich plane gemeinsam mit der Förderlehrkraft Unterricht, in dem alle Lernenden Lernfortschritte erzielen können.

5.7 Menschliche, freiheitliche und demokratische Werte und Normen entwickeln: *Dagmar Wolf & Lars Schmoll*

Kompetenz-ausprägung	Ich kann ...
A	menschliche, freiheitliche und demokratische Normen und Werte benennen.
B	Konzepte und Modelle der Entwicklung von Werturteilskompetenzen skizzieren und in meinen Lerngruppen beschreiben.
C	durch eigenes Verhalten Dimensionen moralischen Handelns als Vorbild aufzeigen.
D	störende Faktoren für Entwicklung der Werturteilskompetenz auch mit den Schülern reflektieren und beurteilen.
E	menschliche, freiheitliche und demokratischer Werte durch Übungen, Erörterungen und positiver Verstärkung fördern.

| **Werte und Normen entwickeln** | **Kompetenzausprägung A** |

Ich kann menschliche, freiheitliche und demokratische Normen und Werte benennen.

Erst durch die Übernahme bestimmter Werte wird ein Individuum Teil einer Gesellschaft. Werte drücken dabei aus, was ‚sein soll' und sind demnach ‚Konzeptionen des Wünschenswerten'. Werte verkörpern das als erstrebenswert Angesehene und manifestieren sich in Normen. Normen sind konkrete Verhaltensvorschriften und -erwartungen, die bestimmen, wie die Werte einer Gesellschaft oder einer Gruppe zu erfüllen und zu befolgen sind. Normen lassen sich nach König (1989, S. 1617) unterscheiden in *deskriptive* und *normative* Sätze. Somit können Werte sprachlich verschiedenartig formuliert sein: mit ‚sollen' und ‚dürfen' als Imperative, oder mit ‚gut' oder ‚richtig' als Indikative.

Die Frage ist, welche Instanz Werte und Normen festlegt. In der Institution Schule ist diese Frage relativ leicht zu beantworten. Unterliegen öffentliche Schulen doch den Gesetzgebungen des jeweiligen Landes, die sich selbstverständlich an der Verfassung orientieren. Lehrerhandeln richtet sich danach ebenso nach Artikel 1 (Absatz 1) des Grundgesetzes (= Die Würde des Menschen ist unantastbar. Sie zu achten und zu schützen ist Verpflichtung aller staatlicher Gewalt), wie nach den Schulgesetzen der jeweiligen Bundesländern.

Das Schulgesetz des Landes NRW (Fassung vom 15. Februar 2005, Stand 2018) legt § 1 folgende Grundlagen:

(1) Jeder junge Mensch hat ohne Rücksicht auf seine wirtschaftliche Lage und Herkunft und sein Geschlecht ein Recht auf schulische Bildung, Erziehung und individuelle Förderung. Dieses Recht wird nach Maßgabe dieses Gesetzes gewährleistet.
(2) Die Fähigkeiten und Neigungen des jungen Menschen sowie der Wille der Eltern bestimmen seinen Bildungsweg. Der Zugang zur schulischen Bildung steht jeder Schülerin und jedem Schüler nach Lernbereitschaft und Leistungsfähigkeit offen.

Im § 2 wird explizit auf den Bildungs- und Erziehungsauftrag der Schule hingewiesen:

(1) Die Schule unterrichtet und erzieht junge Menschen auf der Grundlage des Grundgesetzes und der Landesverfassung. Sie verwirklicht die in Artikel 7 der Landesverfassung bestimmten allgemeinen Bildungs- und Erziehungsziele.
(2) Ehrfurcht vor Gott, Achtung vor der Würde des Menschen und Bereitschaft zum sozialen Handeln zu wecken, ist vornehmstes Ziel der Erziehung. Die Jugend soll erzogen werden im Geist der Menschlichkeit, der Demokratie und der Freiheit, zur Duldsamkeit und zur Achtung vor der Überzeugung des anderen, zur Verantwortung für Tiere und die Erhaltung der natürlichen Lebensgrundlagen, in Liebe zu Volk und Heimat, zur Völkergemeinschaft und zur Friedensgesinnung.
(3) Die Schule achtet das Erziehungsrecht der Eltern. Schule und Eltern wirken bei der Verwirklichung der Bildungs- und Erziehungsziele partnerschaftlich zusammen.
(4) Die Schule vermittelt die zur Erfüllung ihres Bildungs- und Erziehungsauftrags erforderlichen Kenntnisse, Fähigkeiten, Fertigkeiten und Werthaltungen und berücksichtigt dabei die individuellen Voraussetzungen der Schülerinnen und Schüler. Sie fördert die Entfaltung der Person, die Selbstständigkeit ihrer Entscheidungen und Handlungen und das Verantwortungsbewusstsein für das Gemeinwohl, die Natur und die Umwelt. Schülerinnen

und Schüler werden befähigt, verantwortlich am sozialen, gesellschaftlichen, wirtschaftlichen, beruflichen, kulturellen und politischen Leben teilzunehmen und ihr eigenes Leben zu gestalten. Schülerinnen und Schüler werden in der Regel gemeinsam unterrichtet und erzogen (Koedukation).

(5) Die Schülerinnen und Schüler sollen insbesondere lernen

1. selbstständig und eigenverantwortlich zu handeln,
2. für sich und gemeinsam mit anderen zu lernen und Leistungen zu erbringen,
3. die eigene Meinung zu vertreten und die Meinung anderer zu achten,
4. in religiösen und weltanschaulichen Fragen persönliche Entscheidungen zu treffen und Verständnis und Toleranz gegenüber den Entscheidungen anderer zu entwickeln,
5. Menschen unterschiedlicher Herkunft vorurteilsfrei zu begegnen, die Werte der unterschiedlichen Kulturen kennenzulernen und zu reflektieren sowie für ein friedliches und diskriminierungsfreies Zusammenleben einzustehen.
6. die grundlegenden Normen des Grundgesetzes und der Landesverfassung zu verstehen und für die Demokratie einzutreten,
7. die eigene Wahrnehmungs-, Empfindungs- und Ausdrucksfähigkeit sowie musisch-künstlerische Fähigkeiten zu entfalten,
8. Freude an der Bewegung und am gemeinsamen Sport zu entwickeln, sich gesund zu ernähren und gesund zu leben,
9. mit Medien verantwortungsbewusst und sicher umzugehen.

(6) Die Schule wahrt Offenheit und Toleranz gegenüber den unterschiedlichen religiösen, weltanschaulichen und politischen Überzeugungen und Wertvorstellungen. Sie achtet den Grundsatz der Gleichberechtigung der Geschlechter und wirkt auf die Beseitigung bestehender Nachteile hin. Sie vermeidet alles, was die Empfindungen anders Denkender verletzen könnte. Schülerinnen und Schüler dürfen nicht einseitig beeinflusst werden.
(7) Die Schule ermöglicht und respektiert im Rahmen der freiheitlich demokratischen Grundordnung unterschiedliche Auffassungen. Schulleiter und Lehrer nehmen ihre Aufgaben unparteilich wahr.

Literatur:

König, E. (1989). Wert. In: Lenzen, D. (Hrsg.), *Pädagogische Grundbegriffe*. Bd. 2. (S. 1617-1624). Reinbek: Rowohlt.

| Werte und Normen entwickeln | Kompetenzausprägung B |

Ich kann Konzepte und Modelle der Entwicklung von Werturteilskompetenzen skizzieren und in meinen Lerngruppen beschreiben.

Auf welche Weise Werturteilkompetenzen in der Schule entwickelt bzw. eine Moralerziehung verwirklicht werden sollte, ist umstritten. Grundsätzlich lassen sich drei Formen von Moral unterscheiden (vgl. Lind, 2009, S. 33):

- Moral als das Einhalten von sozial vorgegebenen Erwartungen und Normen (= *Normenkonformität*).
- Moral als die Übereinstimmung von eigenem Verhalten und eigenem moralischen idealen und Prinzipien (= *Gewissen*).
- Moral als die Fähigkeit, in moralischen Konfliktsituationen in Bezug auf die eigenen moralischen Ideale angemessen zu urteilen und zu handeln (*Fähigkeitsdefinition*).

Je nach Verständnis setzen Konzepte der Moralerziehung unterschiedliche Schwerpunkte. Gleichwohl besteht Einigkeit darüber, dass es keine moralische Erziehung im engeren Sinne geben kann, sondern eine Erziehung zur moralischen Urteilsfähigkeit (vgl. z. B. Oser, 2001, S. 473). Im klassischen Konzept zur Moralerziehung definiert Kohlberg (1964, S. 425) daher moralische Urteilsfähigkeit als:

„das Vermögen, Entscheidungen und Urteile zu treffen, die moralisch sind, das heißt, auf inneren Prinzipien beruhen und in Übereinstimmung mit diesen Urteilen zu handeln."

Im Folgenden werden dazu drei mögliche Konzeptrichtungen zur Moralerziehung vorgestellt (vgl. Dürr, 2000, S. 377ff.)

1. *Charaktererziehung (Kultur- und Wertvermittlungsansatz):*

Im Zentrum eines solchen Ansatzes steht die Vermittlung von in der Gesellschaft anerkannten Werten wie Respekt vor dem Leben, Ehrlichkeit oder Fleiß. Der Schüler ist demnach von der Sinnhaftigkeit solcher Werte zu überzeugen, damit sein Handeln sich daran ausrichtet. Dahinter steckt nach Dürr (ebd.) die Überzeugung, dass der Schüler noch ein eher asoziales Wesen darstellen, welches eine Moralerziehung nötig hat.

Solche Konzeptionen weisen allerdings einige entscheidende Mängel auf:

- Es ist in einer pluralistischen Gesellschaft problematisch, sich auf einen gemeinsamen verbindlichen Wertekanon zu einigen.
- Das vergleichsweise negative Menschenbild könnte zu problematischen Erziehungsmaßnahmen führen und gleichsam als Rechtfertigung dienen.
- Forschungen (vgl. etwa Lind, 2009) zeigen, dass moralische Entwicklung mehr bedeutet als Anpassung an soziale Normen und sich nicht durch sozialen Druck in Form von Belohnung und Bestrafung bewirken lässt.

Aus diesen Gründen kommt Dürr (2000, S. 378) zu dem Schluss, dass das Konzept der Charaktererziehung zu Indoktrination tendiert und deshalb in seiner Wirkung zweifelhaft ist.

2. Werterklärung:

Dieser Ansatz geht von einem positiven Menschenbild aus, das den Menschen von Natur aus als gut ansieht, wie dies schon Rousseau postulierte. Darauf aufbauend gehen alternative Erziehungskonzepte davon aus, dass es nicht gut ist in die „natürliche" moralische Entwicklung einzugreifen. Die Aufgabe der Lehrkraft besteht darin, zu Diskussionen anzuregen, welche die unterschiedlichen Werte der Heranwachsenden sichtbar werden lassen. Er weist auf die verschiedenen Werte hin, ohne selbst Stellung zu beziehen. Damit entgeht er der Gefahr der Indoktrination, lässt aber seine Schüler ohne Orientierung.

3. Kognitiv-entwicklungsorientierter Ansatz:

Dieser Ansatz geht davon aus, dass Moralentwicklung nur durch geeignete pädagogische Förderung zu erreichen ist. So geht auch er von offenen, freien Diskussionen über Entscheidungen in Konfliktsituationen aus und meidet so die Gefahr der Indoktrination. Dabei verschweigt der Lehrer jedoch seine Meinung nicht, drängt sie den Lernenden allerdings auch nicht auf. Es werden Veränderungen beim Heranwachsenden angestrebt, die aber nicht die in den Äußerungen der Schüler enthaltenen Werturteile betreffen, sondern die Art des Urteilens. Der Schüler soll lernen, die in Konfliktsituationen konkurrierenden Werte zu erkennen, sie gegeneinander abzuwägen und zu einem an Prinzipien wie „Gerechtigkeit" orientierten Urteil zu kommen.

Das Ziel dieses Ansatzes, der eng an das Konzept von Kohlberg (vgl. 1995) angelehnt ist, liegt demnach in der Stimulierung und Förderung einer Entwicklung, die zu komplexen Urteilsstrukturen und einer differenzierten Urteilsfähigkeit führt.

Als Voraussetzungen für die Entwicklung moralischer Urteilsfähigkeit werden die Entwicklung von Denkfähigkeit (kognitive Voraussetzung) und die Entwicklung einer sozialen Perspektive gesehen. Stufen der Moralentwicklung werden von Kohlberg in einer Abfolge von drei Ebenen erfasst: der präkonventionellen Ebene, der konventionellen Ebene und der postkonventionellen Ebene (vgl. genauer ebd.).

Literatur:

Dürr, R. (2000). Moralerziehung, Erziehung zur Demokratie. In: G. Bovet & V. Huwendieck (Hrsg.), *Leitfaden Schulpraxis Pädagogik und Psychologie für den Lehrberuf* (3. Auflage) (S. 377-392). Berlin: Cornelsen.

Kohlberg, L. (1995). *Die Psychologie der Moralentwicklung*. Frankfurt am Main: Suhrkamp

Lind, G. (2009). *Moral ist lehrbar. Handbuch zur Theorie und Praxis moralischer und demokratischer Bildung*. München: Oldenbourg.

Oser, F. (2001). Moralentwicklung und Moralförderung. In: D. Rost (Hrsg.), *Handwörterbuch Pädagogische Psychologie* (S. 471-477). Weinheim: Beltz (PVU).

| Werte und Normen entwickeln | Kompetenzausprägung C |

Ich kann durch eigenes Verhalten Dimensionen moralischen Handelns als Vorbild aufzeigen.

Grundsätzlich stellt die Lehrkraft an Schulen ein zentrales Modell der Moral- und Werteentwicklung dar. Die Lehrkraft erfüllt, da Sie einen staatlichen Erziehungsauftrag hat, eine wichtige Vorbildfunktion. Sekundärtugenden wie Zuverlässigkeit, Offenheit, Pünktlichkeit, Ordentlichkeit oder Sauberkeit werden ebenso erwartet wie Gerechtigkeit oder Unbestechlichkeit.
Die Bedeutung eines guten Vorbildes ist wissenschaftlich vor allem angeschoben durch die Arbeiten von Albert Bandura klar nachgewiesen (vgl. zur Einführung Lefrancois 2014).

Neben der Vorbildfunktion kommt der Erziehung im täglichen Umgang mit den Heranwachsenden ebenso eine wichtige Rolle zu. Die konsequente Umsetzung eines kognitiv-entwicklungsorientierten Ansatzes ist der Versuch, die Schule als Lebenswelt so umzugestalten, dass die moralische Kompetenz der Schüler herausgefordert und weiterentwickelt wird. Dazu müssen Strukturen geschaffen werden, in denen Schüler und Lehrer im ernsthaften Diskurs Regeln und Normen für ihr Zusammenleben und -arbeiten in der Schule finden und auftretende Konflikte gemeinsam lösen können. Dazu gehört auch der informelle Umgang miteinander oder der Abbau von hierarchischer Bürokratie, wodurch letztlich mehr Gleichberechtigung zwischen Lehrern und Schülern entsteht. Im Hinblick auf das Verhalten von Erziehern ermöglicht nach Tausch & Tausch (vgl. 1998) ein demokratischer und partnerschaftlicher Stil ein gutes Unterrichtsklima. Ein solcher Erziehungsstil stellt eine Grundbedingung eines schülerzentrierten Unterrichts dar, in welchem demokratische Erziehung verfolgt wird.
Allerdings wendet sich die Arbeit von Tausch & Tausch (vgl. ebd.) gegen die Verfolgung eines einseitigen Erziehungsstils, da kein Lehrer tagtäglich den gleichen Erziehungsstil verfolgen kann.

Literatur:

Lefrancois, G.R. (2014). *Psychologie des Lernens* (5. Aufl.). Heidelberg: Springer.
Tausch, A. M. & Tausch, R. (1998). *Erziehungspsychologie. Begegnung von Person zu Person* (11. korrigierte Aufl.). Göttingen: Hogrefe.

| Werte und Normen entwickeln | Kompetenzausprägung D |

Ich kann störende Faktoren für Entwicklung der Werturteilkompetenz auch mit Schülern reflektieren und beurteilen.

Um störende Faktoren für die Entwicklung von Werturteilskompetenz reflektieren und beurteilen zu können, müssen diese erst einmal wahrgenommen werden. Bei Bedarf kann dies im Unterricht, in Projekten, auf Klassenfahrten etc. geschehen.
Eine Möglichkeit demokratisches Miteinander, Partizipation und Werteentwicklung in der Schule zu fördern, ist der so genannte Klassenrat (vgl. genauer z. B. Blum & Blum, 2012; Friedrichs, 2014). Er ist das gemeinsame Forum einer Klasse. Er findet wöchentlich statt. Dort beraten, diskutieren und entscheiden die Schüler über selbst gewählte Themen. Bei der Durchführung gibt es einen klar strukturierten Ablauf, der ein Gerüst für die Diskussionen und Entscheidungsprozesse bildet. So fällt es Schülern leichter, sich auf die Inhalte des Klassenrats zu konzentrieren. Dies kann auch durch die Vergabe fester Ämter mit klaren Rechten und Pflichten unterstützt werden.
Themen im Klassenrat können Anregungen, Ideen, Wünsche, Probleme, Auseinandersetzungen und Lösungen sowie Anerkennung sein. Die Beschränkung, dass ein Thema für mindestens drei Schüler von Bedeutung sein muss, ist hilfreich; dadurch treten Zweierkonflikte in den Hintergrund. Manche Themen erscheinen Lehrern banal; doch die Entscheidung sollte bei der Klasse liegen. Nur so können die Schüler lernen, was ihnen wichtig ist und Zeit in Anspruch nehmen soll und was nicht lohnt ausdiskutiert zu werden. Wenn keine Themen auf der Tagesordnung für den Klassenrat stehen, kann die Zeit für Feedbackrunden oder für Übungen zum Klassenrat genutzt werden.
Der Klassenrat tagt im Klassenraum in einer Sitzordnung, wo jede Person jeder anderen Person aus der Gruppe in die Augen sehen kann. So wird die gemeinsame und gleichberechtigte Kommunikation verdeutlicht. Bevor der Klassenrat startet, sollten sich Lehrer einige Gedanken machen und Entscheidungen im Vorfeld treffen. Mögliche Fragen sind[21]:

- Welche (Sozial-) Kompetenzen bringt die Lerngruppe mit?
- Wie lange möchten Sie den Klassenrat ausprobieren?
- Wann findet der Klassenrat statt?
- Wie werden welche Ämter eingeführt?
- Wie und wann wechseln die Ämter?
- Wie werden Themen gesammelt?

Literatur:

Blum, E. & Blum, H. J. (2012). *Der Klassenrat. Ziele, Vorteile, Organisation*. Mühlheim an der Ruhr: Verlag an der Ruhr.
Friedrichs, B. (2014). *Praxisbuch Klassenrat. Gemeinschaft fördern, Konflikte lösen* (2. Aufl.). Weinheim: Beltz.

Internetquelle:

http://www.derklassenrat.de/grundlegende-entscheidungen.html [Zugriff am 22.07.18].

---

[21] Die Liste ist der Internetquelle www.derklassenrat.de entnommen.

| Werte und Normen entwickeln | Kompetenzausprägung E |

Ich kann menschliche, freiheitliche und demokratische Werte durch Übungen, Erörterungen und positiver Verstärkung fördern.

Aus den Erfahrungen von großangelegten Projekten lassen sich drei verschiedene Klassen von besonders geeigneten Vorgehensweisen für den Schulunterricht ableiten:

1. Stimulation der Entwicklung einer moralischen Urteilsfähigkeit, besonders in Rollenspielen und durch kooperative Lernformen.
2. Diskussionen über moralische und soziale Dilemmasituationen, die entweder dem Schulleben entstammen oder auch Inhalt des Fachunterrichts sein können.
3. Schaffung demokratischer Schulstrukturen, die mehr Mitbestimmung, aber auch mehr Mitverantwortung ermöglichen.

Der dritte Ansatz ist Teil einer Veränderung der gesamten Schulgemeinde. In diesem Zusammenhang hat sich in den letzten Jahren das Konzept einer „Just Community School" (eine gerechte Schule) entwickelt. Zwei Grundsätze liegen diesem Ansatz zugrunde (vgl. genauer Baader, 2001):

1. Abbau direktiver Maßnahmen durch Lehrkräfte (im Sinne des Beutelsbacher Konsens)[22], Sozialarbeiter, etc. bei gleichzeitiger Förderung der aktiven und selbstverantwortlichen Auseinandersetzung von Kindern und Jugendlichen untereinander.
2. Verankerung von Prinzipien partizipatorischer Demokratie werden eingeführt (etwa Mitbestimmung bei Vorhaben, Konfliktmanagement, etc.)

Literatur:

Baader, M. (2001). Zur Theorie und Praxis des Just Community-Ansatzes in der Moralerziehung. In E. Liebau (Hrsg), *Die Bildung des Subjekts. Beiträge zur Pädagogik der Teilhabe* (S. 159-193). Weinheim: Juventa.

---

[22] Der Beutelsbacher Konsens wurde von der Landeszentrale für politische Bildung Baden-Württemberg mit Politikdidaktikern im Herbst 1976 in Beutelsbach formuliert. Er legt Grundsätze für die politische Bildung fest. Dabei sind drei Grundprinzipien von besonderer Bedeutung: Gemäß dem Überwältigungsverbot darf Schülern nicht die Meinung der Lehrer aufgezwungen werden. Stattdessen sollen Schüler in die Lage versetzen werden, sich mit Hilfe des Unterrichts eine eigene Meinung bilden zu können. Das Gebot der Kontroversität gibt vor, dass Dinge, die kontrovers in der Öffentlichkeit dargestellt werden, auch kontrovers im Unterricht thematisiert werden sollen. Das Grundprinzip Schülerorientierung möchte Schüler in die Position bringen, ihren eigenen Standpunkt und die politische Situation der Gesellschaft zu analysieren. So können sie sich aktiv am politischen Prozess beteiligen und die vorgefundene politische bzw. gesellschaftliche Lage im Sinne ihrer Interessen zu beeinflussen.

Werte und Normen entwickeln	CHECKLISTE

A   Ich kann menschliche, freiheitliche und demokratische Normen und Werte benennen.

Mein aktueller Standort:
Wenn ich an eine für mich typische Arbeitswoche denke, ...
   kann ich Grundsätze der Landesverfassung und des Schulgesetzes nennen.
   kann ich den Bildungs- und Erziehungsauftrag darstellen.
   kann ich die Ziele der gymnasialen Oberstufe benennen.
   fühle ich mich demokratischen Werten verpflichtet.

B   Ich kann Konzepte und Modelle der Entwicklung von Werturteilskompetenzen skizzieren und in meinen Lerngruppen beschreiben.

Mein aktueller Standort:
Wenn ich an eine für mich typische Arbeitswoche denke, ...
   habe ich Gespräche zwischen Schülern und Lehrern wahrgenommen, die Werte thematisieren.
   habe ich Maßnahmen wahrgenommen, die Schüler zum Einhalten von Werten führen sollen (z.B. Regelverweise, etc.).
   haben Lehrer in Gesprächen Werte vermittelt.
   gibt es bewusste Lernsituationen, die ein Reflektieren von Werten zum Ziel haben.

So kann es gehen:
- Ich plane Stunden, die eine Urteilskompetenz als Kernanliegen haben.
- Ich nutze (in Einstiegen) Dilemma-Situationen, um Schüler zum Diskutieren über Werte anzuregen.
- Ich informiere mich über den Maßnahmenkatalog und die Hausordnung an meiner Schule.

C   Ich kann durch eigenes Verhalten Dimensionen moralischen Handelns aufzeigen.

Mein aktueller Standort:
Wenn ich an eine für mich typische Arbeitswoche denke, ...
   halte ich mich selbst an Regeln.
   spreche ich Schüler auf Regelverstöße an.
   verletze ich keine Schüler mit Worten oder Taten.

So kann es gehen:
- Ich halte mich in einer Lehrerkonferenz an die Gesprächsregeln.
- Ich visualisiere die von meiner Klasse und mir erarbeiteten Grundwerte im Klassenraum.
- Ich zwinge Schülern nicht meine Werte auf (Überwältigungsverbot).

D   Ich kann störende Faktoren für Entwicklung der Werturteilskompetenz auch mit Schüler reflektieren und beurteilen.

Mein aktueller Standort:
Wenn ich an eine für mich typische Arbeitswoche denke, …
  gibt es eine Klassenratsstunde.
  haben Schüler die Möglichkeit, die Klasse betreffende Themen in meinen Unterricht einzubringen
  sind die Klassensprecher in der Lerngruppe bekannt.
  lasse ich mir Rückmeldungen von Schülern geben.

So kann es gehen:
- Ich reflektiere in regelmäßigen Abständen (pro Quartal…) das demokratische Zusammenleben in der Klasse.
- Ich lasse die Klassensprecher den Klassenrat leiten.
- Ich stimme mit einer Lerngruppe die Auswahl einer Lektüre ab.

E   Ich kann menschliche, freiheitliche und demokratische Werte durch Übungen, Erörterungen und positive Verstärkung fördern.

Mein aktueller Standort:
Wenn ich an eine für mich typische Arbeitswoche denke, …
  verstärke ich positives Verhalten durch Loben etc.
  setzte ich Übungen ein, die ein Gespräch über Werte nach sich ziehen.
  werte ich kooperative Arbeitsphasen mit den Schülern aus.
  sind die Klassensprecher aktiv an der Organisation des Klassenlebens beteiligt.

So kann es gehen:
- Ich reflektiere mit Schülern die Bedeutung des Beutelsbacher Konsens.
- Ich entwickle gemeinsam mit Schülern Evaluationen des Klassenklimas.
- Ich entwickle ein (klasseninternes) Curriculum, das systematisch Werte vermittelt.

5.8 In einer motivierenden und konstruktiven Arbeitsatmosphäre Beziehungen entwickeln: *Julia Vollmer & Dirk Braun*

Kompetenz-ausprägung	Ich kann ...
A	Grundbedingungen für Lern- und Leistungsmotivation darstellen sowie Axiome der (Lehrer-Schüler-)Kommunikation erläutern.
B	Gründe für das Gelingen oder Misslingen von Beziehungen im Unterricht benennen sowie Ursachen von Unterrichtsstörungen) situationsbezogen erkennen und deuten. Ich kann darüber hinaus eine positive Haltung gegenüber den Kindern und Jugendlichen einnehmen.
C	motivierende Lernarrangements entwickeln, ausgewählte beziehungsförderliche Techniken der Gesprächsführung und Gemeinschaft fördernde Maßnahmen des Disziplinmanagements nutzen.
D	Strategien zur Lern- und Selbstmotivation anwenden, Strategien auch der selbstständigen Konfliktprävention, -intervention und -reflexion sinnvoll einsetzen sowie Lerngruppen zur konfliktfreien Kooperation anleiten.

| **Eine motivierende [...] Arbeitsatmosphäre schaffen** | **Kompetenzausprägung A** |

Ich kann Grundbedingungen für Lern- und Leistungsmotivation darstellen sowie Axiome der (Lehrer-Schüler-) Kommunikation erläutern.

„Motivation" bezeichnet die Lehre von den Motiven menschlichen Verhaltens, von dessen Intention oder Antrieb. Aus wenigen, grundlegenden Bedürfnissen entwickeln sich zahllose kulturell, familiär und kreativ geprägte Einzelmotive. Dabei rücken neben den schon immer beachteten Grundbedürfnissen wie Hunger, Durst, Atmung, geeignete klimatische Umwelt und Ausscheidung in letzter Zeit die speziell auf die menschliche Natur als Gruppenwesen und „Kulturtier" bezogenen Bedürfnisse in den Mittelpunkt der Aufmerksamkeit: die Neugieraktivität, das heißt das Bedürfnis nach Reizung der Sinnesorgane im Zug einer forschenden Erweiterung des Bildes der Umwelt (ein sehr wichtiges Bedürfnis von Kindern und unter günstigen Umständen auch von Erwachsenen), das Bedürfnis nach Kontakt und bestätigenden mitmenschlichen Beziehungen (Sicherheitsbedürfnis).

Gemäß der Selbstbestimmungstheorie der Motivation (vgl. Deci & Ryan, 1993) hat jeder Mensch den angeborenen Wunsch, seine Umwelt zu erforschen, zu verstehen und sich mit ihr auseinanderzusetzen. Von Bedeutung sind dabei die angeborenen psychologischen Bedürfnisse des Menschen. Diese bilden die Grundlage für die Entwicklung kognitiver Fähigkeiten, etwa das Bedürfnis nach Kompetenz oder Wirksamkeit, nach Autonomie oder Selbstbestimmung und nach sozialer Eingebundenheit. Personen verfolgen bestimmte Ziele, weil sie auf diese Weise ihre psychologischen Grundbedürfnisse befriedigen wollen. Jeder Mensch gilt also naturgemäß als mehr oder weniger motiviert. Motivation bezeichnet dabei die Intention, einen bestimmten zukünftigen Zustand zu erreichen und die Bereitschaft, dazu Mittel einzusetzen, die den gewünschten Zustand herbeiführen. Sie richtet sich entweder auf eine unmittelbar befriedigende Erfahrung (z. B. wenn man einen Sachverhalt als interessant empfindet) oder auf ein längerfristiges Handlungsprodukt (z. B. das Bestehen einer Prüfung).

Motivation wird beeinflusst durch die Art und Weise, wie man die Situation erlebt, in welche die Handlung oder Erfahrung eingebettet ist: erlebt man sie als frei gewählt und entspricht sie den eigenen Zielen oder Wünschen, gilt sie als selbstbestimmt oder autonom. In diesem Fall erfordern die Verhaltensweisen, welche sich auf das Erreichen des zukünftigen Handlungsprodukts richten, keine von außen erfolgenden Anstöße oder Zwänge; sie sind also intrinsisch motiviert. Intrinsische Motivation äußert sich durch Neugier, Forscherwillen, Spontaneität und Interesse an der unmittelbaren Umwelt sowie daran, die Sache voll und ganz zu beherrschen.

Extrinsisch motiviert sind Verhaltensweisen dann, wenn sie mit instrumenteller Absicht durchgeführt werden, um eine von der Handlung getrennte Konsequenz zu erfahren (z. B. eine gute Benotung aufgrund einer Klassenarbeit zu erhalten). Extrinsische Motivation für ein bestimmtes Verhalten liegt also dann vor, wenn äußere, nicht in der Tätigkeit selbst liegende Anreize im Vordergrund stehen (z. B. eine Belohnung für eine bestimmte Leistung). Daher erfolgt es nicht spontan, sondern wird durch Aufforderungen in Gang gesetzt.

Intrinsische und extrinsische Motivation sind keine Gegensätze; vielmehr kann auch extrinsisch motiviertes Verhalten durchaus selbstbestimmt sein. Extrinsisch motivierte Verhaltensweisen können durch Prozesse der Internalisierung und Integration in selbstbestimmte Handlungen (und damit intrinsisch motivierte Verhaltensweisen) überführt werden. Internalisierung ist der Prozess, durch den externale Werte in die internalen Regulationsprozesse einer Person übernommen werden. Integration ist der weitergehende Verarbeitungsprozess, der die internalisierten Werte und Regulationsprinzipien in das individuelle Selbst eingliedert. Es wird angenommen, dass der Mensch die natürliche

Tendenz hat, die Reaktionen der sozialen Umwelt zu internalisieren, um seinem Bedürfnis nach sozialem Eingebundensein zu entsprechen. Im Bemühen, sich mit anderen verbunden zu fühlen und gleichzeitig die eigenen Handlungen autonom zu bestimmen, übernimmt und integriert ein Mensch die Ziele und Verhaltensnormen einer Gemeinschaft in sein Selbstkonzept. Voraussetzung dafür sind Angebote und Anforderungen, die diese Tendenz verstärken. Angebote und Anforderungen verstärken intrinsisch motivierte Verhaltensweisen, wenn sie als autonomiefördernd erlebt werden, wenn sie also Eigeninitiative und Wahlfreiheit unterstützen.

Solche Angebote müssen für das Individuum ein optimales Anforderungsniveau besitzen, das bedeutet, dass zwischen den Anforderungen einer Tätigkeit und den aktuellen Fähigkeiten eine optimale Diskrepanz herrschen muss. Darüber hinaus darf die zu bewältigende Aufgabe weder als zu leicht noch als zu schwer empfunden werden. Zudem stärkt positives Feedback die intrinsische Motivation, sofern es auf autonomiefördernde Art gegeben wird. Dies ist der Fall, wenn es nicht kontrollierend wird und eher informativ sowie sachbezogen gegeben wird. Aber nur wenn Gefühle der Kompetenz und Selbstwirksamkeit zusammen mit dem Erleben von Autonomie auftreten, haben sie einen Einfluss auf die intrinsische Motivation einer Person.

Maßnahmen verhindern die intrinsische Motivation, wenn sie als Druck erlebt werden. Zu diesen die intrinsische Motivation verhindernden Maßnahmen und Ereignissen gehören etwa Strafandrohungen, Bewertungen und Termindruck. Auch negatives Feedback, das zu einer Reduktion der wahrgenommenen Kompetenz führt, beeinträchtigt die intrinsische Motivation.

Die Forschung zeigt übereinstimmend, dass intrinsisch motiviertes Verhalten positive Folgen nach sich zieht. So sind damit größere Flexibilität im Denken, höhere Kreativität, bessere Lernleistungen und eine positivere emotionale Befindlichkeit verbunden. Lernmotivation kann zwar auch durch extrinsische Kontrollmechanismen erzeugt werden. In diesem Fall ist der Lernerfolg aber erwiesenermaßen sehr gering, vor allem was die „Behaltensrate" des Erlernten betrifft. Auch die Qualität der erwarteten Leistung ist dann am höchsten, wenn die Kontrollbedingungen minimiert und die Unterstützung der Autonomie optimiert werden. Unterricht kann als interdependenter Prozess verstanden werden, bei dem Lernen durch die Interaktion von Lehrer und Schülern zu einem Thema stattfindet.

Die Voraussetzung für einen erfolgreichen Lernprozess sind eine demnach gute Arbeitsatmosphäre sowie eine positive Lehrer-Schüler-Beziehung, also das Sozial-Eingebunden-Sein. Diese können durch ein Gleichgewicht der grundsätzlichen Faktoren von Unterricht, nämlich jeder Person für sich (des Ichs), der Interaktion miteinander (des Wir) und der gemeinsame Sache, des Lernstoffs (des Themas), in einem konkreten Umfeld von Raum und Zeit (Globe) hergestellt werden (vgl. genauer Cohn, 1975; Langmaak 1996). Eine gute Arbeitsatmosphäre wird somit durch verschiedene äußere und innere Bedingungen geprägt:

- physische und psychische Sicherheit,
- Ruhe,
- Ordnung,
- Aufmerksamkeit,
- Konzentration,
- Vertrauen,
- Offenheit,
- Eigenverantwortung,
- Reflexion.

Eine gute Arbeitsatmosphäre wird vor allem durch die Beziehung getragen, die der Lehrer zu den Schülern herstellt. Da der Lehrer immer auch Modell für die Schüler ist, bekommt das Lehrerverhalten eine hohe Relevanz für die Gestaltung einer positiven Lehrer-Schüler-Beziehung. Grundlegende Verhaltensweisen, die sich förderlich auf eine positive Lehrer-Schüler-Beziehung auswirken, sind:

- Authentizität/Kongruenz,
- Konsequenz,
- Übernahme von Verantwortung für die Mitgestaltung des sozialen Systems „Schulklasse",
- Offenheit und Transparenz,
- Empathiefähigkeit,
- Wahrung einer angemessenen Balance von Nähe und Distanz zu den Schülern,
- Nutzung von kommunikativen und integrativen Strategien zur Klärung und Verhandlung von Regelsystemen und Störungen dieser.

Heute werden die Beziehungen zwischen Lehrern und ihren Schülern, durch die Erziehung stattfindet, im Rahmen des transaktionalen Interaktionsmodells (vgl. Nickel 1993) als interaktiver Prozess zwischen Erziehungspartnern verstanden, wobei jeder zugleich Einwirkender und Sich-Verändernder ist (Erziehungspartnerschaft). Ein solches transaktionales Verständnis erzieherischer Interaktionen berücksichtigt sowohl intra- und interpersonelle Prozesse als auch deren Wechselwirkung mit externen Faktoren.

Eine besondere Rolle spielt dabei die gegenseitige Wahrnehmung der Erziehungspartner (Personenwahrnehmung). Sie wird entscheidend beeinflusst durch unterschiedliche Motive, Einstellungen und vor allem auch Erwartungshaltungen. Diese sind wiederum das Ergebnis früherer und gegenwärtiger Interaktions-Erfahrungen in einem gegebenen soziokulturellen Kontext. Solche Erfahrungen verdichten sich zu einem kognitiven Modell, mit dessen Hilfe alle eingehenden Wahrnehmungen anderer Personen gemessen und selektiert werden.

Eine besondere Rolle bei dieser systemischen Betrachtung von Lehrer-Schüler-Beziehungen erhält das gegenseitige Vertrauen. Dabei versteht man unter Vertrauen derzeit die Bereitschaft einer Person, gegenüber einer anderen Person gewisse Risiken einzugehen und sich damit quasi verwundbar zu machen. Um Vertrauen zu gewinnen, spielen Echtheit bzw. Kongruenz des Verhaltens eine wesentliche Rolle. Als weitere vertrauensfördernde Merkmale konnten persönliche Zuwendung, Respekt, fachliche Kompetenz und Hilfe ermittelt werden.

Im Rahmen der Interaktion zwischen Lehrer und Schülern kommt der Kommunikation eine wichtige Rolle zu. Daher sollen im Folgenden die sogenannten Axiome der Kommunikation nach Watzlawick (vgl. 2016) kurz dargestellt werden. Die fünf Axiome lauten:

1. *Man kann nicht nicht kommunizieren:* weil alles Verhalten in einer zwischenpersönlichen Situation Mitteilungscharakter hat, d. h. Kommunikation ist.
2. *Jede Kommunikation enthält einen Inhalts- und einen Beziehungsaspekt, derart, dass letzterer den ersteren bestimmt und daher eine Metakommunikation ist:* der Inhaltsaspekt vermittelt 'Daten', der Beziehungsaspekt weist an, wie diese Daten aufzufassen sind. Der Beziehungsaspekt ist so Kommunikation über eine Kommunikation: eine Metakommunikation.

3. Die Natur einer Beziehung ist durch die Interpunktion der Kommunikationsabläufe seitens der Partner bedingt: jede Mitteilung ist gleichzeitig Reiz, Reaktion und Verstärkung.

4. Die Interpunktion durch die Kommunikationsteilnehmer organisiert ihr Verhalten, dadurch dass sie zwischen sich Beziehungsstrukturen herstellen (über die Übereinstimmung besteht oder nicht), die für wechselseitige Verhaltensverstärkung sorgen.

5. Menschliche Kommunikation bedient sich digitaler und analoger Modalitäten, wobei sich beide Kommunikationsformen ergänzen.

digital	analog
• Informationen, vermittelt durch Wörter, haben aufgrund der Arbitrarität (Willkürlichkeit) ihrer Beziehung digitalen Charakter: sie beziehen sich auf semantische Inhalte.	• Zwischen analogen Kommunikationsformen und dem Gegenstand, für den sie stehen, herrscht eine Ähnlichkeitsbeziehung.
• Digitale Kommunikation enthält klare Angaben über den Sachinhalt der Botschaft, aber keine klaren Angaben zur Beziehungsdefinition; sie vermitteln den Inhaltsaspekt (bei der Negation gibt es keine Analogie für das digitale 'nicht'; außerdem bei den Wahrheitsfunktionen Konjunktion, Alternative, Implikation und Äquivalenz)	• analoge Kommunikationsformen enthalten keine Hinweise darauf, welche von zwei widersprüchlichen Bedeutungen gemeint sind und erlauben keine klare Unterscheidung zwischen Vergangenheit, Gegenwart und Zukunft; sie vermitteln vor allem den Beziehungsaspekt (Was bedeutet z. B. Erbleichen während eines Verhörs? – muss digitalisiert werden).

Zwischenmenschliche Kommunikationsabläufe sind entweder symmetrisch oder komplementär, je nachdem, ob die Beziehung zwischen den Partnern auf Gleichheit oder Ungleichheit beruht!

Symmetrische Interaktion	Komplementäre Interaktion
• ist charakterisiert durch ein Streben nach Gleichheit und Verminderung von Unterschieden zwischen den Partnern (realistische gegenseitige Bestätigung von Ich- und Du-Definitionen).	• basiert auf sich gegenseitig ergänzende Unterschiedlichkeiten. • beruhen auf gesellschaftlichen oder kulturellen Kontexten (Lehrer-Schüler; Arzt-Patient...)

Kein Partner muss dabei dem anderen eine komplementäre Beziehung aufzwingen; vielmehr verhalten beide sich in der Weise, die das bestimmte Verhalten des anderen voraussetzt, es aber gleichzeitig auch bedingt.

Metakomplementarität: Partner A lässt Partner B die erhöhte Position einnehmen oder zwingt ihn dazu.

Pseudosymmetrie: Partner A zwingt Partner B eine symmetrische Beziehung auf.

In einer Kommunikation zwischen Gesprächspartnern werden **Nachrichten** übermittelt. Diese werden dabei (in kongruenter oder nichtkongruenter Weise) folgendermaßen qualifiziert:

- durch den *Kontext,*
- durch die *Art der Formulierung,*
- durch *Mimik* und *Gestik,*
- durch den *Tonfall.*

Nach Schulz von Thun (vgl. 2010) besteht eine Nachricht aus vier Botschaften:

- dem *Sachinhalt,*
- der *Selbstoffenbarung* (was ich von mir selbst kundgebe),
- der *Beziehungsdefinition* (was ich von dir halte und wie wir zueinander stehen: Du- und Wir-Botschaften) und
- dem *Appell* (wozu ich dich veranlassen möchte: Einfluss nehmen auf den Empfänger).

Nachrichten können kongruent oder inkongruent vermittelt werden:

Kongruente Nachricht	Inkongruente Nachricht
- alle Signale (sprachliche und nicht-sprachliche) weisen in die gleiche Richtung.	- sprachliche und nicht-sprachliche Signale widersprechen sich. - enthalten widersprüchliche Handlungsaufforderungen und schaffen dadurch eine sogenannte Doppelbindung (double-bind). - entstehen vor allem dann, wenn die Selbstklärung des Senders noch nicht zum Abschluss gekommen ist, er sich aber trotzdem veranlasst sieht, etwas von sich zu geben - oft melden sich bei einer double-bind-Botschaft das Eltern- und das Kindheits-Ich zu Wort und widersprechen einander. Lösung: zwei Botschaften getrennt senden.

In pädagogischen Berufen kommt der *Beziehungsseite der Nachricht* eine wichtige Rolle zu. Nach heutiger Auffassung vollzieht sich die Persönlichkeitsbildung nämlich weniger nach dem Maßstab dessen, was gelehrt wird ('sachlicher' Lehrstoff), sondern nach Maßgabe der zigtausend von Beziehungsbotschaften, die das Kind und der Schüler zu seiner Person empfängt. Die Beziehungsseite einer Nachricht enthält dabei immer zugleich eine Du-Botschaft und eine Wir-Botschaft (beide sind jedoch nicht immer deutlich voneinander trennbar).

Mögliche Beziehungsbotschaften, die auf bestimmte Erziehungsstile verweisen können:

Wertschätzung:

- Der Sender bringt zum Ausdruck, dass er den Empfänger als achtenswerte, vollwertige und gleichberechtigte Person ansieht.
- Die Kommunikation ist gekennzeichnet durch *Reversibilität* im Sprachverhalten: Der Sender spricht zum Empfänger in der Weise, wie der Empfänger auch umgekehrt zum Sender sprechen dürfte, ohne die Beziehung zu gefährden.

Geringschätzung:

- Der Sender behandelt den Empfänger als minderwertige Person.
- Die Kommunikation ist gekennzeichnet durch Irreversibilität: Der Sender verhält sich dem (meist untergeordneten) Empfänger gegenüber in einer Weise, wie es sich dieser ihm gegenüber nie erlauben dürfte.

Lenkung/Bevormundung:

- Der Sender legt es durch sein Verhalten darauf an, den Empfänger in seinem Denken und Handeln unter den eigenen Einfluss zu bringen.
- Ein hohes Ausmaß an Lenkung löst beim Empfänger oft inneren Widerstand aus.

Literatur:

Cohn, R. C. (1975). *Von der Psychoanalyse zur themenzentrierten Interaktion. Von der Behandlung einzelner zu einer Pädagogik für alle.* Stuttgart: Klett-Cotta.

Deci, E. L. & Ryan, R. M. (1993). Die Selbstbestimmungstheorie der Motivation und ihre Bedeutung für die Pädagogik. In: *Zeitschrift für Pädagogik.* 1993, 39. Jg., H. 2; S. 224- 238.

Langmaack, B. (1996). *Themenzentrierte Interaktion. Einführende Texte rund ums Dreieck.* (3. Aufl.). Weinheim: Beltz (PVU).

Nickel, H. (1993). Die Lehrer-Schüler-Beziehung als transaktionaler Prozeß. In: H. Nickel (Hrsg.), *Psychologie der Entwicklung und Erziehung* (S. 244 - 261). Pfaffenweiler: Centaurus.

Schulz von Thun, F. (2010). *Miteinander reden 1. Störungen und Klärungen. Allgemeine Psychologie der Kommunikation (48. Aufl.).* Reinbeck: Rowohlt.

Watzlawick, P. (2016). *Menschliche Kommunikation. Formen, Störungen, Paradoxien* (13. Aufl.) Göttingen: Hogrefe.

| Eine motivierende [...] Arbeitsatmosphäre schaffen | Kompetenzausprägung B |

Ich kann Gründe für das Gelingen oder Misslingen von Beziehungen im Unterricht benennen sowie Ursachen von Unterrichtsstörungen situationsbezogen erkennen und deuten. Ich kann darüber hinaus eine positive Haltung gegenüber den Kindern und Jugendlichen einnehmen.

Um eine motivierende Arbeitsatmosphäre zu schaffen, sollten die Anforderungen an die Schüler diese nicht über- oder unterfordern, somit ihre Kompetenz in angemessener Weise fordern und damit ein optimales Aktivitätsniveau hervorrufen. Außerdem sollten sie ein freudiges Aufgehen in der Handlung selbst ermöglichen, das von Selbstvergessenheit und völliger Konzentration auf die Aufgabe (Flow) begleitet ist. Das ist vor allem bei Tätigkeiten oder Themen der Fall, die den eigenen Interessen entsprechen. Des Weiteren soll die Tätigkeit ein Gefühl der Selbstbestimmung vermitteln.

Lehrende sollten daher die Autonomiebestrebungen der Lerner unterstützen und die Erfahrung individueller Kompetenz ermöglichen. Auch sollte die eigene Wertschätzung des Handlungsziels durch den Lernenden unterstützt werden.

Dazu ist es erforderlich, einen autonomiefördernden Erziehungsstil zu pflegen, der sich etwa in der Bereitschaft zeigt, Wahlmöglichkeiten anzubieten und bei Entscheidungen die Perspektive des Kindes mit zu berücksichtigen. Im Gegensatz dazu ist der kontrollierende Erziehungsstil dadurch gekennzeichnet, dass relativ häufig auf externale Maßnahmen der Belohnung und Strafe sowie des psychologischen Drucks zurückgegriffen wird, um ein Kind zu motivieren.

Um eine positive Haltung gegenüber den Schülern einzunehmen, sollte die Lehrperson einen systemischen Blick auf die Interaktion mit den Schülern gewinnen (vgl. Lohmann, 2015). Sie sollte:

- begreifen, dass Lehrer und Schüler ein soziales System bilden.
- erkennen, dass Lehrer und Schüler innerhalb dieses sozialen Systems in gegenseitiger Abhängigkeit stehen, sich wechselseitig austauschen und beeinflussen.
- sich klar machen, dass alle Mitglieder des sozialen Systems „Schulklasse" wiederum eingebunden sind in weitere soziale Systeme (Familie, Freundeskreis etc.), die ihrerseits Einfluss auf die einzelnen Mitglieder nehmen und von ihnen beeinflusst werden.
- erkennen, dass die Mitglieder der verschiedenen Systeme durch Kommunikation und Interaktion eigene Bilder von der Welt schaffen, in der wir leben.
- begreifen, dass in einer Schulklasse unausgesprochene soziale Regeln und Normen existieren, die durch das kommunikative Handeln der Mitglieder vereinbart, gestaltet oder modifiziert werden.

Störungen innerhalb des Systems „Schulklasse" sind zunächst einmal normal, weil Schule in der Praxis mit unterschiedlichen (und z. T. widersprüchlichen) Erwartungen konfrontiert wird. Unterrichtsstörungen können sich verschiedene Arten zeigen.

Sie können von Schülern oder Lehrern verursacht werden (z. B. durch laute Zwischenrufe, verbale oder physische Attacken, unaufgefordertes Herumlaufen) oder von außen hereingetragen werden (z. B. Baustellenlärm, Durchsagen, Witterungsänderungen, v. a. Gewitter etc.).

Darüber hinaus könnten durch unterschiedliche Erwartungen an den Unterricht Normkonflikte oder durch unterschiedliche Bewertungen von Schülern und Lehrern Unterrichtsstörungen entstehen.

Ein professioneller pädagogischer Blick auf von Schülern verursachte Unterrichtsstörungen ist dadurch gekennzeichnet, diese als zu entschlüsselnde Botschaften von Schülern zu deuten. Sie geben darüber Auskunft, wie unterschiedlich die Erwartungen oder auch Normen von Schülern und Lehrern bezüglich des Unterrichts unter Umständen sein können. Unterrichtsstörungen basieren häufig auf Kommunikationsstörungen, welche nach Schulz von Thun (2010) häufig ihre Ursache im Selbstkonzept der Gesprächspartner haben, welches durch folgende Faktoren beeinflusst sein kann:

- explizite und implizite Du-Botschaften von wichtigen Personen aus der *Kindheit*, die das Selbstbild prägen (definierende Erfahrungen).
- eine vom Individuum selbst geschaffene *Erfahrungswelt*, in der sein einmal etabliertes Selbstkonzept immer wieder bestätigt wird (eventuell korrigierende Erfahrungen werden ausgeblendet).
- *institutionelle Faktoren* mit auferlegten Rollenvorschriften (legen eher bevormundendes und herabsetzendes Verhalten nahe) prägen das Selbstbild der Personen, die in dieser Institution arbeiten (Lehrer und Schüler).
- die selbstkonzept-prägenden Du-Botschaften der *Gesellschaft*, die an bestimmte Gruppen (Arbeitslose, Kinder, Mütter, Obdachlose, Behinderte...) gerichtet werden.

Lehrer und Schüler sind im Unterricht immer beides: Empfänger und Sender von Nachrichten. Nach Schulz von Thun (1992) hat eine Nachricht eine Sach- und eine Beziehungsebene, welche implizite Botschaften an den Empfänger der Nachricht übermitteln. Schulz von Thun unterscheidet in seinem „4-Ohren-Modell" vier Botschaften: Sach-, Beziehungs-, Selbstoffenbarungs- und Appell-Botschaften (vgl. Abb. 1). Diese Botschaften können zueinander in Dissonanz stehen und dann die Kommunikation stören.

Selbstoffenbarungs-Ohr
(Was ist das für einer?
Was ist mit ihm?)

Sach-Ohr
(Wie ist der Sachverhalt
zu verstehen?)

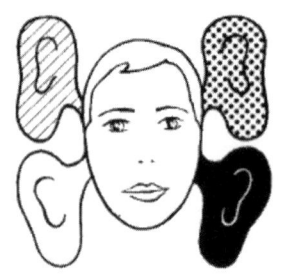

Beziehungs-Ohr
(Wie redet der mit mir?
Wen glaubt der vor sich
zu haben?)

Appell-Ohr
(Was soll ich tun, denken,
fühlen auf Grund seiner
Mitteilung?)

Abb. 1: Der 4-ohrige-Empfänger. Verfügbar über:
https://www.zum.de/Faecher/D/BW/gym/stamm/agnes_mat13.pdf [Zugriff am 06.08.2018]

Laut Schulz von Thun (vgl. 2010) können Kommunikationsstörungen durch die Dominanz eines „Ohres" des Empfängers einer Nachricht auftreten:

Dominanz des 'Sach-Ohrs':
Auseinandersetzung mit Sachinhalt, während das Problem auf der Beziehungsebene liegt. Beide reden aneinander vorbei.

Dominanz des 'Beziehungs-Ohrs':
Betroffener Empfang: auch beziehungsneutrale Nachrichten werden auf sich selbst bezogen (alles persönlich nehmen, sich leicht angegriffen fühlen).

Dominanz des ‚Selbstoffenbahrungs-Ohrs':
Diagnostizierender Empfang (häufig wünschenswert, weil seelisch gesünder): bei ausschließlichem diagnostischem Hören besteht die Gefahr der Immunisierung, Ersparung von Betroffenheit.

Dominanz des 'Appell-Ohrs':
Übermäßiges Einstellen auf Bedürfnisse anderer. Wunsch, es allen Recht zu machen.

Literatur:

Lohmann, G. (2015). *Mit Schülern klarkommen. Professioneller Umgang mit Unterrichtsstörungen und Disziplinkonflikten (12. Aufl.)*. Berlin: Cornelsen.
Schulz von Thun, F. (2010). *Miteinander reden 1. Störungen und Klärungen. Allgemeine Psychologie der Kommunikation (48. Aufl.)*. Reinbeck: Rowohlt.

| Eine motivierende […] Arbeitsatmosphäre schaffen | Kompetenzausprägung C |

Ich kann motivierende Lernarrangements entwickeln, ausgewählte beziehungsförderliche Techniken der Gesprächsführung und Gemeinschaft fördernde Maßnahmen des Disziplinmanagements nutzen.

Um die Motivation der Lernenden zu erhalten, sollte überlegt werden, welche Lernarrangements für die jeweilige Lerngruppe motivierend ist. Dabei sollten die bereits vorhandenen Kompetenzen der Schüler genutzt werden und Aufgaben, Sozialformen und Methoden eingesetzt werden, welche die Schüler nicht über- oder unterfordern. Sie sollten also an Bekanntes anknüpfen und die Lernenden dazu herausfordern, Neues zu entdecken. Um Unterrichtsstörungen durch negative äußere Einflüsse zu vermindern, hilft oft eine Umgestaltung des Lernraumes, so dass sowohl Ordnung und Sicherheit gewährleistet sind, als auch für eine anregende Lernumgebung gesorgt ist. Dabei sollten die Schüler mitentscheiden dürfen, wie sie den Raum gestalten wollen, damit er für sie diese Kriterien erfüllt. Auch mithilfe der bewussten Gestaltung der Sitzordnung kann man Unterrichtsstörungen bereits präventiv entgegenwirken. Neben der Anordnung der Tische, ist auch zu bedenken, welche Schüler nebeneinander sitzen sollen. Zusätzlich kann man über Möglichkeiten der Regelung der genauen zeitlichen Dauer von spezifischen Sitzordnungen mittels bestimmter Rituale (z. B. „Rollsystem nach vier Wochen") nachdenken. Für weitere Anregungen u. a. zur Gestaltung des Lernraumes und zur Herstellung von Ritualen siehe z. B. Lanig (2004). Zu beziehungsförderlichen Techniken der Gesprächsführung mit Schülern gehört es, eine *Sprache der Annahme* zu pflegen. Mikrostrategien zur Entwicklung eines entsprechenden Kommunikationsverhaltens sind:

- aktives Zuhören praktizieren,
- Ich-Botschaften senden,
- Anschuldigungen (Du-Botschaften) vermeiden (vgl. „Straßensperren" nach Gordon, 1999),
- Feedback geben, Spielregeln verbindlich machen (vgl. Miller 2005, S. 206 f.),
- einen Klassenrat etablieren (vgl. Blum & Blum 2012; Friedrichs 2014).

Merkmale sinnvoller Regelkataloge sind eine positive Beschreibung des gewünschten Verhaltens, eine begrenzte Anzahl an Regeln, eine Auswahl der wichtigsten Regeln aus der Perspektive der beteiligten Personen und adressaten-angemessene Formulierungen.
Bei der Anwendung von Regeln sollte die Intervention auf die Regelverletzung nicht größer sein als die Störung, gegen die sie gerichtet ist. Jede Intervention sollte konsequent sein. Deshalb sollte auch nichts angekündigt werden, was nicht eingehalten werden kann. Wenn gestraft wird, dann sollte es auch „weh" tun. Es ist aber zielführender, statt die Schüler zu strafen, sie sachlich mit logischen Konsequenzen zu konfrontieren. Dabei kann den Schülern echte Wahlmöglichkeiten gelassen werden, damit sie lernen, für sich Entscheidungen zu treffen. Mögliche gestufte Interventionen in einer Eskalationsleiter können nach Lohmann (vgl. 2015) Folgende sein:

Level 1:
nonverbaler Hinweis auf Grenzüberschreitung.
Level 2:
verbale Rückmeldung: „[Name], beachte bitte die Klassenregeln."
Level 3 („gelbe Karte"):
zur Rede stellen mit drei Fragen:

- „Was tust du?"
- „Wie heißt die Regel?"
- „Wofür entscheidest du dich: Regel befolgen oder Plan machen?" – Freiwillige Auszeit als kurze Bedenkzeit möglich.

Level 4 („rote Karte"):
bei Wiederaufnahme des Störverhaltens in der gleichen Stunde: Auszeit mit den bekannten Aufgaben für einen Plan.

Zu den gelben Karten ist anzumerken, dass diese notiert werden. Bei der dritten gelben Karte ist eine Auszeit (Level 4) fällig. Bei der fünften gelben Karte erfolgt eine zweite Auszeit. Eine zweite Auszeit ist mit einem Problemlösungsgespräch verbunden.
Regeln des sozialen Miteinanders sollten immer unter Beteiligung der Schüler ermittelt werden. Als basale Grundvoraussetzung zur Verhandlung von Regeln sind die oben genannten Kommunikationsstrategien angebracht, da sie sich dazu eignen, über das soziale Miteinander im Rahmen der Metakommunikation zu sprechen.
Zur Ermittlung von Regeln des sozialen Miteinanders eignen sich verschiedene Methoden und Lernarrangements von der Erstellung und Diskussion von Regelplakaten (vgl. genauer Lohmann 2015) bis zur Etablierung eines Klassenrats.
Regeln des sozialen Miteinanders sollten regelmäßig einer Prüfung durch alle am System „Schulklasse" beteiligten Personen unterzogen werden. Dazu können ritualisierte Formen der Gesprächskultur verwendet werden.

Literatur:

Blum, E. & Blum, H.J. (2012). *Der Klassenrat. Ziele, Vorteile, Organisation*. Mülheim an der Ruhr: Verlag an der Ruhr.
Friedrich, B. (2014). *Praxisbuch Klassenrat: Gemeinschaft fördern, Konflikte lösen* (2. Aufl.). Weinheim: Beltz.
Gordon, T. (1999). *Lehrer-Schüler-Konferenz. Wie man Konflikte in der Schule löst*. (13. Aufl.). Hamburg: Heyne.
Lanig, J. (2004). *Gegen Chaos und Disziplinschwierigkeiten. Eigenverantwortung in der Klasse fördern*. Mülheim an der Ruhr: Verlag an der Ruhr.
Lohmann, G. (2015). *Mit Schülern klarkommen. Professioneller Umgang mit Unterrichtsstörungen und Disziplinkonflikten*. Berlin: Cornelsen.
Miller, R. (2005). *99 Schritte zum professionellen Lehrer. Erfahrungen, Impulse, Empfehlungen*. Seelze: Kallmeyer.

| Eine motivierende [...] Arbeitsatmosphäre schaffen | Kompetenzausprägung D |

Ich kann Strategien zur Lern- und Selbstmotivation anwenden, Strategien auch der selbstständigen Konfliktprävention, -intervention und -reflexion sinnvoll einsetzen sowie Lerngruppen zur konfliktfreien Kooperation anleiten.

Lehrkräfte sollten dazu in der Lage sein, ihren Schülern geeignete Strategien zur Lern- und Selbstmotivation zu vermitteln. Wichtige Strategien für eine höhere Lern- und Selbstmotivation sind nach Schmidt (vgl. 2011):
- sich realistische Ziele setzen,
- „Zeitdieben" auf die Schliche kommen,
- geeignete Belohnungen für gelungene Arbeit gezielt einsetzen,
- negative Gedanken eliminieren,
- sich von anderen Unterstützung holen,
- sich die eigenen Erfolge bewusst machen.

Viele Motivationsdefizite basieren auf einem (inneren oder äußeren) Konflikt. Laut Neubauer et al. (1992) liegt ein Konflikt dann vor, wenn:
- sich mindestens zwei Konfliktparteien gegenüberstehen,
- unvereinbare Handlungstendenzen vorhanden sind (durch unvereinbare Standpunkte, Motive, Interessen, Erwartungen, Einstellungen...),
- sie in ihrem Verhalten unvereinbar sind (sich die Parteien gegenseitig stören oder blockieren oder sich gegenseitig Schaden zufügen wollen).

Um mit Konflikten konstruktiv umgehen zu können, ist es wichtig, diese zunächst als natürlichen Teil des menschlichen Zusammenlebens zu begreifen (vgl. Kasper, 2010). Konflikte sind Gelegenheiten, Neues zu lernen, indem sie uns dazu auffordern, neue Ideen zur Lösung zu entwickeln und auszuprobieren. Lohmann (2015) sieht verschiedene Makrostrategien und Dimensionen, in denen im Sinne eines Classroom Managements bzw. Klassenführung (vgl. zur Einführung Nolting 2002) agiert werden kann.

Tab. 1: Strategien zur Umsetzung des Classroom Managements.

	Prävention (Planung)	Antizipation (Unterstützung)	Intervention (Aktion)	Problemlösung (Veränderung)
Beziehung	Kommunikation, Beziehungen aufbauen, Humor, Klassenklima fördern	Ermutigung, Belohnung, positive Anreiz-Systeme	Negative Gefühle vermeiden, Deeskalationsstrategien	Beziehungsförderung, Konfliktschlichtung, kooperativer Führungsstil
Disziplinmanagement	Rechte/Pflichten, Struktur/Organisation, Regeln/ Konsequenzen, Routinen, Rituale, Klassenrat	Nonverbale Kommunikation, Signale und zur Aufmerksamkeitsführung	Sofortaktionen bei Verhaltensproblemen und schweren Unterrichtsstörungen, Auszeit	Regeländerungen, Lehrer/Schüler-Konferenzen, Verträge, Hilfen zur Selbststeuerung
Unterricht	Lernvoraussetzung, Reduktion	Aufmerksamkeit erhalten, Pausen	Methodenwechsel, Sozialform	Evaluation Lernförderung

Der Umgang mit Konflikten in der Schule verläuft in Form von Prävention und Intervention. Die Mitglieder im System Schule müssen vorrangig präventiv an ihren Beziehungen arbeiten, diese stetig zu optimieren versuchen, um Konflikte bereits im Vorfeld entschärfen zu können. Die gängige Praxis an Schulen, die auf Konfliktlösung durch Repression unter Anwendung von Macht und Gesetzen setzt, kann kaum dabei helfen, achtsames Handeln der Mitglieder im System Schule zu fördern. Einige Studien legen den Schluss nahe, dass Strafen die Einstellung und das Verhalten von Schülern nicht nachhaltig verändern können (vgl. Lanig, 2004). Gesetze und Vorschriften haben ihre Berechtigung, sollten es aber nicht verhindern, Konfliktlösungen in der Regel durch Kommunikation und Kooperation zu bewirken.

Zur Konfliktprävention ist es notwendig, eine dialogische Streitkultur in der Lerngruppe zu entwickeln. „Bei der dialogischen Streitkultur treten Entscheidungen von oben immer mehr zurück zugunsten von Lösungsversuchen im Gespräch, im Ringen um Interessenausgleich und das Finden fairer Regeln und Kompromisse, mit denen alle möglichst gleich gut leben können" (Kasper, 2010, S. 19). Es muss also zunächst ein gemeinsames Verständnis von Konfliktklärung als gemeinsames konstruktives Nachdenken über die beste Lösung eines Problems hergestellt werden, um Konflikte als echten Anlass zur Weiterentwicklung nutzen zu können. Das gemeinsame Grundverständnis kann sich in folgenden Handlungsweisen zeigen:

- Herstellung und regelmäßige Prüfung von Regelkatalogen,
- Stärkung von Mitbestimmung und Selbstständigkeit der Schüler bezüglich des Lernumfeldes und des Unterrichts,
- Regelmäßige Reflexion des Unterrichtsklimas und der Arbeitsatmosphäre (Schülerfeedback),
- Förderung sozialer Kompetenzen,
- Beratung Einzelner in Beratungsgesprächen.
- Pflege einer guten Kooperation mit den Eltern,
- Austausch und Kooperation mit allen Kollegen, die eine Schulklasse unterrichten.

Beispiele für konkrete (Einzel-)Maßnahmen zur Prävention von Konflikten in einer Lerngruppe:

- Umsetzung von Jugendförderprogrammen, z. B. „Lions Quest" in Schule und Unterricht (siehe https://www.lions-quest.de/ [Zugriff am 06.08.2018].
- Gemeinsame außerschulische Aktivitäten mit der Lerngruppe (z. B. Klettern im Hochseilgarten, Ausflüge etc.).
- Kooperation mit außerschulischen Partnern und Teilnahme an nationalen Wettbewerben (z. B. „Jugend debattiert" im Unterricht; http://www.jugend-debattiert-nrw.de [Zugriff am 06.08.2018].

Im Umgang mit offenen Konflikten ist die Haltung der Lehrperson ganz entscheidend für dessen Bewältigung. Nur wenn wir uns dafür entscheiden, echtes Interesse am anderen sowie Offenheit und Authentizität im Umgang mit den eigenen Gefühlen zu zeigen, können wir produktiv mit Konflikten umgehen. Zur Konfliktlösung ohne Niederlagen schlägt Gordon (1999) folgendes Gesprächsmodell vor:

Stufe 1: Definition des Problems/Konflikts – Klärung der Hintergründe und Beteiligten.
Stufe 2: Sammlung möglicher Lösungen.
Stufe 3: Wertung der Lösungsvorschläge durch die Schüler.
Stufe 4: Die Entscheidung – möglichst ohne Abstimmung eine Einigung über geeignete Lösungen erlangen.
Stufe 5: Die Realisierung der Entscheidung – Nachgespräche zu den gefundenen Lösungen und deren Umsetzung nach einer gemeinsam vereinbarten Zeit.
Stufe 6: Beurteilung des Erfolgs.

Bei dem Gesprächsmodell ist die Sprache der Annahme zu beachten. Der Lehrer sollte nie werten und keine Gewinner-Verlierer-Situation herstellen. Er sollte jederzeit die Wahrung der Würde aller Beteiligten sicherstellen. Wenn der Konflikt offen ausgebrochen ist, ist es sinnvoll, sich bei dessen Bewältigung an einem der verschiedenen Modelle, die es mittlerweile gibt, zu orientieren: das Streitschlichter-Programm, Schule ohne Rassismus – Schule mit Courage, No Blame Approach, Trainingsraumkonzept, Anti-Bullying-Programm u. a. bieten vielfältige Fortbildungen an, die konkrete Strategien im Umgang mit offenen Konflikten vermitteln (vgl. zur Einführung Rademacher 2011).

Vorgestellt werden soll beispielhaft hier der No Blame Approach nach Kasper (vgl. 2010), ein Ansatz der u. a. bei Mobbing wirkt, mit dem jeder Lehrer leicht arbeiten kann und der aus insgesamt drei Schritten besteht.

Schritt 1: Gespräch mit dem Opfer

Wenn eine Lehrkraft herausfindet, dass ein Kind schikaniert wird, holt dieser das Einverständnis der Eltern ein und spricht mit dem Kind über dessen Gefühle. Sie fragt nicht nach den Vorfällen, aber sie muss herausfinden, wer mitgemacht hat.

Schritt 2: Gespräch mit der Unterstützergruppe

Treffen mit der Unterstützergruppe (ohne Opfer) organisieren
Der Lehrer lädt die Schüler zu einem Treffen ein. Zur Gruppe gehören Täter, Mitläufer sowie Kinder, die nichts mit den Mobbing-Handlungen zu tun hatten, aber eine konstruktive Rolle bei der Lösung spielen können. Zusammen bilden diese Kinder eine Unterstützergruppe. Optimal ist eine Gruppe von sechs bis acht Kindern.
Problem erklären: Der Lehrer erzählt der Gruppe, wie sich das schikanierte Kind fühlt. Er bespricht nie Details der Vorgänge, sondern macht klar, dass er die Unterstützergruppe braucht, um dem Kind helfen zu können.
Keine Schuldzuweisungen: Der Lehrer weist keine Schuld zu, verdeutlicht aber, dass die Gruppe Verantwortung für ihr Handeln trägt und etwas verändern kann.
Nach Ideen fragen: Jedes Mitglied der Gruppe wird ermuntert, Vorschläge zu machen. Ziel ist: Das Opfer soll sich besser fühlen. Der Lehrer verstärkt die Antworten positiv, insistiert aber nicht und versucht nicht, den Kindern ein Versprechen für ein verbessertes Verhalten abzuringen.
Verantwortung übergeben: Der Lehrer schließt das Treffen ab, indem er die Verantwortung für die Problemlösung der Gruppe übergibt. Es wird ein weiteres Treffen vereinbart, um den weiteren Verlauf zu verfolgen.

Schritt 3: Nachgespräch mit allen Beteiligten
Ungefähr eine Woche später spricht der Lehrer mit jedem Schüler einzeln – einschließlich des Opfers – und fragt nach, wie sich die Dinge entwickelt haben. Weitere Nachgespräche sind möglich und erwünscht.

Literatur:

Gordon, T. (1999). *Lehrer-Schüler-Konferenz. Wie man Konflikte in der Schule löst.* (13. Aufl.). Hamburg: Heyne.
Kasper, H. (2010). *Konfliktmanagement. Im Garten des Menschlichen.* Lichtenau: AOL, S. 20-22.
Lanig, J. (2004). *Gegen Chaos und Disziplinschwierigkeiten. Eigenverantwortung in der Klasse fördern.* Mülheim an der Ruhr: Verlag an der Ruhr, S. 9-15.
Lohmann, G. (2015). *Mit Schülern klarkommen. Professioneller Umgang mit Unterrichtsstörungen und Disziplinkonflikten.* Berlin: Cornelsen Scriptor.
Neubauer, W.; Gampe, H. & Knapp, R. (1992). *Konflikte in der Schule. Möglichkeiten und Grenzen kooperativer Entscheidungsfindung* (4. Aufl.). Berlin: Luchterhand, S. 6-8.
Nolting, H. P. (2002). *Störungen in der Schulklasse. Ein Leitfaden zur Vorbeugung und Konfliktlösung.* Weinheim: Beltz.
Rademacher, H. & Altenburg-van Dieken, M. (2011). *Konzepte zur Gewaltprävention in Schulen. Prävention und Intervention.* Berlin: Cornelsen.
Schmidt, D. (2011*): Motivation: 88 Strategien, Impulse und Tipps für eine hohe Selbstmotivation*: Heidelberg: Springer.

Eine motivierende [...] Arbeitsatmosphäre schaffen — CHECKLISTE

A Ich kann Grundbedingungen für Lern- und Leistungsmotivation darstellen sowie Axiome der (Lehrer-Schüler-) Kommunikation erläutern.

Mein aktueller Standort:
Wenn ich an eine für mich typische Arbeitswoche denke, ...
- kann ich intrinsische Motivation bei Schülern erkennen.
- kann ich lernförderliche Aspekte benennen.
- kann ich Sach- und Beziehungsaspekte einer Nachricht erläutern.
- kann ich kongruente und nicht-kongruente Kommunikation erkennen.

B Ich kann Gründe für das Gelingen oder Misslingen von Beziehungen im Unterricht benennen sowie Ursachen von Unterrichtsstörungen situationsbezogen erkennen und deuten. Ich kann darüber hinaus eine positive Haltung gegenüber den Schülerinnen und Schülern einnehmen.

Mein aktueller Standort:
Wenn ich an eine für mich typische Arbeitswoche denke, ...
- sind mir Ursachen für Unterrichtsstörungen bewusst.
- analysiere ich schulische Kommunikationssituationen mit den vier Ohren von Schulz von Thun.
- führe ich bewusste Perspektivwechsel durch, indem ich einen systemischen Blick (siehe Lohmann) auf die Interaktion von Schülern richte.
- erkenne ich, ob Schüler intrinsisch lernen, indem ich sie während der Arbeitsphasen beobachte oder Metakommunikation betreibe.

So kann es gehen:
- Ich reflektiere schulische Konfliktsituationen (Welches Verhalten stört mich? Wofür führt die Person das Verhalten aus? Was sind für mich positive Anteile an dem Verhalten? Was kann ich anders machen?).
- Ich bitte eine Person in meinem Unterricht zu hospitieren und anschließend mir Rückmeldungen über meinen Umgang mit Unterrichtsstörungen zu geben.
- Ich evaluiere mit einem Fragebogen das Störempfinden der Lerngruppe.

C Ich kann motivierende Lernarrangements entwickeln, ausgewählte beziehungsförderliche Techniken der Gesprächsführung und Gemeinschaft fördernde Maßnahmen des Disziplinmanagements nutzen.

Mein aktueller Standort:
Wenn ich an eine für mich typische Arbeitswoche denke, ...
- reagiere ich auf Unterrichtsstörungen mit einer Änderung der Unterrichtsführung (Wechsel der Sozialform, kurze Wiederholung etc.).
- formuliere ich bewusst Ich-Botschaften und höre aktiv zu.
- nehmen ich und die Lerngruppen Bezug auf die Gesprächsregeln.
- nutze ich Sozialformen (speziell kooperatives Lernen), die soziales Lernen ermöglichen.

So kann es gehen:
- Ich führe einen Klassenrat ein.
- Ich nutze Interventionen zu Unterrichtsstörungen, die dem Eskalationsgrad der Störung entsprechen (Eskalationsstufen).
- Ich nutze niveaudifferenzierte Lernaufgaben, damit möglichst viele Schüler eine Herausforderung haben.

D   Ich kann Strategien zur Lern- und Selbstmotivation anwenden, Strategien auch der selbstständigen Konfliktprävention, -intervention und -reflexion sinnvoll einsetzen sowie Lerngruppen zur konfliktfreien Kooperation anleiten.

Mein aktueller Standort:
Wenn ich an eine für mich typische Arbeitswoche denke, ...
  reflektiere ich mit Lerngruppen gemeinsam Störungen.
  habe ich mit meinen Lerngruppen effektive Rituale entwickelt.
  habe ich Aktivitäten zur Förderung des Klassenklimas durchgeführt.
  reagiere ich angemessen gelassen auf Störungen.

So kann es gehen:
- Ich führe bei verminderter Konzentrationsfähigkeit der Lerngruppe ein Bewegungsspiel durch.
- Ich vereinbare mit den Schülern neuer Lerngruppen für uns bedeutsame Regeln.
- Ich delegiere Konflikte an die Streitschlichter.

E   Ich kann mich auf Basis reflektierter Erfahrungen von erfolgreichen Maßnahmen zur Schaffung einer konstruktiven und motivierenden Lernatmosphäre gewinnbringend in den Schulentwicklungsprozess einbringen.

Mein aktueller Standort:
Wenn ich an eine für mich typische Arbeitswoche denke, ...
  erinnere ich mich an die letzte Steuergruppensitzung.
  haben mir Schüler zurückgemeldet, was sie an meinem Unterricht gut fanden.
  gehe ich aufgrund der Lernatmosphäre gern in eine Lerngruppe.
  habe ich mich wertschätzend in einer Unterrichtsnachbesprechung über den gesehenen Unterricht geäußert.

So kann es gehen:
- Ich biete Kollegen das Hospitieren in meinen Lerngruppen an.
- Ich biete Referendaren und Praktikanten das Hospitieren in meinem Unterricht an.
- Ich teile meiner Lerngruppe mit, dass ich mich bei ihnen wohlfühle.

5.9 Lernstand diagnostizieren: *Maria Eloisa Imedio Murillo*

Kompetenz-ausprägung	Ich kann ...
A	unterschiedliche diagnostische Instrumente beschreiben und ihre Funktion erklären.
B	durch systematische und naive Beobachtung den Lernstand meiner Schüler beschreiben.
C	einzelne diagnostische Instrumente in meinem Unterricht einsetzten und Lernprodukte diagnostisch verwenden.
D	zielführend diagnostische Instrumente und meine pädagogischen Erfahrungen in meinem Unterricht einsetzen und deren Ergebnisse in meiner Unterrichtsplanung berücksichtigen.
E	auf der Basis pädagogischer Erfahrung und valider diagnostischer Instrumente diagnostizieren, um nachhaltig individuell zu fördern.

Lernstand diagnostizieren	**Kompetenzausprägung A**

Ich kann unterschiedliche diagnostische Instrumente beschreiben und ihre Funktion erklären.

Diagnose soll allgemein „sowohl individuelles Lernen optimieren als auch im gesellschaftlichen Interesse Lernergebnisse feststellen und den Übergang in verschiedene Lerngruppen, Kurse oder Bildungswege nach vorgegebenen Kriterien verbessern" (Ingenkamp & Lissmann 2008, S. 13ff.). Die Vielzahl unterschiedlicher diagnostischer Instrumente lassen sich grob in drei Gruppen einteilen:

- Diagnosemöglichkeiten des jeweiligen Bundeslandes (hier am Beispiel NRW)
- unterrichtsbegleitenden Diagnoseinstrumente und
- Diagnose durch Analyse der schriftlichen und mündlichen Arbeiten.

In der folgenden Tabelle sind einzelne Instrumente genauer dargestellt.

Tab. 1: Verschiedene Diagnoseinstrumente mit Funktionen und Hinweisen.

Diagnose-instrument	Funktion	Sonstige Hinweise
Diagnoseinstrumente des Landes		
Zentrale Lernstands-erhebungen[23] **(auch Diagnose- und Vergleichs-arbeiten genannt)**	Zentrale Lernstandserhebungen bzw./Vergleichsarbeiten in den Fächern Deutsch, Englisch, Französisch und Mathematik sind ein wichtiges Element einer wirksamen Standardsicherung. Die Ergebnisse liefern den einzelnen Lehrkräften, den Schulen, aber auch den Schulaufsichtsbehörden und Eltern Informationen über das Leistungsniveau der Schüler im innerschulischen und landesweiten Vergleich. Sie bieten damit differenzierte Hinweise auf den Förder- und Lernbedarf der Schüler und tragen dazu bei, die Unterrichtsqualität zu verbessern und die Vergleichbarkeit der schulischen Arbeit zu sichern.	Lernstandserhebungen werden in Nordrhein-Westfalen seit dem Schuljahr 2004/05 in der Grundschule und in den weiterführenden Schulen durchgeführt. Damit sie von den Schulen in Zukunft noch besser für die Förderung genutzt werden können und für die Schüler einen höheren Stellenwert erhalten, werden die Lernstandserhebungen seit dem Schuljahr 2006/07 bereits in den Klassen 3 und 8 (statt 4 und 9), durchgeführt. Auf diese Weise steht den Schulen mehr Zeit zur Verfügung, um die Schüler im Anschluss an die Lernstands-erhebungen gezielt im Hinblick auf die erwarteten Standards zu fördern. Seit dem Schuljahr 2006/07 können die Ergebnisse zentraler Lernstandserhebungen angemessen bei der Leistungsbewertung berücksichtigt werden.

---

[23] Entnommen aus https://www.schulentwicklung.nrw.de/e/lernstand8/informationen-fuer-lehrerinnen-und-lehrer/ziele/index.html [Zugriff am 10.07.2018].

Diagnose-instrument	Funktion	Sonstige Hinweise
Unterrichtbegleitende Diagnoseinstrumente		
Systematische Beobachtung[24]	Die Systematische Beobachtung individueller Lernprozesse benötigt weitere Instrumente zur Feststellung individueller Lernfortschritte in unterschiedlichen Kompetenzbereichen. Hierzu existiert eine ganze Reihe von **unverbindlichen Instrumenten**, die systematische Beobachtungen in den verschiedenen unterrichtlichen Grundformen unterstützen. So lassen sich beispielsweise im Rahmen der Interaktionsform „Gruppenarbeit" neben der fachlichen Kompetenz, Kompetenzen wie soziale Kompetenz, Methodenkompetenz etc. beobachten. Bei der Projektarbeit gilt der Beobachtungsfokus z. B. der Planungs-, Kommunikations- oder Selbstkompetenz. Je nach Beobachtungsschwerpunkt können spezifische Instrumente ausgewählt werden, wie Online-Tests, Portfolios oder Lerntagebücher.	Damit aus einer naiven Beobachtung eine systematisierte Methode wird, muss die Beobachtung • einem konkreten Diagnosezweck dienen, • in einen theoretischen Bezugsrahmen eingebettet sein, • systematisch geplant und durchgeführt werden, • kontinuierlich aufgezeichnet und • transparent für alle Beteiligten sein. Der Begriff „systematisch" meint, dass die Beobachtung innerhalb eines theoretischen Rahmens erfolgt und der Überprüfung bestimmter Hypothesen dient und dass die Fragestellungen zu dem angestrebten Ziel passen.
Kind-Umfeld-Analyse	Lernschwierigkeiten haben oft Ursachen im Umfeld (Schule, Familie, Freizeit) der Schüler. Durch die systemische Sichtweise der Kind-Umfeld-Analyse werden die Bezugsfelder der Kinder/der Jugendlichen in den Blick genommen; dazu müssen wir auch die veränderten Sozialisationsbedingung der Kinder und Jugendlichen und ihre Bedeutung für schulische Lern- und Arbeitsprozesse berücksichtigen. Die Analyse bedenkt auch, inwieweit Ressourcen aus dem Umfeld der Schüler zur Diagnose und individuellen Förderung genutzt werden können. Die Analyse der schulischen Lernsituation betrachtet: Selbstverständnis und Unterrichtsgestaltung des Lehrers, Beziehung des Schülers zu den Mitschülern, Klassenklima, Sitzplatz usw. Die Analyse des häuslichen Umfeldes bedenkt: den elterlichen Erziehungsstil, Bezugspersonen, Wohn- und ökonomische Verhältnisse, besondere Belastungen (Scheidung o. ä.).	
Diagnostisches Interview	Das Instrument dient dazu, sich mit dem Schüler über dessen Lernprozess auszutauschen und seinen Lösungsweg zu optimieren. Es macht die Lernvorgänge ersichtlich, die in Schülerarbeiten nicht immer erkennbar sind. Der Lehrer versucht im systematisierten Gespräch mit dem Schüler zusammen aufgabenspezifische Schwierigkeiten zu ermitteln.	Damit ein diagnostisches Interview gelingt, sollte vorher ein Gesprächsleitfragen erstellt werden.

---

[24] Siehe Kompetenzausprägung B und C.

Diagnose-instrument	Funktion
Reflexion des eigenen Lernens durch den Lernenden	Es ist wichtig, dass der Schüler in den förderdiagnostischen Prozess einbezogen wird, dass er lernt, Verantwortung für sein eigenes Lernen zu übernehmen. Dazu müssen Sie mit ihm geeignete Strategien einüben und ihm helfen, sich ein Dokumentationsrepertoire anzueignen, aus dem seine eigene Arbeit ersichtlich wird: • **„Lautes Denken"** (s. o.) kann auch vom Lernenden alleine praktiziert werden – durch das explizite Verbalisieren seiner Vorgehensweise werden ihm seine Stärken und Schwächen bewusst. • **Lerntagebuch**: Der Lernende soll seine Lösungsstrategien, Fragen, Erfahrungen und Schwierigkeiten notieren (je nach Fähigkeit des Lernenden als Grundlage der Selbstreflexion oder als Basis für das Gespräch mit der betreuenden Lehrkraft).
Lernpartnerschaft	Immer zwei Schüler unterstützen sich beim Umgang mit Problemen, sie sprechen dabei über ihre Strategien und Lösungswege und werden so vertraut mit der „Lernbiografie" des anderen. Diese Partnerschaften können über „Lernpartnerannoncen" bzw. „Partner Rendezvous" gefunden werden, sie können im Unterricht als Helfersystem eingesetzt werden.
„Klassenrat" als Diagnose zum Leistungsstand der Lerngruppe	Dabei gibt die Lehrkraft der Lerngruppe regelmäßig Gelegenheit, sich über ihre Lernerfahrungen auszutauschen. So erhalten Sie Rückmeldung über mögliche aufgabenbezogene Probleme und Verständnisprobleme. Die Schüler selbst finden über diese Form der Kommunikation eine gemeinsame Sprache – im Sinne von Begriffsbildung – zum Lernen.

Analyse schriftlicher und mündlicher Schülerarbeiten bzw. -leistungen

Diagnose-instrument	Funktion	Sonstige Hinweise
Traditionelle (schriftliche) Instrumente: Klassenarbeiten, Klausuren, schriftliche Übungen	Solche Diagnoseinstrumente dienen der lernprozessnahen Überprüfung des Lernerfolgs. In der Regel orientieren sie sich am Verlauf der zurückliegenden Unterrichtseinheiten und werden für einzelne Klassen vom jeweiligen Lehrer zusammengestellt. Die Beurteilung der „Messqualität" unterliegt dabei dem pädagogisch-didaktischen Expertenurteil des einzelnen Lehrers	Dieser pädagogisch-didaktische Handlungsspielraum führt dazu, dass die Klassendurchschnitte nur eingeschränkt zu Klassenvergleichen und zur Qualitätsentwicklung herangezogen werden können. Nutzen Sie Schülerarbeiten dazu etwa Klassenarbeiten, Tests, Hausaufgaben, um sich Einblick in Vorgehensweise und Probleme des Lernenden zu verschaffen: • Wie ist der Lernende bei der Bearbeitung vorgegangen (Strategien, Arbeitsschritte...)? • Welche Schwierigkeiten sind aufgetreten? • Wo liegen Ursachen für die Fehler des Lernenden? Vergleichen Sie schwache und gute Schülerarbeiten und ermitteln Sie spezifische Abweichungen. Damit Sie den individuellen Lösungsweg nachvollziehen können, lassen Sie den Schüler Frage, Weg, Ergebnis, Nebenrechnungen, Bearbeitungsschritte usw. schriftlich festhalten! In einem anschließenden Gespräch können Sie seine individuellen Schwierigkeiten sehen.

Diagnose-instrument	Funktion	Sonstige Hinweise
Diagnose von Schülerleistungen durch Begriffsnetze (Concept Mapping)	Ein Verfahren, das es zumindest ansatzweise erlaubt, Einblick in die Begriffswelt der Schüler zu nehmen. Wenn es gelingt, zu diagnostizieren, welche Begriffe z. B. im Sinne der Naturwissenschaften verstanden wurden, ob sie für Erklärungen, in Diskussionen und Gesprächen fachgerecht genutzt werden, kann auch über entsprechende Förder- und Unterstützungsmaßnahmen entschieden werden. *Quantitative Auswertung* Die Begriffsnetze können neben der qualitativen Auswertung auch quantitativ ausgewertet werden. Sie stellen dann – immer vorausgesetzt es passt in das pädagogische Konzept der Lehrkraft – eine Variante der Leistungsmessung dar, die nicht auf auswendig Gelerntem beruht, sondern Verständnis abfragt. Kriterien für gute oder schlechte Maps können sein: • Wurden alle Begriffe verwendet? • Welche Anzahl an Verbindungen wurde hergestellt? • Stimmt die Richtung der Pfeile? • Wurden die Pfeile beschriftet? • Wie ist die Qualität der Beschriftungen? • Ist die Map übersichtlich? • Wurden Symmetrien genutzt?	• Zur Erhebung von Vorverständnis zu Beginn eines neuen Themas • Zur Diagnose von Begriffsverständnis nach einer Einheit • Zur Überprüfung, als Leistungskontrolle • Als Gruppenpuzzle zur Arbeit an Begriffsbildung
Portfolio[25], schriftliche Hausarbeit, Projekt (auch Experiment), Referat bzw. jegliche Form der Präsentation etc.	Hierbei sollen die Schüler selbstständig ein Thema erarbeiten und ihre Ergebnisse in Form einer Präsentation oder schriftlichen Ausarbeitung darstellen. Die **„Gleichwertige Feststellung von Schülerleistungen"** (GFS) steht in direktem Zusammenhang mit selbstverantwortetem und selbstgesteuertem Lernen, sowie der individuellen Methoden- und Medienkompetenz der Schüler.	Im Kontext von individueller Förderung bewegen wir uns jedoch im Bereich individueller Bezugsnormen, so dass die individuellen Ergebnisse in diesem Kontext neu interpretiert werden müssen.

---

[25] siehe Kompetenzausprägung C.

Diagnose-instrument	Funktion	Sonstige Hinweise
Facharbeit in der Oberstufe	Die Facharbeit ist eine umfangreiche schriftliche Hausarbeit und selbstständig zu verfassen. Facharbeiten sind besonders geeignet, die Schüler mit den Prinzipien und Formen selbstständigen, wissenschaftspropädeutischen Lernens vertraut zu machen. Ziel der Facharbeit ist es, dass die Schüler beispielhaft lernen, was eine wissenschaftliche Arbeit ist und wie man sie schreibt. Vom Referat unterscheidet sich die Facharbeit durch eine Vertiefung von Thematik und methodischer Reflexion sowie durch einen höheren Anspruch an die sprachliche und formale Verarbeitung. Auch die Facharbeit kann zu diagnostischen Zwecken und Förderempfehlungen im Rahmen des selbstständigen, wissenschaftspropädeutischem Lernens genutzt werden.	Die Facharbeit ist für alle Schüler obligatorisch. Sie ersetzt nach Festlegung durch die Schule eine Klausur. Dabei wird möglichst die Wahl der Wunschfächer der Schüler berücksichtigt. Die Facharbeit stellt eine besondere Vorbereitung des wissenschaftspropädeutischen Lernens dar.
Kommunikationsprüfungen in den modernen Fremdsprachen[26]	Mündliche Ausdrucksfähigkeit, Präsentationskompetenz und Diskursfähigkeit haben für die Vorbereitung der Schüler auf Beruf und Studium einen hohen Stellenwert. Die Stärkung der mündlichen Ausdrucksfähigkeit ist daher auch ein Schwerpunkt der Weiterentwicklung des Fremdsprachenunterrichts und spiegelt sich in den detaillierten Kompetenzerwartungen der fremdsprachlichen Kernlehrpläne, Richtlinien und Lehrpläne in Nordrhein-Westfalen für alle Schulformen und -stufen. Schüler sollen im Fremdsprachenunterricht Gelegenheit erhalten, ihre mündlichen Kompetenzen systematisch auszubauen und zu erproben. Zur Überprüfung mündlicher Kompetenzen in den modernen Fremdsprachen wird ab dem Schuljahr 2014/15 eine mündliche Prüfung im Fach Englisch anstelle einer Klassenarbeit am Ende der Sekundarstufe I eingeführt. In der gymnasialen Oberstufe wird dann in der Qualifikationsphase in einem der ersten drei Halbjahre der Qualifikationsphase eine Klausur in den modernen Fremdsprachen durch eine mündliche Prüfung ersetzt.	

Literatur:

Ingenkamp, K. H. & Lissmann, U. (2008). *Lehrbuch der Pädagogischen Diagnostik* (6. Auf.). Weinheim: Beltz.

---

[26] https://www.standardsicherung.schulministerium.nrw.de/cms/muendliche-kompetenzen/angebot-sekundarstufe-i/ [Zugriff am 10.07.2018]

Lernstand diagnostizieren — Kompetenzausprägung B

Ich kann durch systematische und naive Beobachtung den Lernstand meiner Schüler beschreiben.

Wer erfolgreich unterrichten will, muss sowohl über die *Lerndispositionen* als auch über die Lernergebnisse seiner Schülerinnen und Schüler Bescheid wissen. „Guter" Unterricht ist nach Miller (2004, S. 184) eingebettet zwischen Diagnose und Evaluation und somit ein Regelkreis zwischen Ursache und Wirkung (siehe Abbildung 1):

Diagnose als Lernstanderhebung

Evaluation als Lernüberprüfung   Unterricht als Lernförderung

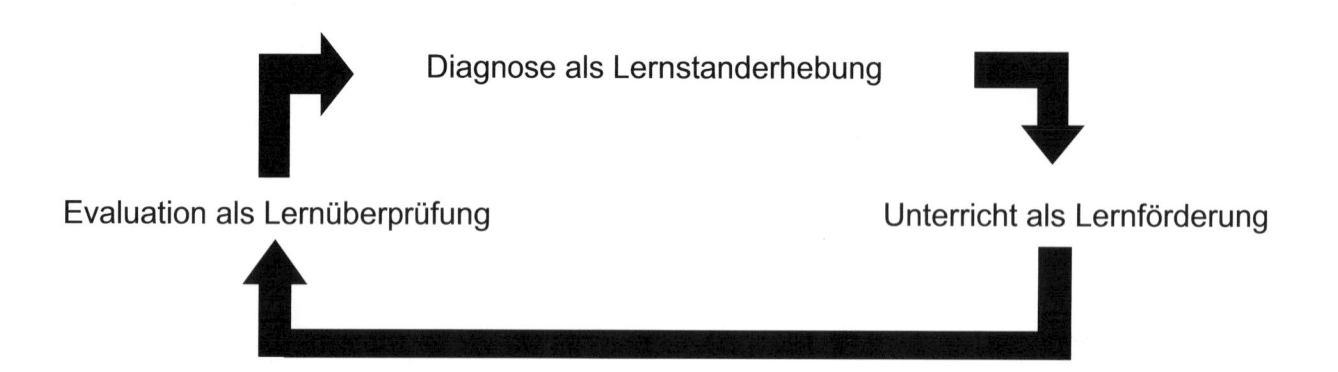

Abb. 1: Regelkreis von Diagnose und Förderung (vgl. ebd.).

Gewiss haben Lehrkräfte schon immer auch „diagnostiziert" durch Beobachtungen, durch mündliche Befragung und schriftliche Arbeiten. Dies geschah vermutlich aber eher sporadisch und nicht systematisch. Spätestens seit der PISA-Studie zu Beginn der 2000er Jahre findet Diagnose eine stärkere Beachtung im Schulbereich. Denn nur durch angemessene Diagnose kann es eine echte individuelle Förderung geben.

Zu einer veränderten Sicht auf das System Schule gehört auch ein anderes Verständnis von Diagnose. Im Mittelpunkt muss die systemische und ganzheitliche Sichtweise von Kindern stehen. Das bedeutet, dass die Lehrer von einer einmaligen und an Normen orientierten Statusdiagnose wegkommen. Nur so können Lernverhalten von Schülern sowie aufgabenspezifische Schwierigkeiten sinnvoll beobachtet und beurteilt werden. Die Lehrer müssen eine mehrperspektivische Betrachtungsweise einnehmen, welche die lebensweltliche Systeme der Kinder und kontinuierliche Lernprozessbeobachtungen integriert (vgl. Eberwein & Knaur, 2003).

Im Folgenden wurde zur exemplarischen Verdeutlichung das diagnostische Instrument der „systematischen Beobachtung" gewählt. Grundsätzlich ist Beobachtung „die absichtliche, aufmerksam-selektive Art des Wahrnehmens, die ganz bestimmte Aspekte [...] von anderen betrachtet" (Graumann, 1966, S.86). In der Wissenschaftstheorie wird häufig zwischen naiver und systematischer oder wissenschaftlicher Beobachtung unterschieden. Die vier wesentlichen Merkmale einer systematischen Beobachtung sind nach Greve & Wentura (vgl. 1997, S. 13):

- Es wird eine Absicht bzw. eine Annahme überprüft,
- es werden systematisch bestimmte Merkmale selektiert,
- es erfolgt die Auswertung der erhobenen Daten,
- es gelten Kriterien der Reproduzierbarkeit.

Insbesondere die letzten beiden Merkmale verdeutlichen die Abgrenzung zu einer echten wissenschaftlichen Beobachtung, da ein Lehrer im Alltag nicht die Ressourcen hat, umfassende Daten zu erheben und aufwändig auszuwerten. Gleichwohl können Beobachtungen, wenn sie den ersten beiden Merkmalen im Sinne einer Aktionsforschung (vgl. genauer Altrichter & Posch, 2018) als eine systematische Beobachtung gelten.
Die gesamte Bandbreite der Beobachtungen kann nicht ohne weiteres in den Unterrichtsalltag integriert werden, sondern bedarf vielmehr „einer konzeptionellen Verankerung im gesamten Unterrichtsverlauf" (Bohl 2005, S. 93). Bohl benennt sieben Aspekte (vgl. ebd., S. 93 ff.):

1. *Transparenz des Beobachtungsverfahrens*: Die Schüler werden in die Verfahren und Kriterien der Bewertung eingeführt.
2. *Beobachtungsbogen mit gemeinsam festgelegten Kriterien*: Vorhandenen Beobachtungsbögen können Lehrkräften und Lernenden zur Standortbestimmung dienen. In einem nächsten Schritt können dann ggf. ähnliche Bögen individuell von den Lehrerteams zusammen mit den Schülern entwickelt und eingesetzt werden.
3. *Beobachtungszeiträume festlegen*: Es wird festgelegt, wie viele Beobachtungsstunden für jeden einzelnen Jugendlichen notwendig sind und welcher Zeitraum für die gesamte Klasse angesetzt ist (möglicherweise mehrere Monate).
4. *Vor- und Nachbearbeitung*: Eine gute systematische Beobachtung im Unterricht ist aufwändig und muss vor- und nachbereitet werden.
5. *Beobachtung erfordert Ruhe und Zeit*: Die Beobachtungstätigkeit muss deutlich im Vordergrund stehen. Andere Aufgaben (z. B. Beratung) können während der Beobachtungszeit nicht wahrgenommen werden. Dies sollte den Schülern gegenüber kommuniziert werden.
6. *Mehrperspektivität:* Kollegen bzw. Schüler sollten zur Mit- bzw. Selbstbeobachtung hinzugezogen werden, um Beobachtungsfehler und subjektive Eindrücke zu minimieren.
7. *Konsequenzen aus der Beobachtung*: Die Ergebnisse sollten öffentlich gemacht werden und in Beratungsgesprächen thematisiert werden.

Der besondere Schwerpunkt bei der systematischen Beobachtung liegt in der Schule auf folgenden Aspekten:

- der Wechselwirkung zwischen Umwelt (Familie, Schule, Freundeskreis, Alltag ...),
- der Herkunft, Lebensgeschichte und Sozialisation,
- dem Kontext und das eingebunden sein die Umwelt und
- der intellektuellen, sozialen, emotionalen Fähigkeiten der Schüler (die sehr unterschiedlich sein können).

Mithilfe solcher Beobachtungsschwerpunkte lassen sich validere Aussagen zu einzelnen Schülerinnen und Schülern ableiten (z.B. *Peter, hochintelligent, emotional sehr zurückhaltend, wenig Kontakt zu anderen; Lisa, normal intelligent, sehr lebendig, hat viel Kontakt zu anderen; Marie gehört zu den lernschwachen Kindern; emotional völlig unkontrolliert*).

Von zentraler Bedeutung bei der Diagnose von Lernbiografien ist die Einsicht, dass es keine Normalbiografie von Kindern gibt. Jeder Lernende hat eine individuelle Lebensgeschichte, das bedeutet, dass der Lehrer sich nicht an einem so genannten Normalschüler orientieren kann (vgl. ebd.). Zu beachten ist die Trennung von Beobachtung, Beschreibung und Interpretation bzw. Deutung. Wichtig ist, dass kein Defizitblick vorherrscht.

Statt eines Blickes auf die Behinderungen oder Probleme müssen die Fähigkeiten und Kompetenzen in den Vordergrund rücken. Gleichwohl ist die Subjektivität des Beobachters Teil des diagnostischen Prozesses. So wird dasselbe Verhalten auf den Beobachter lebendig, aktiv, oder überschäumend. Ein anderer Beobachter spricht eher von Hektik und Hyperaktivität (vgl. Miller, 2004, S. 92 f.). Daher sollte bei Beobachtungen immer erst beschrieben und erst dann bewertet werden.

Professionelle Beobachtungen stellen die Lehrkräfte vor große Herausforderungen, da Beobachterprozesse zahlreiche Fehlerquellen aufweisen. Insbesondere muss der Beobachter unvoreingenommen und damit ohne Vorurteile in die Beobachtung gehen. Darüber hinaus darf nicht von Einzelverhalten auf andere Merkmale geschlossen werden (z. B. ein sportlich aggressives Kind ist faul).

Grundsätzlich gibt es aber keine Linearität in der Erziehung bzw. im Lernprozess. Es besteht keine lineare Kausalbeziehung zwischen Diagnostik, Förderung und Verhaltensänderung. Allerdings kann systematische Diagnose einen wichtigen Beitrag dazu leisten, Bedingungen zu schaffen bzw. Anregungen und Unterstützung zu geben, damit die Schüler lernen können. Das Diagnoseinstrument der Beobachtung hat für den Schulunterricht eine besondere Relevanz. Dabei scheint es gewinnbringend, wenn Beobachtungen von mehreren Kollegen zusammengetragen werden, da dadurch ein zumindest etwas objektiveres Bild eines Individuums gezeichnet werden kann (vgl. Eberwein & Knauer, 2003).

Literatur:

Altrichter, H. & Posch, P. (2018). *Lehrerinnen und Lehrer erforschen ihren Unterricht: Unterrichtsentwicklung und Unterrichtsevaluation durch Aktionsforschung* (4. Aufl.). Bad Heilbrunn: Klinkhardt.

Eberwein, H. & Knaur, S. (2003). *Handbuch Lernprozesse verstehen*. Weinheim: Beltz.

Graumann, C.F. (1966). Grundzüge der Verhaltensbeobachtung. In E. Meyer (Hrsg.), *Wahrnehmung und Bewusstsein. Handbuch der Psychologie.* (Bd. 11). Göttingen: Verlag für Psychologie.

Greve, W. & Wentura, D. (1997). *Wissenschaftliche Beobachtung. Eine Einführung*. Weinheim: Beltz: PVU.

Miller, R. (2004). *99 Schritte zum professionellen Lehrer* (5. Aufl.). Seelze: Friedrich.

| **Lernstand diagnostizieren** | **Kompetenzausprägung C** |

Ich kann einzelne diagnostische Instrumente in meinem Unterricht einsetzen und Lernprodukte diagnostisch verwenden.

Neben dem zentralen Instrument der Beobachtung (vgl. Kompetenzstufe B) existiert eine Vielzahl anderer Diagnoseinstrumente. Das traditionelle Diagnoseinstrument stellen die Noten bzw. in der Grundschule die Beurteilungstexte in Form von Verbalbeurteilungen dar. In einer Institution mit Qualifikations- und Selektionsfunktion haben diese Diagnosen bzw. Bewertungen weiterhin Bedeutung. Sie stellen Strukturierungshilfen für Lernprozesse dar, geben Lehrkräften und Lernenden bei aller Problematik einer objektiven Leistungsbeurteilung eine Rückmeldung zum Leistungsstand.
Im Rahmen einer veränderten Lernkultur sind Bewertungen immer mit dem Blick auf eine *Förderplanung* zu sehen. Ständige Prüfungs- und Leistungssituationen (z. B. Klassenarbeiten, Tests oder Hausaufgabenüberprüfungen) können demotivierend und belastend wirken.
Von zentraler Bedeutung ist bei einer gelungenen Diagnose die Formulierung von klaren und transparenten Gütekriterien, nach denen die Qualität einer Lernleistung eingestuft werden kann. Im Idealfall werden diese Kriterien im Sinne einer *kommunikativen Validierung* mit den beteiligten Lehrkräften und Lernenden in einem gemeinsamen Verständigungsprozess über das gesamte Bewertungsverfahren festgelegt.
Hilfreich kann die Orientierung an sogenannten Kompetenzmodellen sein, in denen Leistungskriterien, differenzierende Indikatoren und Operatoren auf unterschiedlichen Anforderungsniveaus zugeordnet werden. Aufgrund der Tatsache, dass es Schülerinnen und Schülern manchmal schwer fällt fachliche Formulierung des Stoffgebietes korrekt einzuordnen, sollten typische Beispielaufgaben bei Bedarf zur Verfügung gestellt werden.
Im Folgenden sind einige zentrale Diagnoseinstrumente vorgestellt. Acht Beispiele mit Erläuterungen bietet z. B. das MKJS BW (vgl. 2009):

- Kompetenzraster,
- Portfolios,
- Lernkontrakte, Lernvereinbarungen, Lernverträge,
- Lerntagebücher,
- Präsentationen,
- Rückmeldebögen,
- Bewertungskonferenzen,
- Zertifikate.

Literatur:

Ministerium für Kultus, Jugend und Sport Baden-Württemberg (= MKJS BW) (Hrsg.) (2009). *Neue Lernkultur: Lernen im Fokus der Kompetenzorientierung. Individuelles Fördern in der Schule durch Beobachten – Beschreiben – Bewerten – Begleiten.* Verfügbar über: https://lehrerfortbildung-bw.de/s_sueb/allgschulen/bbbb/2_fokus/buch_bbbb.pdf [Zugriff am 10.07.2018].

| Lernstand diagnostizieren | Kompetenzausprägung D |

Ich kann zielführend diagnostische Instrumente und meine pädagogischen Erfahrungen in meinem Unterricht einsetzen und deren Ergebnisse in meiner Unterrichtsplanung berücksichtigen.

Wie in den Kompetenzstufen B und C bereits angesprochen, so ist der Einsatz diagnostischer Instrumente verbunden mit Maßnahmen zur individuellen Förderung (siehe auch Kompetenzbereich ‚Mit Heterogenität umgehen'). Die folgenden Abbildungen zeigen zwei mögliche Förderkreisläufe mit integrierten Fördermaßnahmen.

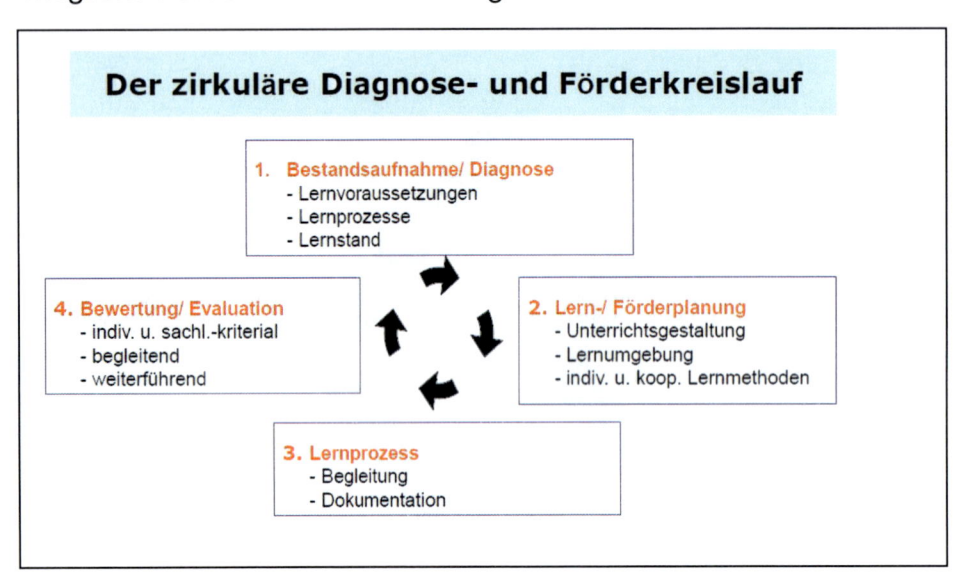

Abb. 1: Förderkreislauf A. Verfügbar über: https://www.ph-freiburg.de/fileadmin/dateien/fakultaet1/ew/ew1/Personen/holzbrecher/02.05.12_Lernprozesse_diagnostizieren_-_Lernwege_aufzeigen.pdf [Zugriff am 07.08.2018].

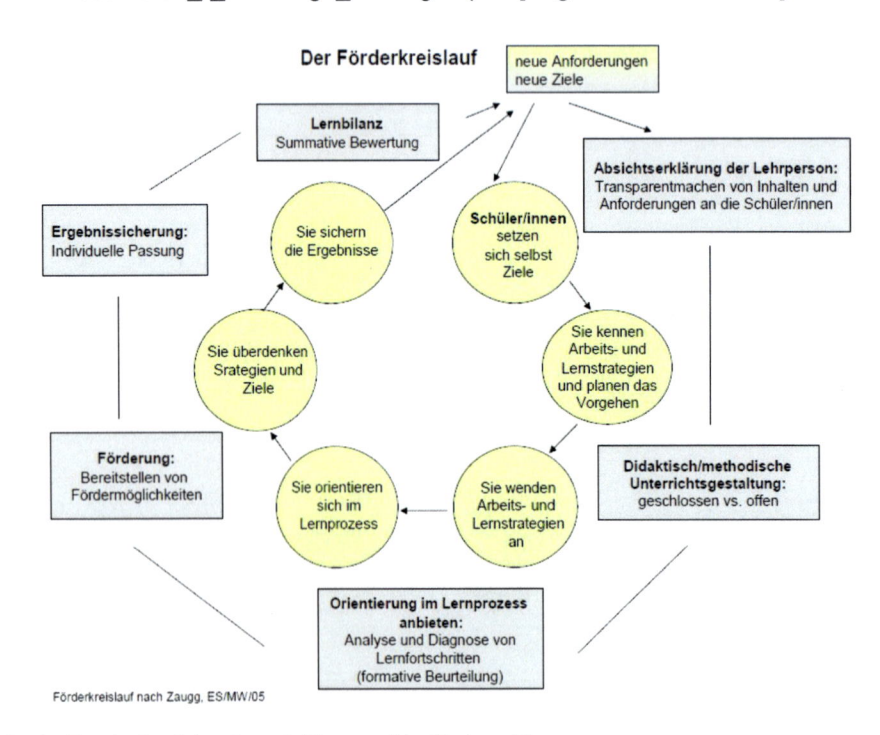

Abb. 2: Förderkreislauf nach Zaugg. Verfügbar über: http://lernarchiv.bildung.hessen.de/dia_foe/deutsch/d2/Foerderkreislauf_nach_Zaugg.pdf [Zugriff am 08.08.2018].

Bei der Verwendung solcher Förderkreisläufe greift die Planung von Unterricht konsequent auf zuvor erhobene Diagnoseinstrumente zurück. Planungsentscheidungen zu den Grundformen des Unterrichts, die nach Paradies (2009, S. 65) im Grunde „didaktische Erfindungen zur Inszenierung von Lehr- und Lernsituationen" darstellen, grenzen sich grundsätzlich methodisch, zeitlich, sozial und räumlich voneinander ab:

- z. B. durch die Bevorzugung bestimmter Sozialformen bzw. konkreter Handlungsmuster (Vortrag, Gespräch, Experiment etc.),
- durch einen unterschiedlichen zeitlichen Rhythmus (z. B. Lektionen- oder Epochenunterricht),
- durch das unterschiedliche Maß von Lehrerlenkung und Schülerselbstbestimmung oder durch die Gestaltung des Lernortes sowie der eingesetzten Medien (vgl. Paradies, 2009, S. 65 f.).

Jede Grundform bedient im Sinne der individuellen Förderung spezifische Kompetenzbereiche, die im Folgenden beispielhaft hervorgehoben sind:

Individualisierter Unterricht

- selbstorganisiertes Lernen,
- individuelle Lernschwerpunkte und Anforderungen,
- Aufbau von Methodenkompetenz,
- Wissensgenerierung durch Individualplanung (individuelles Lerntempo etc.),
- Übung und Wiederholen.

Kooperativer Unterricht

- soziales Handeln
- Selbsterfahrungen in Bezug auf Teamarbeit,
- Vermittlung von Handlungskompetenz und Selbstwertgefühl,
- Anwendung von Erlerntem.

Gemeinsamer Unterricht

- Vermittlung von Sach-, Sinn- und Problemzusammenhängen aus der Sicht des Lehrenden,
- hohe Vergleichbarkeit der individuellen Schülerleistungen.

Im Sinne der Förderkreisläufe schließt sich an die Planung des Unterrichts die individuelle Begleitung im Unterricht an. Im Kontext des sogenannten Begleitens dient das Bewerten im Unterricht in erster Linie zur Planung der individuellen Förderung. Ein mögliches Modell, um verschiedene Fördermöglichkeiten zu systematisieren bzw. die Unterrichtsbegleitung zu inszenieren, bietet der Ansatz von Hellrung (2011). Darin werden im Rahmen der Grundform „Individualisierter Unterricht" drei Arten der Förderung unterschieden:

Die direkte Förderung: Hierbei fördern Lehrkräfte direkt durch die explizite Vermittlung von Lernstrategien.

Die indirekte Förderung: Lehrkräfte fördern indirekt durch gestaltete Lernumgebungen (Lernarrangements), die zum Einsatz von Lernstrategien anregen.

Die Fremdregulation: Lehrkräfte fördern durch Fremdregulierung, wenn sie Lernenden einen konkreten Arbeitsauftrag geben.

Die folgenden Fragen können als Hilfestellung im Rahmen ihrer veränderten Unterrichtsplanung dienen (vgl. MKJS BW, 2009):

- „Welche Unterrichtsinhalte passen zu welchem Lernarrangement?
- Welche Lerngruppe passt zu welchem Lernarrangement?
- Welche individuellen Lernvoraussetzungen bringen die Lernenden mit?
- Kann ich mehrere Lernende zu heterogenen Teams zusammenfassen?
- Kann ich Schülerinnen und Schüler als Experten einbeziehen?
- Welche Ziele möchte ich mit den Schülerinnen und Schülern im Rahmen der nächsten Unterrichtseinheit bzw. dem nächsten Projekt erreichen?
- Wie gehe ich mit Kindern und Jugendlichen um, die vor der nächsten Unterrichtseinheit noch Defizite aufzuarbeiten haben?
- Mit welcher Unterrichtsorganisation begegne ich den unterschiedlichen Lernbedarfen?"

Darüber hinaus muss entschieden werden, mithilfe welchen Lernarrangements ein Begleiten im Sinne einer individuellen Förderung gelingen kann. Wichtig ist die grundsätzliche Entscheidung, ob gemeinsamer, kooperativer oder individualisierter Unterricht erfolgen soll:

- *Begleiten im gemeinsamen Unterricht* über individuelle Aufgabenstellungen, Arbeitsmaterialien bzw. Hausaufgaben. Diese sind nach unterschiedlichen Anforderungsniveaus aufbereitet. Die Lernende erhalten individuelle Arbeitsmaterialien bzw. unterstützen sich gegenseitig (z. B. Schüler als Lehrende, Einsatz von Advanced Organizer).
- *Begleiten im kooperativen Unterricht* über die Bildung von heterogenen Gruppen mit deutlichen Kompetenzzuwächsen im sozialen Lernen. Einsatz etwa von Projektarbeit, Gruppenpuzzle, Lerntempo-Duett, Zukunftswerkstätten.
- *Begleiten im individualisierten Unterricht* muss immer weitestgehend binnendifferenziert und nach Möglichkeit kompetenz-, aufgaben- und prozessorientiert sein. Ziel ist selbstbestimmtes bzw. selbstgesteuertes Lernen. Dabei müssen die Schüler in die Lage versetzt werden, sich selbst als lernendes Subjekt zu betrachten und damit ihren Lernprozess zu reflektieren und Schlussfolgerungen zu ziehen. Des Weitern müssen sie ihren Leistungsstand realistisch einschätzen können und auf dieser Grundlage individuelle Arbeits- und Lernziel festlegen. Grundvoraussetzung ist eine gewisse Kompetenz im Hinblick auf eigenständige Arbeitsmethoden. Im individualisierten Unterricht müssen ebenfalls Aufgaben auf verschiedenen Anforderungsniveaus zur Verfügung gestellt werden. Lernzirkel, Lerntheken, Arbeitspläne, Online-Diagnose und Lerntagebücher sind mögliche Methoden.

Ein weiteres zentrales Instrument des individuellen Förderns im Sinne des Begleitens sind individuelle Förderpläne. Sie dienen nicht nur der Überprüfung der Ziele oder der Qualitätssteigerung im Unterricht, sondern sind ein Instrument einer individuellen und damit auch ganzheitlichen Förderung von Schülern. Förderplanung ist als Prozessgeschehen zu verstehen, bei dem der Förderplan als zentrales Instrument zur individuellen Förderung angesehen wird. Dabei handelt es sich um ein Ablaufgeschehen, bei dem die einzelnen Schritte oder Stationen zeitlich, organisatorisch und inhaltlich zusammenhängen. Ein Förderplan ist eigentlich eine Art Vertrag zwischen Lernenden und Lehrpersonen. Dabei wird zunächst ein Stärken-/Schwächenprofil erstellt und dann gemeinsam vereinbart bzw. geplant, welche Kompetenzbereiche gefördert werden sollen. Diese Zielfestlegungen werden schriftlich fixiert und ermöglichen somit auch eine Erfolgskontrolle. Grundsätzlich sollte die Erstellung von Förderplänen in vier Schritten ablaufen:

- *Schritt 1:* Zuerst wird der Ist-Zustand erfasst und erhoben. Mit verschiedenen diagnostischen Mitteln werden Informationen erfasst und Daten zu einzelnen Bereichen erhoben.
- *Schritt 2:* Entsprechend dem Ist-Zustand werden Ziele formuliert. Je präziser und konkreter dies geschieht, desto einfacher werden dann die Arbeit mit dem Förderplan sowie die Evaluation.
- *Schritt 3:* Die festgeschriebenen Ziele sollen durch entsprechende Maßnahmen erreicht werden. Dazu wird ein individueller Förderplan erstellt, in dem Vereinbarungen zu sinnvollen Förder- und Änderungsmaßnahmen getroffen werden. Diese werden als schriftlich fixierte Vereinbarungen mit dem Lernenden in Form eines Förderplanes festgehalten. Es sollte auch festgehalten werden, welche Personen wie eingebunden bzw. verantwortlich sind, wie lange die Fördermaßnahme gilt und in welcher Form der Erfolg kontrolliert werden soll. In diesem Sinne ist der Förderplan ein Kontrakt zwischen Schüler und Lehrer sowie ggf. weiteren Beteiligten wie Eltern oder Schulpsychologen. Die Umsetzung des Förderplanes stellt die eigentliche Arbeit im Unterricht dar und nimmt somit die meiste Zeit in Anspruch. Im Rahmen der täglichen Unterrichtsarbeit werden die Lernenden begleitet. Die schriftliche Fixierung von Zielen und Verbindlichkeiten der getroffenen Vereinbarungen sind wichtige Bestandteile des pädagogischen Prozesses. Der fixierte Plan wird nach Bedarf individuell modifiziert, es erfolgen Absprachen mit allen beteiligten Personen. Zwischenzeitlich wird es sinnvoll sein, Zwischenauswertung einzubringen. Im Idealfall werden solche Zwischenauswertungen im Sinne von Meilensteinen vereinbart.
- *Schritt 4:* Zum Abschluss erfolgt die Bewertung der durchgeführten Maßnahmen (= Vergleich: Ziel und Ist-Zustand). Eine solche Zielkontrolle ist die Grundlage für eine Neuformulierung und Modifizierung neuer individueller Förderpläne und Zielvereinbarungen.

Literatur:

Hellrung, M. (2011). *Lehrerhandeln im individualisierten Unterricht. Entwicklungsaufgaben und ihre Bewältigung. Studien zur Bildungsgangforschung.* Bd. 30. Opladen: Budrich.

MKJS BW (= Ministerium für Kultus, Jugend und Sport Baden-Württemberg) (Hrsg.) (2009). *Neue Lernkultur: Lernen im Fokus der Kompetenzorientierung. Individuelles Fördern in der Schule durch Beobachten – Beschreiben – Bewerten – Begleiten.* Verfügbar über: https://lehrerfortbildung-bw.de/s_sueb/allgschulen/bbbb/2_fokus/buch_bbbb.pdf [Zugriff am 08.08.2018].

Paradies, L. (2009). Innere Differenzierung. In: I. Kunze & C. Solzbacher, C. (Hrsg.), *Individuelle Förderung in der Sekundarstufe I und II* (S. 65-74). Baltmannsweiler: Schneider.

| **Lernstand diagnostizieren** | **CHECKLISTE** |

A   Ich kann unterschiedliche diagnostische Instrumente beschreiben und ihre Funktion erklären.

Mein aktueller Standort:
Wenn ich an eine für mich typische Arbeitswoche denke, kann ich...
    die Funktionen von naiven Beobachtungen erklären.
    verschiedene Diagnoseinstrumente nennen.
    die Funktion von Leistungsfeststellungen erklären.
    die Funktion vom „Lauten Denken" erläutern.

B   Ich kann durch systematische und naive Beobachtung den Lernstand meiner Schüler beschreiben.

Mein aktueller Standort:
Wenn ich an eine für mich typische Arbeitswoche denke, ...
    kann ich die Vorkenntnisse meiner Lerngruppen benennen.
    habe ich das Arbeitsverhalten meiner Lerngruppen beobachtet.
    kann ich den Kompetenzstand im sozialen Lernen meiner Lerngruppen benennen.
    habe ich mir schriftliche Aufzeichnungen angefertigt oder Beobachtungsergebnisse gedanklich verankert.

So kann es gehen:
- Ich hospitiere in meiner Lerngruppe bei einem Kollegen und beobachte den Lernprozess.
- Ich halte mich in Arbeitsphasen zurück und beobachte den Lernprozess mit einem Diagnosebogen.
- Ich sammle Lernschwierigkeiten meiner Schüler.

C   Ich kann einzelne diagnostische Instrumente in meinem Unterricht einsetzen und Lernprodukte diagnostisch verwenden.

Mein aktueller Standort:
Wenn ich an eine für mich typische Arbeitswoche denke, ...
    ist meinen Lerngruppen bewusst, wann sie sich in einer Lern- oder Leistungssituation befinden.
    sind meinen Lerngruppen die Kriterien der Diagnose bekannt.
    nutze ich unterschiedliche Diagnoseinstrumente.
    führe ich sinnstiftende Kommunikation mit meinen Schülern über die Evaluationsergebnisse.

So kann es gehen:
- Ich setzte vor einer Klassenarbeit Diagnoseaufgaben ein, damit die einzelnen Schüler wissen, was sie noch üben müssen.
- Ich diagnostiziere das Vorwissen der Lerngruppe zu Beginn einer Unterrichtsreihe, indem ich jeden Schüler eine Mindmap erstellen lasse.
- Ich nutze verschiedene Diagnoseinstrumente, bevor ich Konsequenzen aus den Ergebnissen ziehe.

D **Ich kann zielführend diagnostische Instrumente und meine pädagogischen Erfahrungen in meinem Unterricht einsetzen und deren Ergebnisse in meiner Unterrichtsplanung berücksichtigen.**

Mein aktueller Standort:
Wenn ich an eine für mich typische Arbeitswoche denke, ...
- ziehen diagnostische Ergebnisse individuelle Förderung nach sich.
- sind Ergebnisse der individuellen Förderung Grundlage für eine erneute Diagnostik.
- berücksichtigt meine Unterrichtsplanung Ergebnisse der Diagnose.
- diagnostizieren sich Schüler zum Teil selbst.

So kann es gehen:
- Ich reflektiere mit einer Lerngruppe ihre Lernschwierigkeiten und wir überlegen gemeinsam, wie wir diese lösen können.
- Ich erstelle mit anderen Kollegen (multiprofessionell) Förderpläne für einzelne Schüler.
- Ich lasse einen Schüler mit einem vorgegebenen Diagnoseinstrument seinen Lernprozess beschreiben und führe anschließend ein individuelles Zielvereinbarungsgespräch.

E **Ich kann auf der Basis pädagogischer Erfahrung und valider diagnostischer Instrumente diagnostizieren, um nachhaltig individuell zu fördern.**

Mein aktueller Standort:
Wenn ich an eine für mich typische Arbeitswoche denke, ...
- sind diagnostische Instrumente auf ihr Ziel hin ausgewählt und in ein schulisches Konzept eingebettet.
- sind diagnostische Schwerpunkte im Schuljahr systematisch und kumulativ verteilt.
- wird die Kompetenzentwicklung der Lerngruppen dokumentiert.
- werden Diagnoseergebnisse mit verschiedenen beteiligten Personen (Schüler, Eltern, Lehrer etc.) regelmäßig diskutiert und systemisch Fördermaßnahmen entwickelt (Lerncoaching).

So kann es gehen:
- Ich stelle Schülern Hilfsmaterialien zur Orientierung bzw. zum Referenzieren zur Verfügung (Kompetenzraster) und lasse sie daraus individuelle Lernjobs entwickeln.
- Ich führe in Lerngruppen das dialogische Lernen z. B. in Form von Reisetagebüchern ein.
- Ich führe Lerncoaching-Gespräche, die lösungsorientiert, systemisch und wertschätzend sind.

5.10 Leistungen erfassen: *Lars Schmoll*

Kompetenz-ausprägung	Ich kann ...
A	die möglichen Instrumente und Verfahren zur Leistungsmessung in der Schule beschreiben sowie Vor- und Nachteile einzelner Beurteilungsinstrumente darlegen.
B	Instrumente und Verfahren der Leistungsrückmeldung sowie Materialien der Selbstkontrolle kriterienorientiert und adressatengerecht entwickeln.
C	vor dem Hintergrund zuvor formulierter transparenter Beurteilungskriterien verschiedene Leistungen der Lernenden sinnvoll dokumentieren und auswerten; sowie die Schüler zur gegenseitigen Leistungsrückmeldung anleiten.
D	Instrumente und Verfahren der kriterienorientierten Leistungsrückmeldung (Fremd- und Selbsteinschätzung) kontextuell passend auswählen und Bewertungen und Beurteilungen adressatengerecht begründen.
E	Leistungen von Lernenden auf der Grundlage transparenter, fach- und situationsgerechter Beurteilungsmaßstäbe erfassen, mich auf Beurteilungsgrundsätze mit Kollegen verständigen und ggf. gemeinsam mit meinen Schülern Perspektiven für das weitere Lernen entwickeln.

| Leistungen erfassen | Kompetenzausprägung A |

Ich kann die möglichen Instrumente und Verfahren zur Leistungsmessung in der Schule beschreiben sowie Vor- und Nachteile einzelner Beurteilungsinstrumente darlegen.

Das Erfassen von Leistungen gehört zum schulischen Alltag in allen Unterrichtsfächern. Eine sehr allgemeine Definition des Begriffes der Schulleistung findet sich bei Heller (1984, S. 15). Danach bezeichnet Schulleistung „das gesamte Leistungsverhalten im Kontext schulischer Bildungsbemühungen". Eine umfassendere Definition bieten Ingenkamp & Lissmann (2005, S. 131):

„Unter Schulleistung versteht man zusammengefasst die von der Schule initiierten Lernprozesse und Lernergebnisse der Schüler. Diese Lernleistungen können im Hinblick auf verschiedene Verhaltensdimensionen beschrieben und unter Bezug auf verschiedene Normen eingeordnet werden."

Es existiert eine Vielzahl verschiedener Verfahren zur Erfassung von Leistung. Die folgende Tabelle unterteilt in einer Vier-Felder-Matrix zwischen mündlich und schriftlich bzw. geschlossen und offen.

Tab. 1: Mögliche Verfahren der Leistungsbeurteilung.

	eher geschlossen	eher offen
Mündliche Leistungsfeststellungen	Mündliche Prüfungen, Beiträge in Unterrichtsgesprächen, Referate etc.	Beiträge in Diskussionen, Beiträge in Präsentationen etc.
Schriftliche Leistungsfeststellungen	Klassenarbeiten, Klausuren, Tests, Hausaufgaben, Facharbeiten, Heftführung etc.	Portfolio, Lernjournal, Lernkontrakte, Lerntagebücher Projektberichte etc.

Grundsätzlich haben alle Formen und Instrumente der Leistungsbeurteilung ihre Berechtigung. Die didaktische Literatur plädiert für eine sinnvolle Mischung und die Berücksichtigung eines pädagogischen Leistungsbegriffs (vgl. genauer z. B. Grunder & Bohl, 2004). Die möglichen Vor- und Nachteile der offenen bzw. geschlossenen Formen sind in der folgenden Tabelle dargestellt.

Tab. 2: Vor- und Nachteile verschiedener Formen der Leistungsbeurteilung.

mögliche Vorteile offener Formen:	mögliche Nachteile offener Formen
- produkt- und prozessbezogen - Möglichkeit individueller Förderung - eher schülerorientiert - ...	- aufwendig in der Auswertung - Kriterienkontrolle ist in Teilen schwierig - insgesamt zeitaufwendig - ...
mögliche Vorteile geschlossener Formen:	**mögliche Nachteile geschlossener Formen**
- Kontrolle der Beurteilungskriterien - Vergleichbarkeit - ...	- in Teilen unpädagogisch - Scheinobjektivität - ...

Literatur:

Grunder, H. U & Bohl, T. (Hrsg.) (2004). *Neue Formen der Leistungsbeurteilung. In den Sekundarstufen I und II* (2. Aufl.). Baltmannsweiler: Schneider.
Heller, K. A. (Hrsg.). *Leistungsdiagnostik in der Schule* (4. völlig neubearbeitete Aufl.). Bern: Huber.
Ingenkamp, K. & Lissmann, U. (2005). *Lehrbuch der pädagogischen Diagnostik* (5., völlig überarbeitete Aufl.). Weinheim, Basel: Beltz.

Leistungen erfassen	Kompetenzausprägung B

Ich kann Instrumente und Verfahren der Leistungsrückmeldung, sowie Materialien der Selbstkontrolle, kriterienorientiert und adressatengerecht entwickeln.

Leistungsbeurteilung muss zwingend auf der Grundlage vorher klar festgelegter Beurteilungskriterien erfolgen. Diese müssen der Lerngruppe mitgeteilt bzw. sollte gemeinsam mit der Lerngruppe festgelegt werden (Transparenz).
Wie eine Schülerleistung letztendlich beurteilt und mit welcher Note sie belegt wird, hängt darüber hinaus von der verwendeten Bezugsnorm am. Grundsätzlich lässt sich eine Unterscheidung nach drei Bezugsnormen vornehmen:

- die soziale Norm,
- die individuelle Norm,
- sachliche oder externe Norm.

Die *soziale* Norm wird zumeist als klasseninternes Bezugssystem angewandt. Das heißt, die Benotung der Leistungen hängt von den Leistungen der Mitschüler ab. Ein Nachteil sind Benotungsunterschiede einzelner Schüler, denn die Note hängt davon ab, ob der Schüler einer sehr leistungsstarken oder einer eher leistungsschwachen Klasse angehört. Ein zweiter Nachteil der sozialen Bezugsnorm liegt darin, dass Lernzuwächse ausgeblendet werden. Ein weiteres Problem der sozialen Norm liegt darin, dass eine eventuell vorhandene generelle Leistungssteigerung der Klasse verschwiegen wird, was sich sehr negativ auf die Motivation auswirkt. Reinberg (2002) bezeichnet diese Probleme als die *drei blinden Flecken* der sozialen Bezugsnorm. Aber auch die anderen Bezugsnormen haben ihre blinden Flecken.
Bei der *individuellen* Bezugsnorm wird ein aktuell erzieltes Ergebnis daran gemessen, was der Schüler auf diesem Gebiet zuvor erreicht hat. Problematisch sind die individuellen Bezugsnormen in zweifacher Hinsicht. Bei alleiniger Nutzung der individuellen Bezugsnorm müsste jemand, der sich von einer eher ‚schlechten' Leistung auf eine ‚durchschnittliche' Leistung verbessert hat, eine bessere Note bekommen, als jemand, der konstant ‚gute' Leistungen erbracht hat. Daraus resultiert ein zweites Problem, dass nämlich jemand, der seine Fähigkeiten ausschließlich auf der Grundlage seiner eigenen Entwicklungen beurteilt, eine ausgesprochen wichtige Informationsquelle zu sich selbst verliert. Dadurch kann es zu falschen Vorstellungen der eigenen Fähigkeiten kommen und später zu Enttäuschungen führen.
Sachliche Bezugsnormen richten sich nach bestimmten Mindestkompetenzen, die für eine bestimmte Note erreicht werden müssen. In der Schule ist häufig der Lehrplan ein Anker für eine sachliche Bezugsnorm. Darüber hinaus folgen zentrale Abschlussprüfungen der sachlichen Bezugsnorm. Die sachliche oder externe Bezugsnorm hat allerdings ebenfalls ihre ‚blinden Flecken'. Rheinberg (2002) sieht diese einmal im Ausblenden des Zustandekommens der Leistung. Die sachliche Normierung informiert lediglich über die jeweils erreichten Lernfähigkeiten oder Fertigkeiten. Darüber hinaus sind sachliche Bezugsnormen unsensibel gegenüber Lernfortschritten. Folgt man Heckhausen (z. B. 1989), so wäre es wünschenswert, Schüler nach verschiedenen Bezugsnormen zu bewerten. Dabei soll die individuelle Bezugsnorm die Leitfunktion übernehmen, ohne dass andere Bezugsnormen ignoriert werden. Dies hat nach Rheinberg (1989) auch positive Auswirkung auf die Motivation.

Ein wichtiger Bestandteil einer kompetenten Leistungsfeststellung ist die Vermeidung von Beurteilungsfehlern. Wohl wissend, dass Leistungsbeurteilung immer ein Stück weit subjektiv sein muss, sollten die folgenden Beurteilungsfehler weitestgehend vermieden werden (vgl. genauer z. B. Jürgens, 2005, Sacher, 1994):

- *Halo- oder Hofeffekt*: Der Lehrer schließt von einem hervorstechenden Merkmal auf andere Persönlichkeitsmerkmale (z. B. Lukas ist immer sehr ordentlich und stört wenig, dementsprechend muss seine Note in der sonstigen Mitarbeit mindestens eine drei sein).
- *Kontrast-Fehler:* Beobachtungen werden in Relation zueinander beurteilt (z. B. wird ein Intensivmediziner, der täglich mit schwertraumatisierten Patienten zu tun hat, eine starke Blutung anders bewerten als ein Psychiater).
- *Mildefehler* entstehen während des Beurteilungsprozesses, wenn Lehrer bei guten Leistungen zu besonders günstigen Bewertung kommen. Schlechte Leistungen werden dagegen nur gering gewichtet (z. B. erinnert sich Lehrer F. bei Carina an eine besonders gelungene Hausaufgabe und übersieht bei der Benotung, dass die Schülerin sich sonst kaum am Unterricht beteiligt).
- *Strengefehler* entstehen, wenn Lehrer dazu neigen, auch schon kleinere Mängel in Leistungen sehr stark zu gewichten (z. B. kann sich der Schüler Robin nicht besonders gut ausdrücken. Seine Antworten sind zum Teil etwas ungenau. Robin beteiligt sich aber sehr rege und kontinuierlich am Unterricht).
- *Tendenz zur Mitte*: Lehrer neigen dazu, dass strenge Urteile vermieden werden. Sacher (1994) begründet dies mit einer gewissen Entscheidungsunlust bzw. Ängstlichkeit der Lehrer, „denn Urteile nahe an der Mitte sind in aller Regel leichter zu vertreten und ecken kaum jemals an (ebd., S. 41).
- *Logischer Fehler*: Hier vollziehen Lehrer eine für sie ‚logische Kette' und blenden Unpassendes aus (z. B. weiß Lehrer F., dass der Schüler Pascal in Deutsch und Mathe eine schlecht Note bekommen wird und seine Versetzung gefährdet ist. Die Gefahr besteht, dass Pascal von Herrn F. eine schlechtere Note bekommt als er eigentlich verdient).
- *Reihenfolge-Effekte*: Bei der Integration von Einzelbeobachtungen zu einem Gesamteindruck spielen der erste Eindruck (*Primacy-Effekt*) und die letzte Beobachtung (*Regency-Effekt*) eine besondere Rolle, weil sie besser erinnert werden (z. B. hat sich Meike in den letzten zwei Wochen vereinzelt am Unterrichtsgespräch beteiligt, bis dahin aber nahezu gar nichts gesagt).
- *Projektion*: Menschen neigen dazu, eigene Gefühle auf ihr Gegenüber zu projizieren (z. B. schließt man von sich auf andere und ein Lehrer mit Wut im Bauch schließt leichter darauf, er habe es nur mit aggressiven und unmotivierten Schülern zu tun und beurteilt dementsprechend strenger).

Literatur:

Heckhausen, H. (1989). *Leistung und Handeln*. Berlin: Springer.

Jürgens, E. (2005). *Leistung und Beurteilung in der Schule. Eine Einführung in die Leistungs- und Bewertungsfragen aus pädagogischer* Sicht (6., aktualisierte und stark erweiterte Aufl.). Sankt Augustin: Academia.

Rheinberg, F. (2002). Bezugsnormen und schulische Leistungsbeurteilung. In Weinert, F. E. (Hrsg.), *Leistungsmessungen an Schulen* (2. Aufl.) (S. 59-72). Weinheim, Basel: Beltz.

Sacher, W. (1994). *Prüfen – Beurteilen – Benoten. Theoretische Grundlagen und praktische Hilfestellungen für den Primar- und Sekundarbereich*. Bad Heilbrunn: Klinkhardt.

| Leistungen erfassen | Kompetenzausprägung C |

Ich kann vor dem Hintergrund zuvor formulierter transparenter Beurteilungskriterien verschiedene Leistungen der Lernenden sinnvoll dokumentieren und auswerten sowie die Schüler zur gegenseitigen Leistungsrückmeldung anleiten.

Im Rahmen dieser Kompetenzausprägung ist die so genannte kommunikative Validierung von Bedeutung. Diese zeigt sich in einer Kultur der Verständigung über den gesamten Bewertungsprozess bzw. über den Prozess der unterrichtlichen Handlungseinheit. Zur Vermeidung von Missverständnissen: Damit ist keinesfalls die Übergabe des Bewertungsmonopols an Schüler oder eine leistungs- und anstrengungsarme Schulwirklichkeit gemeint. Im Gegenteil: Die Frage des Leistungsanspruches ist zentral und wird insbesondere vom Niveau der einzelnen Bewertungskriterien bestimmt.

Menschen beschreiben, konstruieren und reflektieren über ihre Erfahrungen, ihre Beobachtungen und ihre Wirklichkeit mit Hilfe von Sprache. Die unterschiedlichen Sichtweisen müssen zusammengeführt werden. In jüngster Zeit hat insbesondere die konstruktivistische Didaktik auf die Bedeutung dieses grundlegenden Aspektes hingewiesen, denn „gerade, weil wir lebensgeschichtlich geprägte unterschiedliche Erfahrungen gemacht haben, müssen die Differenzen und unterschiedliche Deutungen zur Sprache gebracht und verglichen werden" (Siebert 1994, S. 57).

Die Verständigung über Sprache erfolgt in Wechselwirkung mit Handlungen. Der Verständigungsprozess von Schülern wird erleichtert, wenn über gemeinsam erfahrene Handlungen reflektiert wird. So können Bewertungskriterien von Lernenden (und Lehrkräften) erst in den individuellen Sinnzusammenhang eingefügt werden, wenn diese eingeübt und erprobt wurden. Erst dann wird klar, ob man die Kriterien verstehen und erfüllen kann bzw. ob und auf welche Weise sie bewertbar sind.

Die Beteiligung von Schülern bei der Bewertung wird je nach Lerngruppe variieren, jedoch darauf ausgerichtet sein, kontinuierlich zuzunehmen. Schüler können in der Vorbereitungs-, Durchführungs- und Auswertungsphase der Bewertung beteiligt werden:

- In der Vorbereitungsphase ist die Beteiligung bei der Formulierung und Aufstellung von Kriterien wesentlich. Kinder und Jugendliche können in einem fortgeschrittenen Beteiligungs- und Bewertungsstadium eigene Ziele und Bewertungskriterien formulieren.
- In der Durchführungsphase können Schüler bei der Bewertung selbst beteiligt werden, z. B. bei der arbeitsteiligen Mitbewertung einer Präsentation, der Selbstbewertung oder Beobachtung des Lern- und Arbeitsverhaltens ihrer Mitschülerinnen und Mitschüler in der Freiarbeit.
- In der Auswertungsphase werden Schüler bei der Analyse und Reflexion über den individuellen und gemeinsamen Lern- und Bewertungsprozess beteiligt.
- Das Mindestmaß an Beteiligung wäre darin zu sehen, dass die Bewertungskriterien gemeinsam besprochen bzw. formuliert werden. Bewertungskriterien können dann zunehmend selbst erstellt werden.

Unterrichtsformen, in denen Schüler selbstständig agieren, sind komplex, anspruchsvoll und keinesfalls spannungsfrei. Sie bedürfen daher einer regelmäßigen Vergewisserung. Die Beteiligten begeben sich dabei auf eine Metaebene und reflektieren über den bisherigen Prozess:

Wo stehen wir? Was hat gut geklappt, wo sind Probleme sichtbar? Welche Aspekte der Bewertung haben sich bewährt, welche sollten verändert werden? Wie geht es weiter?
Die Reflexion ist darauf ausgerichtet, die Situation von Schülern im gesamten Arbeitsprozess zu verorten und Unklarheiten zu begegnen. Die Beteiligung der Lernenden und die Reflexion über den Unterrichts- und Bewertungsprozess benötigt eine rücksichtsvolle und einfühlsame Rückmeldekultur. Dazu zählen zwei Fähigkeiten:

- Die Fähigkeit, eine wertschätzende, sachliche und ehrliche Rückmeldung geben zu können.
- Die Fähigkeit, eine wertschätzende, sachliche und ehrliche Rückmeldung annehmen und für sich selbst konstruktiv deuten zu können.

Offensichtlich wird dies, wenn über eine konkrete Leistung, z. B. über die Präsentationsleistung einer Schülerin, gesprochen wird. Verbesserungsvorschläge können sehr hilfreich sein, wenn sie nicht als Kritik, sondern als Chance zur Weiterentwicklung verstanden werden. Diejenigen, die Kritik äußern, müssen lernen, sie rücksichtsvoll zu formulieren. Dies wird dadurch erleichtert, dass die Rollen wechseln und alle Schüler als Akteur und als Zuschauer agieren.

Literatur:

Bohl, T. (2006): *Prüfen und Bewerten im offenen Unterricht*. Weinheim, Basel: Beltz.
Siebert, H. (1994): *Lernen als Konstruktion von Lebenswelten, Entwurf einer konstruktivistischen Didaktik.* Frankfurt a. M.: VAS.

Leistungen erfassen	Kompetenzausprägung D

Ich kann Instrumente und Verfahren der kriterienorientierten Leistungsrückmeldung (Fremd- und Selbsteinschätzung) kontextuell passend auswählen und Bewertungen und Beurteilungen adressatengerecht begründen.

Verfahren der traditionellen Leistungsbewertung (Klassenarbeiten, Tests, mündliche Überprüfungen) vollziehen sich, insbesondere in den Hauptfächern, weitgehend als kognitiv und räumlich abgekoppelte Handlungsschritte der einzelnen Lehrkräfte und Lehrer:

- Die Lehrperson wählt aus dem Lehrplan die Unterrichtsinhalte aus, didaktisiert sie zu Hause, präsentiert sie im Unterricht.
- Die Lehrperson entwickelt zu bestimmten Zeitpunkten geeignete Messinstrument und überprüft den Lernfortschritt und Schüler.
- Die Lehrperson beurteilt bzw. benotet die Schülerleistungen (z.B. Korrektur einer Klassenarbeit) und teilt diese Beurteilung bzw. Benotung anschließend den Schülern mit.

Dieses hier möglicherweise überzogen dargestellte Verfahren ist im Zuge eines veränderten Leistungs- und Bewertungsverständnisses in verschiedener Hinsicht ungeeignet. Es entspringt einem Unterrichtsverständnis, in welchem die Lehrperson gegenüber der Lerngruppe sehr dirigistisch und bestimmend agiert Es ist höchst wahrscheinlich, dass die individuellen Lern- und Verstehensprozesse der Lernenden den Handlungsschritten der Lehrperson nicht folgen.

Die Komplexität von Bewertungsverfahren für offenen Unterricht erfordert dagegen einen anderen Zugang. Die Einheit beginnt mit der Unterrichtsplanung, die fachspezifisch oder fächerübergreifend, alleine oder im Team erfolgt. Hier wird eine Unterrichts- und Bewertungskonzeption erstellt, die einen bestimmten Zeitraum vorstrukturiert. Wesentlich ist dabei die Abstimmung im Lehrerteam einer Klasse, sodass der stufenspezifischen Parzellierung für Schüler spürbar begegnet wird. Ansetzend an die unterrichtlichen Ziele entsteht die Bewertungskonzeption: In welchen (offenen) Unterrichtsphasen erfolgt eine Leistungsbewertung? Wie wird bewertet? Wie wird dokumentiert? Wie werden die Bewertungskriterien vorbereitet? Die Konzeption entsteht in einem Verständigungsprozess mit Schülern.

Der Lern- und Arbeitsprozess der Schüler wird folgendermaßen vorbereitet: Sie wissen, nach welchen Kriterien bewertet wird, der Unterricht ist daraufhin vorstrukturiert, die Leistungserwartungen können eingeübt und erfüllt werden. Während der Arbeitsphase erfolgt eine Beratung und, sofern Teil der Bewertungskonzeption, eine Prozessbewertung.
In der nächsten Phase wird die erbrachte Leistung diagnostiziert, bewertet und dokumentiert. Dies kann in einer projektorientierten Unterrichtseinheit beispielsweise dadurch geschehen, dass am Ende alle Schüler einen Bewertungsbogen erhalten. Wird die Handlungseinheit im Anschluss an die Diagnose und Bewertung abgebrochen, findet demnach keine weitere Beratung statt, dann wirkt selbst eine differenzierte Diagnose eher schädlich als nützlich (vgl. Weinert & Helmke 1987, S. 27). Lernende werden dadurch verunsichert, insbesondere bei Anhäufung negativer Bewertungen. Sie können die Ergebnisse zwar zur Kenntnis nehmen, sind jedoch kaum in der Lage, ihr Lernverhalten selbst zu verändern.

Es genügt also nicht, einen Lernenden darauf hinzuweisen, dass seine Leistung nicht ausreicht oder defizitär ist, vielmehr ist zu klären und zu konkretisieren, auf welche Weise eine Verbesserung stattfinden soll und wie bzw. wann eine Veränderung gemeinsam überprüft wird. Der differenzierten Diagnose und Bewertung folgt daher eine Beratung. Der Lernprozess und die dokumentierten Ergebnisse werden in einer individuellen Lernberatung beschrieben, besprochen und reflektiert. Je differenzierter dabei der Arbeits- und Lernprozess berücksichtigt werden kann, desto eher wird sich auch eine Verbesserung des Lernverhaltens anschließen können. Unterschiedliche Sichtweisen sind dabei besonders wertvoll, sie bieten die Chance eines gemeinsamen Klärungsprozesses, der im sonstigen Unterricht außerhalb einer individuellen Lernberatung kaum möglich ist.

Aus dem Beratungsgespräch resultieren Konsequenzen für Lehrende und Lernende. Einzelne Stärken und Schwächen können schriftlich formuliert und als besondere Bezugspunkte der folgenden Unterrichtseinheit fokussiert werden. Mit Hilfe geeigneter Stützungsmaßnahmen (z. B. spezielles Lernangebot, regelmäßige Besprechung und Beratung, schriftliche Protokollierung des Lernprozesses) werden Schüler begleitet; Lehrkräfte formulieren ebenfalls Konsequenzen für ihren Unterricht.

Dabei können inner- und außerschulische Maßnahmen (z. B. differenzierte sonderpädagogische Diagnostik, begleitende Elterngespräche, gezielte Fördermaßnahmen) notwendig werden. Hier zeigt sich deutlich, dass eine veränderte Leistungsbewertung auf systemische Unterstützungsmaßnahmen angewiesen ist, die effizient und gezielt eingesetzt werden müssen. Schließlich resultiert aus dem bisherigen Zyklus eine erneute Unterrichtsplanung, in der neue Zielsetzungen und Konzeptionen formuliert werden. Die einzelnen Phasen sind nicht scharf trennbar, sie verdeutlichen unterrichtliche Schwerpunkte zu bestimmten Zeiten. Gegenüber einem traditionellen Bewertungsverständnis zeigt sich besonders, dass im Anschluss an die Bewertung die für die Lernbiografie der Schüler wichtige Beratung und weitere daraus folgende Handlungsschritte zu berücksichtigen sind.

Literatur:

Bohl, T. (2006): *Prüfen und Bewerten im offenen Unterricht*. Weinheim, Basel: Beltz.

Weinert, F. E. & Helmke, A. (1987): *Schulleistungen – Leistungen der Schule oder des Kindes?* In: U. Steffens & T. Bargel (Hrsg.), Untersuchungen zur Qualität des Unterrichts. Beiträge aus dem Arbeitskreis „Qualität von Schule". Heft 3. Hessisches Institut für Bildungsplanung und Schulentwicklung. Wiesbaden, Konstanz.

| Leistungen erfassen | **CHECKLISTE** |

A **Ich kann die möglichen Instrumente und Verfahren zur Leistungsmessung in der Schule beschreiben sowie Vor- und Nachteile einzelner Beurteilungsinstrumente darlegen.**

Mein aktueller Standort:
Wenn ich an eine für mich typische Arbeitswoche denke, kann ich...
  Verfahren zur mündlichen und schriftlichen Leistungsfeststellung benennen.
  Vor- und Nachteile von offener Leistungsmessung benennen.
  Ziele der Leistungsbewertung nennen.
  Fachkonferenzbeschlüsse meiner Schule zur Leistungsbewertung benennen.

B **Ich kann Instrumente und Verfahren der Leistungsrückmeldung sowie Materialien der Selbstkontrolle kriterienorientiert und adressatengerecht entwickeln.**

Mein aktueller Standort:
Wenn ich an eine für mich typische Arbeitswoche denke, ...
  kann ich Bezugsnormen für die Leistungsbewertung benennen.
  kann ich typische Beurteilungsfehler erklären.
  haben Klassenarbeiten/Tests einen Erwartungshorizont.
  erwachsen Bewertungskriterien für die Leistungsbewertung systematisch aus dem vorherigen Unterricht.

So kann es gehen:
- Ich lege Erwartungshorizonte in Tabellenform an, so dass in den Spalten jeweils die Leistung einzelner Schüler eingetragen werden kann.
- Ich erstelle für individualisierte Übungsphasen Lösungsblätter zur Selbstkontrolle.
- Ich gewinne Noten mit unterschiedlichen Messverfahren.

C **Ich kann vor dem Hintergrund zuvor formulierter transparenter Beurteilungskriterien verschiedene Leistungen der Lernenden sinnvoll dokumentieren und auswerten sowie die Schüler zur gegenseitigen Leistungsrückmeldung anleiten.**

Mein aktueller Standort:
Wenn ich an eine für mich typische Arbeitswoche denke, ...
  kennen die Schüler den Erwartungshorizont einer Leistungsüberprüfung.
  erhalten Schüler differenziert Rückmeldungen, was sie bei einer Arbeit konnten bzw. nicht konnten.
  kennen Lerngruppen die Bewertungskriterien für Leistungssituationen im Gegensatz zu fehlerfreundlichen Lernsituationen.
  geben Lerngruppen sich kriterienbezogen Rückmeldungen.

So kann es gehen:
- Ich setze z. B. Tandembögen ein.
- Ich gebe Klausuren in Verbindung mit einem kurzen Beratungsgespräch an Schüler zurück.
- Ich entwickle zusammen mit einer Lerngruppe die Kriterien zur Leistungsbewertung.

D **Ich kann Instrumente und Verfahren der kriterienorientierten Leistungsrückmeldung (Fremd- und Selbsteinschätzung) kontextuell passend auswählen und Bewertungen und Beurteilungen adressatengerecht begründen.**

Mein aktueller Standort:
Wenn ich an eine für mich typische Arbeitswoche denke,...
- bedenke ich schon bei der Unterrichtsplanung die Leistungsbewertung mit.
- setze ich regelmäßig offene Verfahren der offenen Leistungsbewertung ein.
- gibt es in Arbeitsphasen eine kriteriengeleitete Lernprozessbewertung, die auch mit Lerngruppen gemeinsam durchgeführt wird.
- fließen Erkenntnisse aus der Leistungsbewertung in den Unterricht wieder ein.

So kann es gehen:
- Ich mache die Trennung von Lern- und Leistungssituationen transparent.
- Ich nutze Kompetenzraster, um Kriterien für die Leistungsbewertung systematisch an ein Spiralcurriculum anzupassen.
- Ich erstelle typische Fehlerlisten einer Klassenarbeit, um daraus Übungen für den weiteren Unterricht entwickeln zu können.

E **Ich kann Leistungen von Schülern auf der Grundlage transparenter, fach- und situationsgerechter Beurteilungsmaßstäbe erfassen, mich auf Beurteilungsgrundsätze mit Kollegen verständigen und ggf. gemeinsam mit Schüler Perspektiven für das weitere Lernen entwickeln.**

Mein aktueller Standort:
Wenn ich an eine für mich typische Arbeitswoche denke, ...
- werden Ergebnisse aus der individuellen Leistungsrückmeldung mit den Schülern zu neuen Handlungsperspektiven genutzt.
- gibt es einen Common Sense im Lehrerkollegium über Prinzipien der Leistungsbewertung.
- gibt es in Fachkonferenzen abgestimmte und dokumentierte Kriterien zur kompetenzorientierten Leistungsbewertung.
- erhalten Schüler aus verschiedenen Fächern eine gebündelte Rückmeldung zum Leistungsstand bei zentralen Schlüsselkompetenzen.

So kann es gehen:
- Ich vereinbare nach Klausuren smarte Ziele mit Schülern.
- Ich präsentiere meine Kriterien der Leistungsbewertung auf Elternabenden.
- Ich suche mir verbündete Kollegen, die in einer Lerngruppe mit mir mit offener Leistungsbewertung starten.

5.11 Beratung initiieren: *Lars Schmoll & Dagmar Wolf*

Kompetenz-ausprägung	Ich kann ...
A	verschiedene Anlässe von Beratung im schulischen Kontext sowie Elemente von Beratung benennen.
B	wichtige Prinzipien einer gelungenen Beratung darlegen und mein Verhalten in Beratungssituationen beschreiben.
C	ein Schüler- bzw. Elterngespräch führen und dabei beratend, nicht bewertend, kommunizieren sowie Grenzen schulischer Beratung berücksichtigen.
D	die Prinzipien gelungener Beratung flexibel und situationsangemessen in verschiedenen Kontexten anwenden.
E	Mit Widerständen und Konflikten in Beratungsgesprächen konstruktiv umgehen.
F	verschiedene Techniken und Methoden von Beratungsgesprächen in unterschiedlichen schulischen Kontexten flexibel und gezielt einsetzen und dabei verschiedene Kollegen/innen und Institutionen in Beratung miteinander verknüpfen.

| Beratung initiieren | Kompetenzausprägung A |

Ich kann verschiedene Anlässe von Beratung im schulischen Kontext sowie Elemente von Beratung benennen.

Beratung ist eine wichtige Aufgabe des Lehrerberufes, auch wenn echte Beratungsgespräche nicht zum Alltag einer Lehrkraft gehören. Eine allgemeine Definition bieten z. B. Schwarzer & Buchwald (2006, S. 578):

> *„Beratung ist eine kurzfristige soziale Interaktion zwischen Ratsuchendem und einem Beratenden, bei der dem Ratsuchenden Unterstützung zur Bewältigung eines Problems angeboten wird."*

Dies geschieht etwa dadurch, dass Informationen vermittelt oder Fertigkeiten eingeübt werden. Müller (vgl. 1998) verweist darauf, dass eine psychosoziale Beratung durch eine Lehrkraft eine Besonderheit darstellt, da die Lehrperson häufig selbst unmittelbar in die Problemsituation einbezogen ist. Zu trennen ist der Beratungsbegriff vom Begriff des klassischen *Coachings*, da im Coaching eine gleichberechtigte und partnerschaftliche Zusammenarbeit eines Prozessberaters und eines Klienten eine Voraussetzung darstellt (vgl. Migge, 2007).

Die Beratungsanlässe in der Schule sind vielschichtig. Schäfer (vgl. 1977) unterscheidet zwischen drei Gruppen von Beratungsanlässen:

- *Informationsberatung*: der Ratsuchende will genaue Informationen für eine selbstständige Entscheidung.
- *Entscheidungsberatung*: der Ratsuchende erwartet Hilfestellung bei einer Entscheidung.
- *Realisierungsberatung*: der Ratsuchende hat seine Entscheidung bereits getroffen und benötigt nun Umsetzungshilfen.

Müller (vgl. 1998, S. 304 f.) bietet eine Konkretisierung für den Schulbereich und unterscheidet vier größere Bereiche:

- *Schullaufbahnberatung*: Austausch von Informationen bzw. Hilfe bei einer Entscheidung
- *Psychosoziale Beratung*: Hilfe bei Lern- und Arbeitsschwierigkeiten, bei sozialen Konflikten und bei psychischen Störungen (z. B. Schulangst). Bei größeren Problemen sind solche Beratungen für Lehrer oft problematisch, da sie manchmal selbst in die Schwierigkeiten eingebunden sind. In solchen Fällen sollte die Beratung besser extern in einer schulischen Beratungsstelle erfolgen.
- *Systemberatung*: Hilfe zur Durchführung schulischer Innovationen, Bearbeitung von Konflikten oder schulinternen Reibungsverlusten.
- *Beratung im Rahmen der Referendarausbildung*: z. B. Stärken- und Schwächenanalyse.

Literatur:

Migge, B. (2007). *Handbuch Coaching und Beratung*. Weinheim: Beltz.

Müller, O.-W. (1998). Beratung und Gesprächsführung. In: G. Bovet & V. Huvendieck (Hrsg.), *Leitfaden Schulpraxis: Pädagogik und Psychologie für den Lehrberuf* (S. 304-317). Berlin: Cornelsen.

Schäfer, J. (1977). *Praxis der beruflichen Beratung*. Stuttgart: Kohlhammer.

Schwarzer, C. & Buchwald, P. (2006). Beratung in Familie, Schule und Beruf. In: A. Weidenmann, & B. Krapp (Hrsg.). *Pädagogische Psychologie* (5. vollständig überarbeitete Aufl.) (S. 575-612). Weinheim: Beltz, PVU.

| Beratung initiieren | Kompetenzausprägung B |

Ich kann wichtige Prinzipien einer gelungenen Beratung darlegen und mein Verhalten in Beratungssituationen beschreiben.

Ein Beratungsgespräch stellt höchste Anforderungen an die Gesprächsführung der beratenden Lehrkraft. Wichtig ist zu realisieren, mit welchem Ziel der Ratsuchende in das Beratungsgespräch kommt. Je nach Anlass sind unterschiedliche Gesprächsführungstypen anzuwenden. Müller (2000, S. 304 ff.) unterscheidet grob zwischen drei Arten solcher Typen:

- *Nicht-direktiv, offen, stützend:* vor allem bei Konflikten hilfreich, um Hilfe zur Selbsterkundung zu geben bzw. Gefühlsarbeit zu ermöglichen.
- *Lenkend, vorschreibend:* möglich, wenn alle relevanten Fakten deutlich zutage treten. Tipps und konkrete Hilfen geben.
- *Beeinflussend, aufdeckend, konfrontierend:* hilfreich beim Arbeiten an behindernden Denkmustern des Ratsuchenden.

Zu berücksichtigen ist, dass jede Lehrkraft in der eigenen Grundhaltung ebenfalls einen bestimmten Typus besitzt. Im Lehrberuf ist häufig der lenkende und vorschreibende Typus besonders ausgeprägt. Daher ist es wichtig, sich der eigenen Haltung gegenüber dem Ratsuchenden und der Beratungssituation bewusst zu werden. Darüber hinaus sollten unbedingt einige zentrale Bedingungen einer guten Beratung eingehalten werden. Rogers (vgl. z. B. 1994) formuliert drei zentrale Bedingungen auf Seiten des Beraters:

- Bedingungslose **positive Wertschätzung**: heißt, Verständnis für den Gegenüber mit allen Schwierigkeiten und Eigenheiten einnehmen.
- **Empathie**: heißt, sich in den Anderen hineinversetzen,
- **Kongruenz** in seiner Haltung, heißt, im Rahmen der Rolle echt und wahrhaft sein.

Darüber hinaus sollte die Lehrkraft unbedingt die Grenzen der eigenen Beratung beachten. Nach Behr & Walterscheid-Kramer (1995, S.93 ff.) stehen in der pädagogischen Arbeit die Ich-Stärkung bzw. Ich-Unterstützung des Heranwachsenden im Mittelpunkt und nicht eine Heilung eines pathologischen Befundes.

Gelingensbedingungen:

Um gute Beratungsgespräche zu führen, ist zentral wichtig, dass Störungen vermieden werden. Das bedeutet zunächst, dass gute Beratungsgespräche ohne Zeitdruck und in einer ruhigen Atmosphäre stattfinden. Darüber hinaus stellt Müller (2000, S.308 f.) mögliche Qualifikationen vor, die der Berater mitbringen sollte:

- *Aktives Zuhören*: Dazu gehört zunächst die Fähigkeit des echten Zuhörens. Paraphrasieren des gehörten Inhalts, Spiegeln, Verbalisieren emotionaler Erlebnisinhalte können dies unterstützen. Grundsätzlich gilt: weniger sagen, mehr fragen!

- *Eigene Gefühle mitteilen:* Dies kann ggf. helfen, die Situation zu klären und einen Perspektivwechsel zu erleichtern. Dazu wird die eigene Erlebensperspektive dargestellt (Wie fühlt sich der Lehrer im Hinblick auf eine Problemsituation?). Wichtig dabei ist die angesprochene Echtheit und Authentizität.
- *Konkretisierung bzw. Hintergrundinformationen beschaffen:* Hierzu zählen Materialien und konkrete Informationen, die für die Problemlösung hilfreich sein könnten. Daher sollte man sich bei der Vereinbarung eines Beratungstermins bereits vom Ratsuchenden den Gesprächsanlass nennen lassen. Konkretisierungen können etwa durch Gespräche mit Kollegen, Informationen über Erlebnisse in den Kernfächern, konkrete Arbeitsstichproben, Erinnerung an spezielle Situationen oder Klärung formaler Rahmenbedingungen erfolgen.
- *Kommunikationsstörungen vermeiden:* Beratungsgespräche sind störungsanfällig. Schulz von Thun (vgl. 2010) verweist zur Störungsvermeidung insbesondere auf zwei Möglichkeiten hin:

    - die vier Seiten einer Nachricht beachten (Sachinhalt, Beziehungsaspekt, Selbstkundgabe und Appell).
    - Einbeziehung nonverbaler Botschaften und Kommentare (Klang der Stimme etc.).

Einen idealtypischen Ablauf einer Beratung kann sich in Anlehnung an Schwarzer & Buchwald (2006, S. 582) in insgesamt sechs Phasen gliedern:

Phase	Inhalt	Verhalten des Beraters
Eröffnung	Der Ratsuchende schildert sein Anliegen.	(Aktives) Zuhören.
Zielklärung	Das Ziel bzw. das Problem wird konkretisiert.	(Aktives) Zuhören, ggf. durch Rückfragen zur Konkretisierung des Ziels animieren.
Problemanalyse	Der Ratsuchende schildert die bisherigen Ereignisse (z. B. Wie ist es zu dem Problem gekommen? Was wurde bisher unternommen?).	Rückfragen bei Aspekten, die nicht verstanden worden sind.
Sammeln und Bewerten von Alternativen	Welche Lösungsmöglichkeiten gibt es? Welche Hilfen kann ich als Berater geben? Was wird von mir als Berater erwartet?	Möglichkeiten aufzeigen, Alternativen durchdenken.
Planung und Entscheidung	Was erscheint dem Ratsuchenden warum am erfolgversprechendsten? Was sind die nächsten konkreten Schritte?	Eigene Meinung mit einbringen, ggf. bestärken und mögliche Hindernisse offenlegen.
Evaluation und Ausblick	Zufriedenheit des Ratsuchenden erfragen. Eventuell einen neuen Beratungstermin vereinbaren.	Metaebene ansteuern.

Weitere Hinweise mit praktischen Beispielen finden sich etwa bei Bachmair et al. (2011) oder Jürgens & Schnebel (2007).

Literatur:

Bachmair, S.; Faber, J., Hennig, C; Kolb, R. & Willig, W. (2011). *Beraten will gelernt sein: Ein praktisches Lehrbuch für Anfänger und Fortgeschrittene* (5. Auflage). Weinheim: Beltz.

Behr, M. & Walterscheid-Kramer, J. (1995). *Einfühlendes Erzieherverhalten. (3. Aufl.).* Weinheim: Beltz.

Jürgens, E. & Schnebel, S. (2007). *Professionell beraten: Berufskompetenz in der Schule.* Weinheim: Beltz.

Müller, O.-W. (2000). Beratung und Gesprächsführung. In: G. Bovet & V. Huvendieck (Hrsg.), *Pädagogik und Psychologie für den Lehrberuf* (S. 264-278). Berlin: Cornelsen.

Rogers, C. R. (1994): *Die nicht-direktive Beratung.* Frankfurt a. M.: Fischer.

Schulz von Thun, F. (2010). *Miteinander reden 1: Störungen und Klärungen. Psychologie der zwischenmenschlichen Kommunikation.* Reinbek: Rowohlt.

Schwarzer, C. & Buchwald, P. (2006). Beratung in Familie, Schule und Beruf. In: A. Weidenmann, & B. Krapp (Hrsg.). *Pädagogische Psychologie* (5. vollständig überarbeitete Aufl.) (S. 575-612). Weinheim: Beltz, PVU.

| Beratung initiieren | Kompetenzausprägung C |

Ich kann ein Schüler- bzw. Elterngespräch führen und dabei beratend, nicht bewertend, kommunizieren sowie Grenzen schulischer Beratung berücksichtigen.

Damit die Führung eines Schülers bzw. Elternteils nicht bewertend bzw. belehrend wirkt, können verschiedene Gesprächstechniken eingesetzt werden. Eine davon ist das Reframing (Umdeutung). In der Regel gibt es einen Rahmen (frame) in dem sich Denkmuster, Annahmen, Erwartungen etc. bewegen. Dies ist eine Ordnung, in der Ereignisse wahrgenommen und interpretiert werden. Das Glas kann halb voll oder halb leer sein. Obschon anscheinend dasselbe beschrieben wird, ist die Bedeutung verschieden. Zum einen ist ein eher positiver und zum anderen Mal ein schon negativerer Rahmen gesetzt. Führt man eine Person aus der Sicht des halb leeren Glases zur Sicht des halb vollen Glases, so hat ein Reframing, eine Umdeutung, stattgefunden. Mögliche Schritte eines Reframings können wie folgt aussehen:

1. Notieren Sie die Arbeitsschritte in einer vierspaltigen Tabelle.
2. Klären Sie die Situation (1. Spalte).
   a. Mit welchen Begriffen wird die Situation/werden die handelnden Personen beschrieben?
   b. Welche Begriffe/Themen tauchen im Kontext des Problems/Themas auf?
3. Bewerten Sie die Situation (2. Spalte)
   a. aus Sicht der handelnden Person.
   b. aus Sicht der anderer Personen.
4. Deuten Sie positiv um (3. Spalte).
   a. Was sind die positiven Anteile daran?
   b. Wer kann welchen Nutzen davon haben?
5. Sammeln Sie mögliche resultierende Handlungen (4. Spalte).

Schon Kindergartenkinder sind mit etwa 400 Appellen pro Tag konfrontiert („Trödel nicht rum!" „Tu doch mal, was ich dir sage." „Lass das!" etc.). Dabei kann zwischen notwendigem Beschützen, wichtigen Hilfestellungen und überflüssigen Ermahnungen unterschieden werden. Appelle sollen Einfluss nehmen bzw. das Handeln einer anderen Person bestimmen. Sie können auch im Sinne der Machtausübung ein Versuch der Beherrschung und des Dominierens sein. Doch sie lösen beim Empfänger häufig Blockaden aus. Die Person wird in ihrem eignen Rhythmus gestört und reagiert darauf mit Aggressionen oder inneren Rückzug.
Konstruktive Kommunikation formuliert Appelle in Selbstmitteilungen um, da die Botschaft des Appells meist bedeutender für den Sender als für den Empfänger ist. Dies klingt am Anfang ungewohnt, fördert aber die Selbstständigkeit.

| Vom Appell zur Selbstmitteilung ||
statt	besser
<ul><li>Schreib ordentlich!</li><li>Halt die Klappe!</li><li>Komm nicht zu spät!</li><li>Dann schießen Sie mal los!</li></ul>	<ul><li>Ich kann deine Schrift nicht lesen.</li><li>Jetzt möchte ich etwas sagen.</li><li>Ich möchte nicht warten.</li><li>Ich höre Ihnen zu.</li></ul>

Einige beratende Lehrer vermeiden Sätze mit „Ich" und verwenden stattdessen „Wir"-Formulierungen, Fragen oder den Konjunktiv. Dadurch verschleiern sie ihre Aussagen und sind wenig im Gespräch präsent. Auf die Frage „Möchtest du die Tafel wischen?" kann ein Schüler „Nein!" antworten. Der Empfänger (Schüler) kann diese Nachricht als wirkliche Frage, als Wunsch oder Befehl verstehen bzw. für sich nach Bedarf unterschiedlich deuten. Deshalb sollte ein Sender möglichst klar mitteilen, was gemeint ist. Sender sind aber nicht für das Ankommen verantwortlich. Der Empfänger decodiert auf jeden Fall auf seine Weise die Nachricht; das liegt nicht im Ermessen des Senders.

Klarheit statt Verschleierung	
statt	besser
• Wir sollten uns mal darüber unterhalten.	• Ich möchte mit dir darüber reden.
• Wir planen, was du ändern kannst.	• Ich möchte dir Tipps geben, was du ändern kannst.
• Wie lange brauchst du noch zum Schulranzen packen?	• Ich habe keine Zeit mehr auf dich zu warten.
• Hast du noch Fragen?	• Ich möchte jetzt das Gespräch beenden.
• Die Pause könnte jetzt zu Ende sein.	• Ich möchte jetzt fortfahren.
• Man könnte tun…	• Ich werde tun…

Grenzen der Beratung ergeben sich u. a. in den „Beraterfallen" (siehe Miller 2005, S. 81). Wenn Personen zur Beratung kommen, haben diese gewisse Erwartungen an den Berater. Bei der eigentlichen Beratung geht es dann darum, den zu beratenden Personen zu helfen, zu eigenen Entscheidungen zu kommen; und nicht vordergründig die erste Frage zu beantworten, um die vermeintliche Erwartung zu erfüllen. Vielmehr geht es darum, die Aussage bzw. Frage auf das eigentliche Anliegen hin zu überprüfen und durch „starke" Fragen den tieferen Gehalt der Botschaft zu klären. Die Qualität der Beratung hängt von der Fähigkeit des Zuhörens ab.

Beratung ist Hilfe zur Klärung		
	statt	besser
Jetzt weiß ich nicht mehr, was ich tun soll.	Ich würde Folgendes tun… Wenn ich du wäre… Mein Tipp…	Was bedrückt dich? Wie hast du es bisher geschafft damit umzugehen? Hast du Interesse an einem Beratungsgespräch?

Eine weitere Grenze von schulischer Beratung ist die Abgrenzung zur Therapie. Miller (2005) sieht dabei folgende Unterscheidung:

Therapie	Beratung
- Innere Welt des Kindes - Unbewusste Konfliktanteile - Möglichkeiten zur Regression - Therapeut als Übertragungsobjekt - Krankheit - Arbeit im Jetzt mit Einbeziehung der Vergangenheit und der gesamten Lebensgeschichte	- Äußere Realität der menschlichen Welt - Bewusste Störungen/Konfliktanteile - Ich-Stärkung - Lehrer als reales Objekt - Hilfe zur Selbsthilfe - Arbeit im Jetzt mit den schulischen Problemen

Im schulischen Beratungsrahmen gibt es unterschiedliche Grenzen. Miller (2005) sieht den Bedarf, diese Grenzen besonders transparent zu gestalten, damit der Spielraum für Beratung möglichst konstruktiv genutzt werden kann.

Institutionelle Grenzen	Spielraum	Persönliche Grenzen
- Gesetze - Vorschriften - Verordnungen - Anweisungen	- Dialog - Diskussion - Verhandlungen - Vereinbarungen	- Tabu - Verweigerung - Ausstieg - Kein Bedarf

Literatur:

Miller, R. (2005). *99 Schritte zum professionellen Lehrer*. Seelze: Friedrich.

| Beratung initiieren | Kompetenzausprägung D |

Ich kann die Prinzipien gelungener Beratung flexibel und situationsangemessen in verschiedenen Kontexten anwenden.

In Beratungen werden besondere zwischenmenschliche Beziehungen aufgebaut. Diese sind dann förderlich, wenn die beteiligten Personen mit ihren Interaktionen in einer Balance stehen, die sich zwischen „für sich sorgen" und „auf den anderen zugehen" befinden sollte. Wenn eine Person sich zu sehr um sich selbst kümmert und (fast) nur egoistische Ziele verfolgt, kann nicht von einer wirklichen Beziehung die Rede sein. Wenn das „Aufeinanderzugehen" übergriffig wird, kommt es häufig zu Beziehungsabbrüchen; dann werden persönliche Grenzen eklatant überschritten. Dies heißt nicht, dass eine zwischenmenschliche Beziehung nur funktionieren kann, wenn die Balance im Lot ist. Konflikte und Grenzüberschreitungen können manchmal stabilisierende Faktoren sein.
Stärken können sich in Beziehungen auch in Schwächen umwandeln. So kann *Behüten* zu *keinen Raum oder Vormachen* kann zu *den Anderen bevormunden* werden.
Bei schulischen Beratungen klaffen oft Schüler und Lehrerwelten weit auseinander. Die Suche nach Verbindendem kann hilfreich sein, wenn sie „in Beziehung" bleiben möchten (nach Miller 2005, S. 105).

Was uns trennen kann	Was und verbinden kann
Alter	Gebraucht werden, Vertrauen
Kleidung	Beachtung, Anerkennung
Argumente	Verstehen
Einstellungen	Suche nach Lebenssinn
Gefühle	Gefühle
Lehr- und Lernverhalten	Ziel: Schulabschluss

Daraus ergibt sich für die Beratung, dass es auf die Haltung in zwischenmenschlichen Beziehung ankommt, wenn sie unterstützend sein soll. Erst wenn wir einen Menschen wahrnehmen und mit ihm in Kontakt treten, können wir dessen Bedürfnisse erkennen und entsprechend handeln. Dadurch wird aus der Subjekt-Objekt-Beziehung eine beratungsförderliche Subjekt-Subjekt-Beziehung.

Literatur:

Miller, R. (2005). *99 Schritte zum professionellen Lehrer*. Seelze: Friedrich.

| Beratung initiieren | Kompetenzausprägung E |

Ich kann mit Widerständen und Konflikten in Beratungsgesprächen konstruktiv umgehen.

Im Schulalltag stoßen Lehrer manchmal auf Widerstände. Schüler sehen Fehlverhalten nicht ein, verweigern sich, Eltern nehmen Hinweise der Lehrkräfte nicht an, denken anders, wollen andere Maßnahmen für ihre Kinder, etc. Solche Widerstände – die im Lehrerberuf unvermeidlich sind - können sehr anstrengend sein.
Miller (2005, S.116) sieht zwei Arten von Widerstand:

Der **politische Widerstand** ist dann gerechtfertigt, wenn zur Durchsetzung von Zielen oder Interessen ungesetzliche oder inhumane Mittel eingesetzt werden. Dabei kann es zu unterschiedlichen Auffassungen kommen, was gerechtfertigte Mittel sind.
Der **pädagogische Widerstand** ist dann gemeint, wenn Personen nicht wollen oder nicht so handeln, was bzw. wie es eine andere Person von ihr verlangt. Hinter einem solchen Widerstand steht zuweilen die spezifische Botschaft nach Autonomie („Ich mache nicht, was du willst, sondern das, was mir wichtig ist..."). Um keinen „Widerstand" handelt es sich, wenn Menschen ihre Pflichten verletzten. Die Nichterfüllung von Pflichten zieht in der Regel Konsequenzen nach sich. In Widerstand gehen kann nur eine Person, die wirkliche Handlungsalternativen besitzt.

Es ergeben sich insgesamt drei grundsätzliche Interpretationen von Widerstand in Beratung und Erziehung. Die **freiheitliche Perspektive** betont die Autonomie des einzelnen („Ich tue, was ich will"). Die **machtbezogene Perspektive**, die abweichende Handlungen als Widerstand definiert („Du tust, was ich dir sage") und die **behütende Perspektive**, die für die andere Person Verantwortung übernimmt („Ich tue das, um dich zu beschützen"). Dabei wird deutlich, dass weniger das Verhalten als die Grundhaltung von Bedeutung sind.
Im konkreten Umgang mit Widerstand sieht Miller (2005) sechs Schritte:

1. Den Widerstand wahrnehmen,
2. die eigentliche Botschaft heraushören,
3. Gespräche führen,
4. Betroffene beteiligen,
5. Entscheidungen transparent machen,
6. mit weiterem Widerstand rechnen.

Wenn in Konflikten Kritik an einer anderen Person geübt wird, um die Wirklichkeit des anderen zu verändern oder als Rache bzw. Vernichtung des anderen genutzt wird, ist sie kontraproduktiv. Kritik kann sinnvoll sein, wenn sie Unterschiede bzw. Gegensätze verdeutlicht oder inhumane Handlungen thematisiert. Konstruktive Kritik bedeutet Interesse am anderen und gegenseitiger Respekt. Der andere soll nicht verändert werden, sondern die eigenen Ansichten werden weitergegeben. Dies ist ein Angebot und kann eine Hilfe, Hinweis, Warnsignal oder Grenzziehung sein. Solche Kritik besteht nicht aus Schimpfkanonaden, sondern Beobachtungen, eigenen Deutungen und resultierenden Konsequenzen.

Konstruktive Kritik übt man, indem man deutlich seine Meinung sagt, aber auch gleichzeitig die anderer gelten lässt. Von anderen Meinungen kann ich mich distanzieren, sie aber auch nach Überlegungen übernehmen. Auf jeden Fall ist das Suchen nach Gemeinsamkeiten und Vereinbarungen hilfreich. Man steht so zur eigenen Position, aus der auch Wünsche und Forderungen resultieren können. Eigene Gefühle können unverfälscht geäußert werden. Das Gespräch kann selbstbewusst beendet werden oder nach der Beobachtung des anderen und einem Innehalten aus einem schweigenden Rückzug bestehen. Miller (vgl. ebd.) formuliert zehn Tipps im Umgang mit schwierigen Menschen:

1. Manche Menschen sind nicht nur für dich schwierig, sondern du bist es möglicherweise auch für sie.
2. Wer einen anderen Menschen als schwierig einschätzt bzw. erlebt, sagt mindestens so viel über sich selbst aus wie über ihn.
3. Schwierigkeiten zwischen Menschen sind im Wechselspiel sowohl Botschaften des einen als auch Deutungen des anderen.
4. Teile deine Schwierigkeiten mit, damit dein Gegenüber Bescheid weiß und dir Rückmeldung zu deinen Äußerungen geben kann.
5. Du kannst den „Schwierigen" nicht ändern. Aber du kannst günstige Bedingungen für Änderungen schaffen.
6. Wer von anderen Änderungen will, gerät in Abhängigkeit, weil sie von ihnen verweigert werden können.
7. Es ist besser, zu überlegen, was man selbst tun kann, als von anderen die Lösung von Schwierigkeiten und Konflikten zu erwarten.
8. Je mehr du bei dir bleibst, umso mehr kommt der/die andere zu sich, die beste Voraussetzung für Dialog und Verständigung.
9. Etwas Distanz, etwas Humor, etwas Lockerheit und Toleranz mindern die Schwierigkeiten zwischen Menschen.
10. Die Ecken und Kanten, die Besonderheiten und Schwächen machen zwischenmenschlichen Beziehungen aus.

Literatur:

Miller, R. (2005). *99 Schritte zum professionellen Lehrer*. Seelze: Friedrich.

| **Beratung initiieren** | **CHECKLISTE** |

A   Ich kann verschiedene Anlässe von Beratung im schulischen Kontext benennen.

Mein aktueller Standort:
Wenn ich an ein für mich typisches Beratungsgespräch denke, kann ich…
    schulische Beratungsanlässe benennen.
    den Begriff Beratung definieren.
    Ziele von Beratung nennen.
    Beratung von anderen Gesprächsformen abgrenzen.

B   Ich kann wichtige Prinzipien einer gelungenen Beratung darlegen und mein Verhalten in Beratungssituationen beschreiben.

Mein aktueller Standort:
Wenn ich an ein für mich typisches Beratungsgespräche denke, …
    kann ich verschieden Gesprächsführungstypen erkennen.
    kann ich Gelingensbedingungen erklären.
    sind meine Beratungsgespräche wertschätzend.
    höre ich in Beratungsgesprächen aktiv zu.

So kann es gehen:
- Ich nehme ein Beratungsgespräch nach Absprache auf und analysiere meine Kommunikation.
- Ich evaluiere am Ende eines Beratungsgesprächs die Kommunikation z. B. durch Rückfragen an meinen Gesprächspartner.
- Ich bereite mich auf Beratungsgespräche vor, indem ich mir Hintergrundinformationen beschaffe, mir Gedanken über den Gesprächsführungstyp mache und mir eine Gesprächsstruktur überlege.

C   Ich kann ein Schüler- bzw. Elterngespräch führen und dabei beratend, nicht bewertend, kommunizieren sowie Grenzen schulischer Beratung berücksichtigen.

Mein aktueller Standort:
Wenn ich an ein für mich typisches Beratungsgespräche denke, …
    verwende ich Ich-Botschaften.
    sende ich klare Botschaften.
    höre ich nach dem ersten Impuls des Gegenübers erst einmal zu.
    respektiere ich Tabus und fehlenden Beratungsbedarf.

So kann es gehen:
- Ich zähle meine Appelle in einem Beratungsgespräch.
- Ich erstelle mir eine Liste mit Impulsen für typische Beratungssituationen, um Appelle zu ersetzen.
- Ich erkläre meinem Gegenüber, welche Prinzipien Grundlage unseres Beratungsgesprächs sind.

D Ich kann die Prinzipien gelungener Beratung flexibel und situationsangemessen in verschiedenen Kontexten anwenden.

Mein aktueller Standort:
Wenn ich an ein für mich typisches Beratungsgespräche denke, ...
- nutze ich flexibel unterschiedliche Gesprächstechniken (z. B. aktives Zuhören etc.).
- sind die Aspekte „für sich sorgen" und „auf den anderen zugehen" ausbalanciert.
- werden verbindende Elemente in der Beratungsbeziehung konstruktiv genutzt.
- nehme ich die Bedürfnisse meines Gegenübers wahr.

So kann es gehen:
- Ich werte Beratungsgespräche aus, indem ich genutzte Gesprächstechniken notiere und diese Protokolle quartalsweise auf ihre Entwicklung hin untersuche.
- Ich bereite mich auf ein Beratungsgespräch vor, indem ich zentrale Aspekte notiere.
- Ich halte mich in Lösungsphasen von Beratungsgesprächen zurück und gebe Tipps nur auf Wunsch oder bewusst auch solche, die Widersprüche hervorrufen können und daher neue Impulse geben können.

E Ich kann mit Widerständen und Konflikten in Beratungsgesprächen konstruktiv umgehen.

Mein aktueller Standort:
Wenn ich an ein für mich typisches Beratungsgespräche denke,...
- hinterfrage ich, was für Botschaften hinter Widerständen stehen.
- äußere ich Kritik klar und deutlich.
- nehme ich Kritik als andere Meinung und nicht als persönlichen Angriff wahr.
- führe ich Kritik- und Widerstandsgespräche mit den beteiligten Personen.

So kann es gehen:
- Ich reflektiere die Beziehung zum Konfliktpartner und fokussiere positive Aspekte.
- Ich bereite mich auf ein Kritikgespräch vor, indem ich die 10 Tipps von Miller zum Umgang mit schwierigen Menschen nutze.
- Ich nutze für Konfliktgespräche mit Schülern die Phasierung der Streitschlichtung.

F Ich kann verschiedene Techniken und Methoden von Beratungsgesprächen in unterschiedlichen schulischen Kontexten flexibel und gezielt einsetzen und dabei verschiedene Kollegen und Institutionen in Beratung miteinander verknüpfen.

Mein aktueller Standort:
Wenn ich an ein für mich typisches Beratungsgespräche denke,...
- nutzen die Schüler nach Bedarf unterschiedliche Beratungsfachleute.
- bringe ich Qualifikationen von Beratungsfortbildungen ein.
- nutze ich Kompetenzen von externen Beratungsinstitutionen.
- reflektiere ich alleine oder in Gruppen (Supervision etc.) meine Beratungserfahrungen.

So kann es gehen:
- Ich organisiere eine kollegiale Fallberatungsgruppe.
- Ich baue Kontakte zum schulpädagogischen Dienst, ARGE etc. auf.
- Ich bilde mich zum zertifizierten Lerncoach fort.

5.12 Sich reflektieren und weiterentwickeln: Lars Schmoll & Dirk Braun

Kompetenz-ausprägung	Ich kann ...
A	vor dem Hintergrund gängiger Konzepte guten Unterrichts Prinzipien kriteriengeleiteten Arbeitens benennen.
B	in schulischen Situationen, geplantem Unterricht, usw. „meine reflektierten Merkmale" mit Hilfe kriteriengeleiteter Beobachtung erkennen.
C	mit Hilfe von Diagnoseinstrumenten und Rückmeldungen meine eigenen Stärken und Schwächen herausfinden.
D	mit Hilfe von Rückmeldungen und der Diagnostik für mich Entwicklungsvorhaben (z. B. smarte Ziele) formulieren.
E	Entwicklungsvorhaben systematisch umsetzen.
F	aus einzelnen Entwicklungsvorhaben (z. B. smarten Zielen) längerfristige Strategien ableiten bzw. kurzfristig flexibel modifizieren.

| Sich reflektieren und weiterentwickeln | Kompetenzausprägung A |

Ich kann vor dem Hintergrund gängiger Konzepte guten Unterrichts Prinzipien kriteriengeleiteten Arbeitens benennen.

Die Weiterentwicklung von Lehrkräften ist nur mit Bezug auf allgemeingültige Merkmale guten Unterrichts denkbar. Die Diskussion über guten Unterricht hat nach den Leistungsvergleichsstudien und Lernstanderhebungen der letzten 15 Jahre (z. B. TIMMS, PISA, IGLU) im deutschsprachigen Raum auf allen Ebenen eine weitreichende Dynamik entwickelt. Die empirische Unterrichtsforschung hat sich dabei nachhaltig etabliert. Der didaktische Diskurs über guten Unterricht bzw. Unterrichtsqualität ist keineswegs neu. Bereits 1986 legten Brophy & Good eine umfassende Studie zu Qualitätsmerkmalen von Unterricht dar. Im deutschsprachigen Raum kann die Studie von Weinert & Helmke (1997) als Startpunkt der Entwicklung der empirischen Unterrichtsforschung zu diesem Thema angesehen werden (vgl. genauer Helmke 2015). Im Mittelpunkt der Studien stand die Frage, unter welchen Unterrichtsbedingungen bzw. Gestaltungsmerkmalen die Schüler zu besseren Lernergebnissen bzw. Kompetenzaufbau gelangen. Helmke weist dagegen auf die Komplexität des Unterrichts hin und legt dazu ein Angebots-Nutzungsmodell des Unterrichts vor, in dem die zentralen Qualitätsbereiche zusammengefasst werden (vgl. Helmke, 2006, S. 43). Danach sind nach Helmke (ebd.) immer drei Perspektiven bei der Frage der Unterrichtsqualität zu berücksichtigen:

- Die Lehrperson (z. B. fachliche und didaktische Kompetenz, Führungs- und Diagnosekompetenz),
- Der Unterrichtsprozess (z. B. Lernklima, Motivierung etc.),
- Unterrichtliche Effekte (Output).

Merkmalskataloge, wie der populäre Dekalog von Meyer (vgl. 2003; 2016) oder das Quait-Modell von Slavin (vgl. Ditton, 2000), betrachten vor allem den Unterrichtsprozess. Solche Merkmalslisten bergen gleichwohl die Gefahr, als normative Handlungsvorschriften missverstanden zu werden. Darüber hinaus können solche Listen je nach Perspektive und Abstraktionsniveau niemals vollständig abgeschlossen werden. Gleichwohl schaffen sie einen Überblick und fassen komprimiert die mehr oder weniger empirisch gesicherten Ergebnisse zur Frage der Unterrichtsqualität zusammen. Helmke sieht aus seinen Forschungen insgesamt zehn fachübergreifende Merkmale, welche bei Einhaltung die Unterrichtqualität verbessern (vgl. genauer Helmke 2005; 2006). In den hier genannten Schriften finden sich zu jedem Merkmal weitere Indikatoren.

1. Effiziente Klassenführung und Zeitnutzung (z. B. Etablierung von Regeln),
2. Lernförderliches Unterrichtsklima (z. B. wechselseitiger Respekt, konstruktiver Umgang mit Fehlern, Aushandlung und Einhaltung von Regeln),
3. Vielfältige Motivierung (z. B. Engagement der Lehrkraft),
4. Strukturiertheit und Klarheit (z. B. sprachliche Prägnanz,),
5. Wirkungs- und Kompetenzorientierung (z. B. Nutzung vorhandener Diagnoseverfahren, deutliche Performanzsituationen).
6. Schülerorientierung (z. B. Mitbestimmung der Schüler),
7. Förderung aktiven selbstständigen Lernens (z. B. durch vielfältige Lerngelegenheiten),
8. Angemessene Variation von Methoden und Sozialformen,
9. Konsolidierung, Sicherung, intelligentes Üben (z. B. Transfermöglichkeiten),
10. Passung (z. B. Anpassung der Aufgaben an unterschiedliche Lerner).

Bei der Nutzung solcher Merkmalslisten zur Selbstreflektion und Weiterentwicklung der eigenen Lehrerpersönlichkeit erscheint es ratsam, Schwerpunkte zu setzen und nicht zu viele Aspekte auf einmal zu bearbeiten.

Literatur:

Brophy, J. E. & Good, T. L. (1986). Teacher behaviour and student achievement. In: M. C. Wittrock (Ed.), *Handbook of research on teaching* (S. 328-375). New York: Macmillan.

Ditton, (2000). Qualitätskontrolle und -sicherung in Schule und Unterricht. Ein Überblick über den Stand der empirischen Forschung. In: A. Helmke, W. Hornstein & E. Terhart (Hrsg.), *Qualität und Qualitätssicherung im Bildungsbereich: Schule, Sozialpädagogik, Hochschule. Zeitschrift für Pädagogik. 41. Beiheft* (S. 73-92). Weinheim: Beltz.

Helmke, A. (2006). Was wissen wir über guten Unterricht? Über die Notwendigkeit einer Rückbesinnung auf den Unterricht als dem ‚Kerngeschäft' der Schule. *Pädagogik*, 52 (2), 42-45.

Helmke, A. (2015). *Unterrichtsqualität erfassen, bewerten, verbessern* (7. Aufl.). Seelze: Kallmeyer.

Meyer, H. (2003). Zehn Merkmale guten Unterrichts. Empirische Befunde und didaktische Ratschläge. *Pädagogik*, 49 (10), 36-43.

Meyer, H. (2016). *Was ist guter Unterricht?* (11. Aufl.). Berlin: Cornelsen.

Weinert, F. E. & Helmke, A. (Hrsg.) (1997). *Entwicklung im Grundschulalter*. Weinheim: Psychologie Verlags Union.

| Sich reflektieren und weiterentwickeln | Kompetenzausprägung B |

Ich kann in schulischen Situationen, geplantem Unterricht usw. „meine" reflektierten Merkmale mit Hilfe kriteriengeleiteter Beobachtung erkennen.

Lehrerhandeln ist immer komplex und mehrdimensional, da alle Bereiche (z. B. fachdidaktisches Wissen, pädagogisches Wissen, curriculares Wissen, entwicklungspsychologisches Wissen) interdependent sind. Dadurch ist der Lehr-Lernprozess immer gleichzeitig von verschiedenen Faktoren bestimmt. Deshalb ist es hilfreich, sich Fragen zu stellen, um einen individuellen Beobachtungschwerpunkt identifizieren zu können.

Dabei sollte nicht vergessen werden, dass auch Stärken zu identifizieren sind, denn wer nicht weiß, was er gut macht und warum er darin gut ist, kann seine Stärken nicht ausbauen und sie nicht zum Ausgleich vorhandener Schwächen nutzen. So kann gefragt werden, ob grundsätzlich über die Gestaltung von Schüler-Lehrer-Beziehungen reflektiert wird oder als Ziel formuliert werden, das Lernklima persönlicher zu gestalten. Eventuell besteht aber auch der Wunsch, den Focus der Selbstbefragung auf fachdidaktische Aspekte zu legen. So kann beobachtet werden, ob das Vorwissen der Lernenden stärker einzubinden ist oder ausgewählte Beispiele so gewählt sind, dass sie komplex genug sind, um daraus eine Problemstellung zu entwickeln. Des Weiteren kann der Einstieg in den Blick genommen und geklärt werden, ob dieser ausreichend motivierend bzw. kognitiv aktivierend war.

Der Lehramtsanwärter sollte ein erstes Gespür dafür entwickeln, welche der möglichen Bereiche bedeutsam sind für eine professionelle Selbstbefragung. Ist ein bestimmter Bereich identifiziert, der für den Lehrer und/oder die Lerngruppe förderlich sein könnte, dann müssen Indikatoren festgelegt werden. Ein Beispiel soll dies verdeutlichen:

Sie haben das Gefühl, dass Sie nicht nachvollziehen können, wie unterschiedlich Denkwege von Schülern sein können und geben deshalb einen Weg vor. Sie möchten jedoch die unterschiedlichen Denkoperationen (z. B. im Fach Mathematik) offenlegen, um sie nutzbar zu machen. Sie fragen sich, was Sie dafür tun müssen und wann dies erreicht wäre. So haben Sie beispielhaft zu einer Mathematikaufgabe, die sich mit der Addition von Brüchen beschäftigt, unterschiedliche Lösungsangebote arrangiert, etwa eines, das den Denkweg des jeweiligen Schülers nachvollziehen lässt. Sie fordern die Schüler auf, einem Schulkameraden, der wegen Krankheit länger fehlen wird, schriftlich und ausführlich zu beschreiben, wie und warum genau so die Aufgabe zu rechnen ist. Die Veröffentlichung dieser Beschreibungen kann dazu führen, dass unterschiedliche Denkoperationen bekannt werden und auch von allen genutzt werden. Sie haben Ihr Vorhaben erreicht, indem Sie auf die unterschiedlichen Vorstellungswelten von Schülern z. B. in den nächsten Aufgabeformaten eingehen.

| Sich reflektieren und weiterentwickeln | Kompetenzausprägung C |

Ich kann mit Hilfe von Diagnoseinstrumenten und Rückmeldungen meine eigenen Stärken und Schwächen herausfinden.

Wenn Lehrer keine Rückmeldungen bekommen, können sie sich nicht weiterentwickeln. Bei Rückmeldungen wird der Andere darüber informiert, wie er auf einen selbst wirkt, welche Beziehung vorliegt und welche Vorstellungen man selbst über den Anderen hat. Somit sind Rückmeldungen ein Zeichen der Offenheit, des achtsamen Handelns miteinander und des gemeinsamen Vertrauens. Feedback informiert auch, wie Botschaften verstanden wurden. Auch wenn Sender klare Botschaften vermitteln, ist nicht klar, wie diese beim Empfänger angekommen sind. Entsprechend sensibel ist der Umgang mit Feedback im Unterricht zu sehen. Doppler & Lauterburg (2002) formulieren acht Regeln für Feedback:

1. „Ich bin o.k. – Du bist o.k."
Rückmeldungen über persönliches Verhalten sind ein Angebot, mehr darüber zu erfahren, wie andere einen wahrnehmen. Sie sind keine objektiven Wahrheiten und keine Werturteile. Und: Sie betreffen nicht den Kern der Persönlichkeit, sondern deren Erscheinungsbild.

2. Beschreiben – nicht bewerten
Wer Rückmeldung gibt, beschreibt seine Wahrnehmungen und Beobachtungen – also das, was ihm am anderen aufgefallen ist. Und er beschreibt, was das in ihm selbst auslöst: Gefühle, Empfindungen, Fragen, Überlegungen. Er fällt keine Werturteile, er macht keine Vorwürfe, er moralisiert nicht.

3. Immer zuerst positive Rückmeldungen
Entweder positive und kritische Rückmeldungen oder gar keine – und die positiven immer zuerst! Es ist wichtig, dass sowohl der „Sender" als auch der „Empfänger" beide Dimensionen betrachten. Einseitigkeit führt immer zu Verzerrungen. Außerdem helfen positive Aspekte dem „Empfänger", Kritisches zu akzeptieren und zu „verdauen".

4. Möglichst konkrete Rückmeldungen geben
Mit Allgemeinplätzen und abstrakten Betrachtungen kann der „Empfänger" nichts anfangen. Rückmeldungen sollten konkret und nachvollziehbar sein. Am besten ist es, wenn sie durch praktische Beispiele aus der gemeinsamen Arbeit untermauert werden können (Aber: Nicht ein einzelnes Beispiel als „Drama" hochspielen!).

5. Jeder/r spricht für sich selbst
Jede/r spricht für sich und nicht per se „man". Der Feedback-Geber spricht den Empfänger direkt persönlich an. Jede/r bezieht sich auf seine eigenen Erfahrungen und Empfindungen.

6. Bei Störung „Signal" geben
Wer sich verletzt oder durch die aktuelle Situation verunsichert fühlt, teilt dies den anderen sofort mit, so dass darüber gesprochen werden kann.

7. Jede/r ist für sich selbst verantwortlich
Rückmeldungen sind Verdikte (Urteilssprüche) und keine Verpflichtungen, sondern Angebote zur Selbstüberprüfung. Der „Empfänger" entscheidet selbst, was er aufnehmen und annehme sowie gegebenenfalls bei sich verändern will – und was nicht.

8. Strikte Vertraulichkeit
Alles, was im Raum von persönlichem Feedback gesprochen wird, bleibt ausschließlich im Kreis der Anwesenden und wird nicht nach außen getragen.

In der Schule können kollegiale Unterrichtshospitationen zu einer systematischen Reflexion einen zentralen Beitrag leisten. Diese sollten allerdings nach Kempfert & Ludwig (2014) immer nach einem festen Schema ablaufen. In einem Vorgespräch werden gemeinsam Beobachtungsaufträge vereinbart. Diese Aufträge werden dann „durchdekliniert". Denn es muss allen Beteiligten unmissverständlich klar sein, worum es bei dem Fokus genau geht und welche Interessen die beobachtete Lehrperson damit verbindet. Folgende Fragen können dabei hilfreich sein:

- Welches sind deine Ziele in dieser Klasse/diesem Fach?
- In welchem Zusammenhang steht dein Wunschfokus mit diesen Zielen?
- Was versprichst du dir von der Beobachtung?
- Wie kann ich feststellen, ob du dein Ziel erreicht hast (Indikatoren)?

Die Durchführung einer professionellen Unterrichtsbeobachtung beruht auf der Unterscheidung von Beobachtung und Bewertung und bedingt die Wahl einer geeigneten Protokollmethode. Die Nachbesprechung erfolgt in folgenden Schritten:

1. Schritt	2. Schritt	3. Schritt	4. Schritt	5. Schritt	6. Schritt
Die hospitierende Person erinnert an die Fragestellung und gibt das Protokoll weiter.	Die hospitierende Person gibt Zeit zum Lesen und beantwortet Verständnisfragen	„Hast du das so erwartet oder überrascht dich das Resultat?"	Für einzelne Beobachtungen werden verschiedene Deutungen gefunden.	Die hospitierende Person achtet auf die Nachhaltigkeit des Besprochenen und vereinbart deshalb eine Rückfrage bzw. ein smartes Ziel.	Die hospitierende Person fragt nach der Wirkung auf die Lehrperson. „Soll noch etwas besprochen werden?"

Erfolgreiche kollegiale Fallberatung hängt stark von der Bereitschaft der Beteiligten ab und muss daher immer freiwillig erfolgen.
Eine Stärken- und Schwächen-Analyse kann nur mit dem echten Willen gelingen, sein Lehrerhandeln zu optimieren.

Ein erprobtes Diagnoseinstrument zur Analyse der eigenen Stärken und Schwächen ist der so genannte *Linzer Diagnosebogen* (vgl. genauer auch zur Auswertung die Online Angebote unter http://ldk.aau.at [Zugriff am 01.08.2018]). Je nach Schulstufe werden unterschiedliche Instrumente bereitgehalten. Im Folgenden ist die Version für die weiterführende Schule für Lehrkräfte dargestellt. Wichtig ist, dass nicht nur defizitorientiert reflektiert wird, sondern auch Stärken deutlich herausgearbeitet werden.

Ich denke bei den folgenden Fragen an meinen Unterricht in der _____- Klasse, im Fach _____:

		stimmt nicht — *stimmt*
1	Ich kann und weiß sehr viel in diesem Unterrichtsfach.	○ ◔ ◑ ◕ ●
2	Ich mache vieles, damit eine gute Klassengemeinschaft entsteht.	○ ◔ ◑ ◕ ●
3	Ich erkläre den Schülern regelmäßig, was an ihren Arbeiten gelungen ist und was nicht.	○ ◔ ◑ ◕ ●
4	Ich bemerke alles, was in der Klasse vor sich geht.	○ ◔ ◑ ◕ ●
5	Ich komme gut gelaunt in die Klasse.	○ ◔ ◑ ◕ ●
6	Ich weiß genau, was ein Schüler schon gut kann und was er/sie noch üben muss.	○ ◔ ◑ ◕ ●
7	Ich rede mit den Schülern auch über den Unterricht und über die Klasse.	○ ◔ ◑ ◕ ●
8	Ich kontrolliere aufmerksam, wie die Schüler arbeiten und was sie können.	○ ◔ ◑ ◕ ●
9	Das Unterrichten macht mir Freude.	○ ◔ ◑ ◕ ●
10	Ich gliedere die Unterrichtsstunde in Abschnitte, die gut aufeinander passen.	○ ◔ ◑ ◕ ●
11	Ich zeige den Schülern bei Fehlern, was sie daraus lernen können.	○ ◔ ◑ ◕ ●
12	Ich versuche die Schüler auch dann zu verstehen, wenn sie mir einmal Schwierigkeiten machen.	○ ◔ ◑ ◕ ●
13	Ich lasse die Schüler oft Aufgaben selbstständig lösen.	○ ◔ ◑ ◕ ●
14	Ich äußere mich anerkennend, wenn sich Schüler so verhalten, wie ich es möchte.	○ ◔ ◑ ◕ ●
15	Bei mir wissen die Schüler genau, was sie zu arbeiten haben.	○ ◔ ◑ ◕ ●
16	Ich bin zu den Schülern offen und ehrlich.	○ ◔ ◑ ◕ ●
17	Ich bin von meinem Fach fasziniert.	○ ◔ ◑ ◕ ●
18	Ich greife gleich ein, wenn ein Schüler zu stören anfängt.	○ ◔ ◑ ◕ ●
19	Ich bin gerecht.	○ ◔ ◑ ◕ ●

20	Ich achte darauf, dass die Schüler im Unterricht immer beschäftigt sind.	○ ◔ ◐ ◕ ●
21	Ich mag Kinder und Jugendliche.	○ ◔ ◐ ◕ ●
22	Ich will, dass sich die Schüler im Unterricht anstrengen.	○ ◔ ◐ ◕ ●
23	Wenn sich Schüler bei mir falsch verhalten, hat das unangenehme Folgen.	○ ◔ ◐ ◕ ●
24	Ich habe Humor.	○ ◔ ◐ ◕ ●
25	Bei mir wissen die Schüler genau, welches Verhalten ich von ihnen erwarte.	○ ◔ ◐ ◕ ●
26	Ich unterrichte interessant.	○ ◔ ◐ ◕ ●
27	Ich halte, was ich verspreche.	○ ◔ ◐ ◕ ●
28	Ich traue den Schülern gute Leistungen zu.	○ ◔ ◐ ◕ ●
29	Ich lasse die Schüler vieles selbst entscheiden.	○ ◔ ◐ ◕ ●
30	Ich verlange von den guten Schülern mehr als von den schwächeren.	○ ◔ ◐ ◕ ●
31	Was die Schüler bei mir lernen, können sie später sicher gut brauchen.	○ ◔ ◐ ◕ ●
32	Mir ist die Klasse sympathisch.	○ ◔ ◐ ◕ ●
33	In dieser Klasse macht das Unterrichten Freude.	○ ◔ ◐ ◕ ●
34	Das ist eine gute Klasse.	○ ◔ ◐ ◕ ●
35	Während des Unterrichts sind die Schüler in Gedanken oft woanders.	○ ◔ ◐ ◕ ●
36	Während des Unterrichts ärgern sich die Schüler manchmal.	○ ◔ ◐ ◕ ●
37	Während des Unterrichts unterhalten sich die Schüler oft mit ihren Sitznachbarn/Sitznachbarinnen.	○ ◔ ◐ ◕ ●

Literatur:

Doppler, K. & Lauterburg, C. (2002). *Change Management. Den Unternehmenswandel gestalten* (10. Aufl.). Frankfurt: Campus.

Kempfert, G. & Ludwig, M. (2014). *Kollegiale Unterrichtsbesuche. Besser und leichter unterrichten durch Kollegen-Feedback* (3. neu ausgestattete Aufl.). Weinheim: Beltz.

Miller, R. (2005). *99 Schritte zum professionellen Lehrer*. Seelze: Friedrich.

| Sich reflektieren und weiterentwickeln | Kompetenzausprägung D |

Ich kann mit Hilfe von Rückmeldungen und der Diagnostik für mich Entwicklungsvorhaben (z. B. smarte Ziele) formulieren.

Im beruflichen Kontext sind Lehrkräfte ständig von vielen Seiten einer Beurteilung des eigenen Verhaltens ausgesetzt. Informelle Rückmeldungen (z. B. von Heranwachsenden in einem Pausengespräch) oder offiziellere Diagnoseverfahren (z. B. Auswertung des Lehrerverhaltens im Rahmen einer Beförderung oder einer Schulinspektion) stoßen individuelle Reflexionsprozesse an. Dadurch entstehen mehr oder weniger bewusst und differenziert Zielvorstellungen zu Veränderungen im eigenen Denken und Handeln bei den sich reflektierenden Lehrkräften.

Die Frage, „Wie man solche angestrebten Ziele erreicht" ist im Professionalisierungsprozess besonders bedeutsam. Aus der Motivationsforschung ist schon länger bekannt, dass solche Ziele möglichst konkret sein sollen (vgl. z. B. Deci & Ryan, 1993). Eine Möglichkeit sind sogenannte SMARTE-Ziele[27]. Allerdings funktioniert die Arbeit mit SMARTEN Zielen nur, wenn bereits eine Motivation vorliegt und eine klar strukturierte Zielperspektive vorhanden ist. Lautet das Ziel z. B. „Ich möchte meinen Gesprächsanteil reduzieren", dann benötigt man keine Verhaltens- sondern Haltungsziele. Für die Erreichung von Haltungszielen kann das Züricher Ressourcenmodell (ZRM) genutzt werden. Motivationspsychologisch stützt sich das Zürcher Ressourcen Modell auf das so genannte Rubikonmodell[28]. Entgegen dem ursprünglichen Modell von Heckhausen und Gollwitzer (vgl. z.B. 1987) unterscheidet das ZRM fünf statt vier Phasen (vgl. genauer Storch & Krause 2017):

Bedürfnis: Ein oft unbewusster Wunsch oder ein vages Unbehagen mit der aktuellen Situation („Irgendetwas ist da, ich weiß nicht recht, was").
Motiv: Ein ausformulierter Wunsch, der aber noch nicht handlungswirksam ist („Es wäre schön, wenn...").
Intention: Ein handlungswirksames Ziel („Ich will!").
Präaktionale Vorbereitung: Sich selbst in die Lage versetzen, zielorientiert zu handeln („Ich will und ich kann").
Handlung: So handeln, dass man darin das gefasste Ziel realisiert („Ich pack's").

Der Schritt vom Motiv zur Intention wird als Schritt über den Rubikon bezeichnet, da hier das Abwägen zu Ende ist und ein klares Ziel angestrebt wird. Darin wird die Bedeutung der Zeitdimension deutlich. Langfristige Ziele verdeutlichen eher ein Bedürfnis (Ich möchte insgesamt mehr Ruhe in meinen Schulalltag bekommen).

---

[27] Das Akronym SMART steht für **s**pezifisch (eindeutig), **m**essbar, **a**ngemessen bzw. **a**ttraktiv, **r**ealistisch und **t**erminiert.
[28] Der Name des Modells leitet sich aus einer historischen Gegebenheit im Jahre 49 v. Chr. ab. Der Fluss Rubikon bildete seinerzeit die natürliche Grenze zwischen Italien und der römischen Provinz Gallia Cisalpina. Genauso wie es für Gaius Julius Caesar mit Überschreiten des Rubikon kein Zurück mehr gab und es in der Folge unweigerlich zum Bürgerkrieg zwischen Caesar und Pompeius kam, wird beim Rubikonmodell für den Handelnden mit dem „Schritt über den Rubikon" die Entscheidung für eine der Handlungsmöglichkeiten gefällt, ein Zurück ist nun (theoretisch) nicht mehr möglich.

Nach Halvorson (2010) rückt hier die Frage nach dem ‚Warum' in den Vordergrund und gibt damit Auskunft über die „Vision". Konkretere Formulierungen rücken dann das ‚Was' in den Vordergrund (Ich möchte immer alle Arbeitsblätter für einen Schultag am Vortag fertig kopiert haben).

Literatur:

Deci, E. L. & Ryan, R. M. (1993). Die Selbstbestimmungstheorie der Motivation und ihre Bedeutung für die Pädagogik. In: *Zeitschrift für Pädagogik*, H. 2., S. 224-238.

Gollwitzer, P.M.; Heckhausen, H. & Weinert, F.E. (Hrsg.) (1987). Jenseits des Rubikon: Der Wille in den Humanwissenschaften. Heidelberg: Springer.

Halvorson, H. G. (2010). *Succeed. How we can reach our goals*. New York: Hudson Street Press.

Storch, M. & Krause, K. (2017). *Selbstmanagement – ressourcenorientiert. Grundlagen und Trainingsmanual für die Arbeit mit dem Zürcher Ressourcen Modell (ZRM)* (6., überarbeitete Aufl.), Göttingen: Hogrefe.

Sich reflektieren und weiterentwickeln — Kompetenzausprägung D

Ich kann mit Hilfe von Rückmeldungen und der Diagnostik für mich Entwicklungsvorhaben (z. B. smarte Ziele) formulieren.

Um Entwicklungsvorhaben systematisch umsetzen zu können, wäre ein „Resonanzboden" zur Selbstvergewisserung und für Anregungen sinnvoll. Dabei können Kollegen hilfreich sein. Eine solche kollegiale Beratung kann nicht ohne Weiteres stattfinden. Es sind im Vorfeld einige Aspekte zu bedenken, damit sich alle Beteiligten realistische Vorstellungen von den möglichen Ergebnissen machen können. Das Gelingen kollegialer Beratung ist gekoppelt an zentrale Voraussetzungen: Teilnehmer, die sich vertrauen, können miteinander offener sprechen. Wenn die Vertraulichkeit, also die Verschwiegenheit über Inhalt und Abläufe nach außen hin gesichert ist, können auch unangenehme Themen vorgebracht werden. Die Gruppe steht im Bemühen um Unterstützung für die übrigen Teilnehmer. Die wechselseitige Wertschätzung fördert Offenheit.

Das Team sollte ohne größere interne Spannungen oder Konflikte sein. Andernfalls fehlt das Vertrauen darin, eigene Fälle offen darzustellen und gemeinsam konstruktiv Ideen zu produzieren. Gegebenenfalls sollte das Team Konflikte zunächst mit einem Berater bereinigen. Unter diesen Voraussetzungen ist zum Beispiel eine kollegiale Fallberatung nach den folgenden Phasen möglich:

1. **Klärungen**: Regelungen wie Pausen, Zeitumfang und Leitung werden getroffen.
2. **Entscheidungsfindung**: Wer möchte heute einen Fall (Situation, Frage, Problem beisteuern?) Die Betroffenen oder die gesamte Gruppe entscheiden.
3. **Bericht**: Eine Person trägt den Fall vor. Die Gruppe hört zu.
4. **Blitzlicht**: Kurze, prägnante und spontane Äußerungen dazu, wie der Bericht auf mich gewirkt hat. Welche Bilder, Gefühle, Gedanken, Assoziationen hat er bei mir ausgelöst. Keine Wertungen, Deutungen und Kritik.
5. **Nachfragen**: Die Gruppe kann noch weitere Informationen erfragen.
6. **Vertiefung**: Hier wird versucht, einen weiteren Zugang zu dem Fall zu bekommen. Dabei können Zeichnungen, Rollenspiele, Standbilder usw. helfen.
7. **Identifikationsrunde**: Jeder Satz beginnt mit „Ich als...". Alle Zuhörenden identifizieren sich mit den Beteiligten des Berichts.
8. **Lösungssuche**: Zunächst legt der Fallgeber das Kernproblem genau fest. Danach sucht die Gruppe nach Lösungs- bzw. Handlungsmöglichkeiten, wie beteiligte Personen sich nun in der Situation verhalten können („Ich als... werde tun.")
9. **Stellungnahme**: Der Fallgeber bewertet für sich die genannten Lösungsmöglichkeiten bzw. setzt für sich Schwerpunkte für das weitere Handeln.
10. **Sharing**: Die Gruppe berichtet ohne Kommentare mit dem Satzanfang „Ich kenne es, dass..." oder „Ich habe auch schon erlebt, dass...".

Aus so gewonnenen Entwicklungsvorhaben können längerfristige Strategien gewonnen werden. Damit ist gemeint, nicht im schulischen Alltag gefangen zu bleiben, sondern in unterschiedlichen Handlungen einen „roten Faden" beizubehalten. Somit werden übergeordnete Ziele festgelegt (vgl. genauer König & Vollmer 2009).

Literatur:

König, E. & Vollmer, G. (2009). *Handbuch systemische Coaching*. Weinheim: Beltz.

Sich reflektieren und weiterentwickeln	CHECKLISTE

A **Ich kann vor dem Hintergrund gängiger Konzepte guten Unterrichts Prinzipien kriteriengeleiteten Arbeitens benennen.**

Mein aktueller Standort:
Wenn ich an eine für mich typische Arbeitswoche denke, kann ich...
- Merkmale guten Unterrichts z. B. von H. Meyer oder Helmke benennen.
- Perspektiven der Unterrichtsqualität benennen.
- erklären, was mit angemessener Variation von Methoden und Sozialformen gemeint ist.
- die der Qualitätsanalyse zugrunde liegenden Unterrichtskonzepte benennen.

B **Ich kann in schulischen Situationen, geplanten Unterricht, usw. „meine" Merkmale mit Hilfe kriteriengeleiteter Beobachtung erkennen.**

Mein aktueller Standort:
Wenn ich an eine für mich typische Arbeitswoche denke, ...
- kann ich strukturiert Unterricht beobachten.
- trenne ich zwischen Beobachtungen und Deutungen der Situation.
- mache ich die Umsetzung eines Merkmals guten Unterrichts an Indikatoren fest.
- kann ich meine fünf wichtigsten Merkmale guten Unterrichts erklären.

So kann es gehen:
- Ich setzte mir Beobachtungsschwerpunkte beim Hospitieren/Beobachten in Arbeitsphasen.
- Ich entwickle aus den Indikatoren der Merkmale von H. Meyer einen Beobachtungsbogen für Unterricht.
- Ich wähle aus den Merkmalen von H. Meyer zwei persönliche Stärken und eine Baustelle aus, die ich anschließend besonders beobachten möchte.

C **Ich kann mit Hilfe von Diagnoseinstrumenten und Rückmeldungen meine eigenen Stärken und Schwächen herausfinden.**

Mein aktueller Standort:
Wenn ich an eine für mich typische Arbeitswoche denke, ...
- nutze ich verschiedene Diagnoseinstrumente in regelmäßigen Abständen.
- lasse ich mir Rückmeldungen von Lerngruppen zu vorher vereinbarten Kriterien geben.
- lade ich Kollegen in meinen Unterricht ein, damit sie mir Rückmeldungen geben können.
- tausche ich mit Kollegen Unterrichtsvorbereitungen aus und verständige mich mit ihnen über unterschiedliche Ansätze.

So kann es gehen:
- Ich bitte einen Schüler, meine Impulse in Gesprächen zu notieren.
- Ich bearbeite den Linzer-Reflexionsbogen für mich.
- Ich führe in einer Lerngruppe die Übung „warmer Rücken" (nur Positives zu einer Person wird auf einen Zettel auf dem Rücken einer Person notiert) mit mir als Teilnehmer durch.

D   Ich kann mit Hilfe von Rückmeldungen und der Diagnostik für mich Entwicklungsvorhaben (z. B. smarte Ziele) formulieren.

Mein aktueller Standort:
Wenn ich an eine für mich typische Arbeitswoche denke, ...
  sind meine Ziele terminiert.
  sind meine Ziele realistisch.
  hole ich mir regelmäßig von unterschiedlichen Personen Rückmeldungen ein.
  diagnostiziere ich regelmäßig mit unterschiedlichen Instrumenten meinen Unterricht

So kann es gehen:
- Ich notiere meine smarten Ziele und deren Umsetzung in einem Portfolio.
- Ich nutze Kompetenzraster, um zu smarten Zielen zu gelangen und deren Erfüllung zu kontrollieren.
- Ich tausche mich mit Kollegen über die Ergebnisse und entsprechenden Konsequenzen von Rückmeldungen aus.

E   Ich kann Entwicklungsvorhaben systematisch umsetzen.

Mein aktueller Standort:
Wenn ich an eine für mich typische Arbeitswoche denke, ...
  nehme ich an einer Supervision oder kollegialen Fallberatung teil.
  führe ich systematisch und regelmäßig ein Portfolio.
  habe ich eine „Time-Line" bzw. einen Zeitstrahl für die Umsetzung meiner smarten Ziele erstellt.
  kann ich längerfristige Strategien in meinen smarten Zielen erkennen.

So kann es gehen:
- Ich analysiere meinen Strategieprozess.
- Ich führe eine Stärken-Schwächen-Analyse durch.
- Ich arbeite vor dem Hintergrund des Züricher Ressourcen Modells an selbstgestellten Entwicklungszielen.

5.13 Im Team arbeiten: *Julia Vollmer*

Kompetenz-ausprägung	Ich kann ...
A	den Teambegriff definieren, Grundbedingungen erfolgreicher Teamarbeit sowie Phasen der Teamentwicklung benennen.
B	die Struktur (Aufgaben, Rollen etc.) in konkreten schulischen Teams beschreiben.
C	mein Handeln sowie Maßnahmen zur Planung, Ausführung und Kontrolle von Arbeitsprozessen stimmig zur Teamstruktur bzw. -situation ableiten.
D	im Bewusstsein meiner spezifischen Aufgaben bzw. Maßnahmen, mit meinen Teammitgliedern effektiv zusammenarbeiten.
E	den Prozess und das Resultat von Teamarbeit auch prozessbegleitend einschätzen und Maßnahmen bzw. mein Handeln situativ variieren.
F	meine gute Teamarbeit reflektieren und mein Handeln gegebenenfalls sinnvoll modifizieren.

| Im Team arbeiten | Kompetenzausprägung A |

Ich kann den Teambegriff definieren, Grundbedingungen erfolgreicher Teamarbeit sowie Phasen der Teamentwicklung benennen.

Grundsätzlich ist ein Team eine Gruppe von drei bis acht Menschen.[29] In Anlehnung an Ratzki & Mitschka wird nach Heymann (vgl. 2007, S. 6 f.) eine Gruppe zu einem Team, wenn:

- eine Aufgaben- und Zielorientierung erfolgt, die von allen Mitgliedern getragen wird,
- alle Mitglieder nach ihren Kompetenzen und Fähigkeiten zu der Aufgabenbewältigung bzw. Zielerreichung beitragen,
- alle Mitglieder offen untereinander kommunizieren können und Wege gefunden haben, Interessengegensätze auszubalancieren,
- die Gruppe mit der Außenwelt vernünftig kommunizieren kann,
- sich eine Team-Identität (Teamgeist) und ein Zusammengehörigkeitsgefühl (Wir-Gefühl) entwickelt hat.

Als *Grundbedingungen* für eine erfolgreiche Teamarbeit lassen sich als Grundvoraussetzung folgende Kriterien benennen:

- eine gut funktionierende Gruppenkommunikation,
- die Bereitschaft und der Wille jedes Einzelnen, sich in der Gruppe zu engagieren
- die Bereitschaft und der Wille jedes Einzelnen, die eigenen Fähigkeiten zu erproben.

Diese Grundbedingungen können gleichsam nicht alleine für eine gute Teamarbeit sorgen. Grundlegende Funktionsbedingungen müssen ebenfalls beachtet werden. Nach Schneider (vgl. 1991) müssen neben den Grundbedingungen noch weitere folgende sechs Bedingungen erfüllt sein:

- Kommunikation,
- Akzeptanz,
- Autonomie,
- Strukturierung,
- Parität,
- Koordination.

Buhren & Rolff (2012, S. 172) sehen dagegen insgesamt sieben Faktoren, um ein gutes Team zu werden:

- klare Rollen- und Aufgabenverteilung
- ein Ziel
- Kommunikation
- (wechselnde) Leitung
- relative Autonomie

---

[29] Auch größere Gruppen können ein Team darstellen (z. B. ein Schulklasse, ein Lehrerkollegium, eine Fachkonferenz etc.). Man würde dann allerdings von einer Großgruppe sprechen.

- Unterstützung
- Erfolgserlebnisse.

Teamarbeit lässt sich ebenfalls unter der Perspektive der Vielzahl sie beeinflussenden Faktoren betrachten. Dabei lassen sich nach Haug (1998) grundsätzlich zwei verschiedene Faktorengruppen unterscheiden:

- **Harte Faktoren**: Diese Faktoren sind empirisch nachprüfbar und objektiv messbar. Dazu gehören: Teamziele, Teamführung, Zeit- und Projektplanung, Qualifikation und Aufgabenverteilung, Entscheidungskompetenz, strukturelle Einbindung.
- **Weiche Faktoren**: Diese Faktoren sind zwar nur schwer messbar, werden aber von jedem einzelnen Teammitglied erlebt und besitzen eine große Bedeutung für die Teamarbeit. Dazu gehören: Vision; konstruktive Konkurrenz; konstruktive Unzufriedenheit; sachliche und emotionale Offenheit; Übernahme von Verantwortung; Klima; Effizienz, Dynamik, Teamgeist; Interesse, Vertrauen und Akzeptanz; Gegenseitige Hilfe und Unterstützung; Partizipation und Engagement; Kommunikation und Interaktion.

Eine funktionierende Teamarbeit fördert insbesondere, dass sensibel und regelgebunden zusammengearbeitet wird. Darüber hinaus wird konzentrierter an Aufgaben gearbeitet und Entscheidungen werden stärker akzeptiert. Darüber hinaus werden insgesamt Solidarität gefördert und Schulentwicklungsprozesse nachhaltig beschleunigt (vgl. Klippert, 2000, S. 15 f.).

Um eine erfolgreiche Teamarbeit zu gewährleisten, ist die Teamentwicklung am Beginn eines Projekts besonders wichtig. Nach Buhren & Rolff (2012, S. 171) werden dabei folgende Phasen durchlaufen:

- *Forming (Kontakt):* Die Teammitglieder lernen sich und ihre Aufgabe kennen.
- *Storming (Konflikt):* Die Aufgabenstellungen werden analysiert. Es werden erste Rollen zugewiesen.
- *Norming (Kontrakt):* Es findet eine erste Auseinandersetzung mit der Aufgabenstellung durch Austausch von Informationen und Meinungen statt.
- *Performing (Kooperation):* Das Team arbeitet an der Aufgabenstellung, an Projekten. Die Rollen sind klar formuliert.

Literatur:

Buhren, C. G. & Rolff, H. G. (2012). *Handbuch Schulentwicklung und Schulentwicklungsberatung.* Weinheim: Beltz.
Eunson, B. (1990). *Betriebspsychologie.* Hamburg: MacGraw-Hill.
Haug, C. (1998). *Erfolgreich im Team. Praxisnahe Anregungen und Hilfestellungen für effiziente Zusammenarbeit.* München: dtv
Heymann, H. W. (2007). Lernen und Arbeiten im Team. In: *Pädagogik,* (4), 59, S. 6-9.
Klippert, H. (2000). *Teamentwicklung im Klassenraum. Übungsbausteine für den Unterricht* (4. Aufl.). Weinheim: Beltz.
Schneider, H. (1991): *Team und Teamarbeit.* Bergisch-Gladbach: Heider.

| Im Team arbeiten | Kompetenzausprägung B |

Ich kann die Struktur (Aufgaben, Rollen etc.) in konkreten schulischen Teams beschreiben.

In der Schule arbeitet eine Vielzahl unterschiedlicher Gruppen zusammen und jede Lehrkraft ist in den unterschiedlichsten Gruppen bzw. Gremien tätig:

- Klasse, Kurs,
- Kollegium,
- Fachkonferenz,
- Elternpflegschaft,
- Schulkonferenz,
- Arbeitsgruppen,
- Steuergruppe,
- …

Jede Gruppe stellt besondere Anforderungen bzw. Aufgaben an die Gruppen- bzw. Teammitglieder. Die folgende Grafik vermittelt eine Übersicht über die verschiedenen Aufgabentypen von Teamarbeit

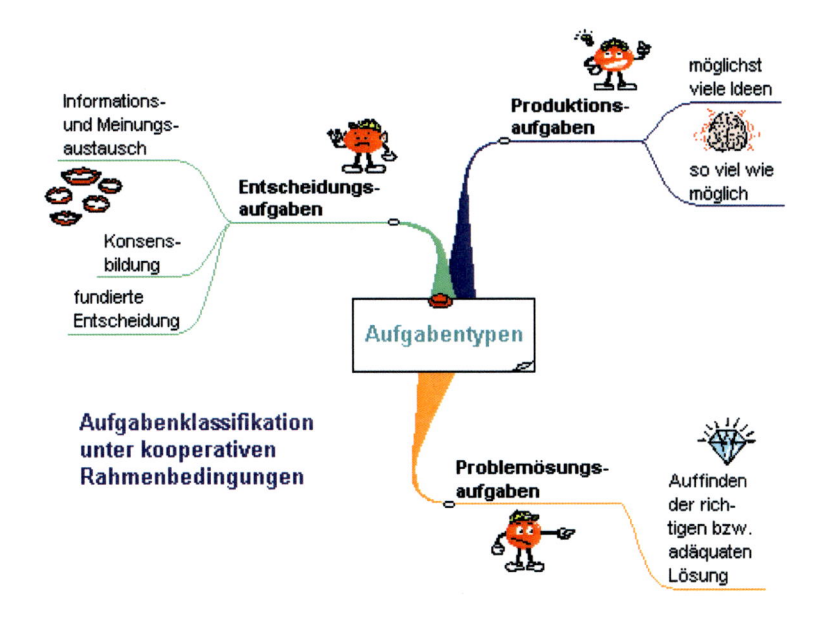

Abb. 1: Aufgabentypen. Verfügbar über: http://www.teachsam.de/arb/team/team_6_3.htm [Zugriff am 06.08.2018].

In einem Team agiert jeder Teilnehmer im Rahmen eines bestimmten Rollentyps, der sowohl die Arbeit voranbringen als auch behindern kann. Eunson (vgl. 1990, S. 427 ff.) unterscheidet insgesamt drei verschiedene Gruppen von Rollentypen:

- Aufgabenrollen,
- sozio-emotionale Rollen,
- zerstörerische Rollen.

In der folgenden Tabelle sind einzelne Rollen der drei Rollentypen dargestellt:

Rollentypen der Aufgabenrolle	
Initiator	schlägt neue Weg vor, zeigt neue Lösungen, Verfahren auf, die Gruppe zu organisieren.
Informationssucher	hinterfragt neue Ideen, prüft ihre faktische Angemessenheit und Relevanz.
Informationsgeber	bietet Tatsachen/zieht Expertenurteile heran, bringt seine eigenen Erfahrungen in Bezug auf die Aufgabe mit in die Diskussion
Meinungssucher	versucht, relevante Werte und Glaubensätze zu finden, die zur Lösung der Teamaufgabe beitragen können
Meinungsgeber	steuert Werte und Glaubenssätze zur Problematisierung bei.
Bewerter	entwickelt Begriffe und Standards (z. B. Logik, Gültigkeit).
Geschäftsordnungspraktiker	kümmert sich um die Organisation(z. B. Schreibmaterial etc.), sorgt dafür, dass bestimmte Verfahrenserfordernisse beachtet werden (z. B. Einhaltung der Tagesordnung).
Schriftführer	führt Protokoll, schreibt Berichte
Rollentyp der sozial-emotionalen Rollen	
Mutmacher	gibt positives Feedback, lobt und unterstützt die Aktiven, ermuntert die Zögerlichen.
Friedensstifter	kümmert sich um Konsensbildung, versucht Übereinstimmungen zu erzielen.
Kompromissschließer	entschärft Konflikte durch Kompromisse, tritt dazu auch in der Hierarchie zurück, räumt Fehler ein.
Spannungsmilderer	sorgt für gute Stimmung, kann eine angespannte Atmosphäre auflockern.
Konfrontieren	geht selbstsicher, aber ohne Aggressivität gegen ein zu ausgeprägtes konfliktvermeidendes Harmoniestreben im Team.
Rollentyp der zerstörerischen Rollen	
Schwätzer	braucht sehr lange, um etwas zu sagen.
Detailversessener	bringt unbedeutende Kleinigkeiten, verliert den „roten Faden", ist meist bis ins Detail vorbereitet.
Einfallsproduzent	sagt zumeist das Erstbeste, was ihm in den Sinn kommt.
Definierer	kämpft verbissen um begriffliche Präzision, streitet über Definitionen.
Offenhalter	kann und will sich nicht festlegen.
Miesmacher	äußert ständig seine Einwände, ohne konstruktive Vorschläge zu machen.
Aufschieber	verschiebt immer alles auf später.
Störer	führt Nebengespräche so laut, dass der Gesamtablauf beeinträchtigt wird.
Personalisierer	nimmt immer alles persönlich und reagiert häufig verletzt.
Manipulierer	will anderen Mitglieder mit Lob und Schmeichelei beeinflussen, bearbeitet seine „Lobby".
Dominierer	erwartet, dass alle Mitglieder ihm folgen.

Tab. 1: Rollen in den drei Rollentypen nach Eunson (vgl. 1990).

Wie bei rollentheoretischen Betrachtungen ist es auch bei den spezifischen Rollen so, dass es im Team zumeist keine reinen Rollentypen gibt, sondern dass Rollentypen sich wechseln bzw. sich Mischformen ergeben. Gleichwohl lassen sich häufig immer wiederkehrende Rollentypen feststellen. Wer eine zerstörerische Rolle einnimmt, wird meistens auch nichtpartnerschaftlich argumentieren und diskutieren und etwa große Probleme in der Kommunikation zeigen.

Literatur:

Eunson, Baden (1990): *Betriebspsychologie*. Hamburg, New York: MacGraw-Hill.

Im Team arbeiten — Kompetenzausprägung C

Ich kann mein Handeln sowie Maßnahmen zur Planung, Ausführung und Kontrolle von Arbeitsprozessen stimmig zur Teamstruktur bzw. -situation ableiten.

Bei der konkreten Planung von Teamarbeit müssen nach Lohmann (vgl. 2015) folgende Aspekte beachtet werden:

- Teamarbeit muss bewusst gemacht werden. Sie besteht immer aus der Planung, der Durchführung und der Ergebniskontrolle.
- Teams formulieren gemeinsame Ziele, Aufgaben und Produkte.
- Die Mitglieder bewegen sich zwischen den Polen von Selbstständigkeit (Ich) und Anpassung (Wir/Gruppe).
- Zentral für das Gelingen einer Teamarbeit im System Schule sind:
    - die Akzeptanz durch das Kollegium (kein Gegenwind),
    - die Transparenz von Prozess und Produkt durch das Team (keine Verschleierung),
    - die Klärung des Rahmens und der Bedingungen (Sicherheit).
- Das Team braucht von seinen Mitgliedern:
    - ein verbindliches Ja zur Mitarbeit,
    - soziale und fachliche Kompetenz,
    - Verantwortungsbewusstsein und Verlässlichkeit,
    - Selbstbehauptung und Anpassung
- Regelmäßig sind Prozesse und Ergebnisse z.u evaluieren, auf deren Ergebnisse dann Veränderungen der Teamarbeit vorgenommen werden.

Teamarbeitsprozesse sollten nach Lohmann (ebd.) nach bestimmten Aspekten strukturiert werden:

- Teamarbeit begründet anbieten, geeignete Personen auswählen und ansprechen.
- Organisatorisches klären, Strukturen aufbauen, günstige Bedingungen schaffen, Ziele und Aufgaben definieren.
    - Die Teams je nach Funktionen, Interessen, Absichten zusammenfinden lassen, die Verbindlichkeiten festlegen und die Arbeit beginnen. Dabei setzt das Team fachliche Prioritäten und erarbeitet Leitlinien. Das Team trifft sich regelmäßig zu Teamsitzungen, wobei die Mitglieder eigenverantwortlich für den Inhalt, die Verteilung der Arbeit und für die Organisation sind.
    - Die einzelnen Teams vernetzen (z. B. Erfahrungsaustausch, Kooperation, Zielklärungen, Abstimmungen etc.).
- Kooperieren statt konkurrieren: „Wir sitzen alle in einem (Schul-)Boot!"

Literatur:

Lohmann, Gert (2015): *Mit Schülern klarkommen. Professioneller Umgang mit Unterrichtsstörungen und Disziplinkonflikten.* Berlin: Cornelsen.

| Im Team arbeiten | Kompetenzausprägung D |

Ich kann im Bewusstsein meiner spezifischen Aufgaben bzw. Maßnahmen mit meinen Teammitgliedern effektiv zusammenarbeiten.

Zu einer erfolgreichen Zusammenarbeit im Team ist neben dem Bewusstsein über die eigenen Aufgaben und die eigene Rolle der Aspekt der Kommunikation besonders wichtig. Eine möglichst schnelle und reibungslos verlaufende Kommunikation sorgt für den nötigen Informationsfluss im Team, sie verringert das Entstehen von Missverständnissen und erleichtert die Lösung von Beziehungsproblemen, deren Ursachen im sozialen Miteinander liegen.

Da die Teamkommunikation einen ganz wesentlichen Anteil an der gruppendynamischen Entwicklung eines Teams hat, wird an sie hohe Anforderungen gestellt, die im Rahmen der Kategorien von Teamfähigkeit demgemäß auch einen hohen Stellenwert besitzen. Was als soziale Kompetenzen in diesem Zusammenhang verlangt ist, lässt sich ganz allgemein so formulieren: Nur ein Team, das offen und ehrlich miteinander umgeht, wird auf die Dauer erfolgreich sein.

Eine gut funktionierende Teamkommunikation erfordert viele Voraussetzungen (vgl. genauer Philipp 2014):

- Fähigkeit und Bereitschaft zur „Meta-Kommunikation" über die Art und Weise des gegenseitigen Umgangs miteinander und über vorhandene (Beziehungs-)Probleme,
- Fähigkeit zum Feedback,
- Partnerorientierter Gesprächsstil,
- Förderung der Partizipation aller Teammitglieder bei Gesprächen und in Entscheidungsprozessen,
- Schneller Informationsfluss zwischen allen Teammitgliedern,
- Bereitschaft zu neuen Erfahrungen, Aufgaben und Rollen,
- Realistische Selbst- und Fremdeinschätzungen,
- Konstruktiver Realitätsbezug,
- Offenheit für Kontakte zu allen anderen Teammitgliedern.

Literatur:

Phillip, E. (2014). *Multiprofessionelle Teamentwicklung. Erfolgsfaktoren für die Zusammenarbeit in der Schule*. Weinheim: Beltz.

| Im Team arbeiten | Kompetenzausprägung E |

Ich kann den Prozess und das Resultat von Teamarbeit auch prozessbegleitend einschätzen und Maßnahmen bzw. mein Handeln situativ variieren.

Zu erfolgreicher Teamarbeit kann die Einnahme einer gewissen Haltung angesehen werden, die man *konstruktive Unzufriedenheit* nennen kann. Dahinter steht die These, dass konstruktive Unzufriedenheit für kontinuierliche Verbesserung sorgt.

Teamarbeit lebt somit von der Herausforderung und ihrer erfolgreichen Bewältigung. Wo beides fehlt, kommt es schnell zu Motivationsverlusten, die die Teamleistung herabsetzen. Wenn ein Team auf die Dauer gesehen seine Innovations- und Leistungsfähigkeit nicht verlieren will, muss es als Team und jedes ihrer Mitglieder ständig auf der Suche nach Verbesserungen sein. Was in Lean-Management-Konzepten und dem japanischen *Kaizen* als Prinzip der kontinuierlichen Verbesserung bezeichnet wird und z. T. von so genannten *CIP-Teams* (CIP= Continuous Improvement Process) angeleitet und umgesetzt wird, ist Richtlinie und Haltung zugleich. Dabei wird von allen Beteiligten (egal auf welcher Ebene) verlangt, genau zu beobachten, was geschieht, Fehler zu erkennen und selbständig Abhilfe zu schaffen. Indem das Team der *"Idee der stetigen Verbesserung in kleinen Schritten"* (Kaizen) folgt, vermeidet es die Motivationsverluste und weist sich als ein lernendes System aus, das einen kontinuierlichen Fortschritt erzielt. Dieses Prinzip geht auf die Arbeiten W. Demings (1985) zurück. Das so genannte *Deming-Wheel* (vgl. Abb. 1) zeigt, wie dieser stetige Verbesserungsprozess vonstattengeht. Indem sich das Rad mit seinen vier gleichermaßen wichtigen Aspekten Planung, Ausführung, Kontrolle und Korrektur dreht, wird ein Fortschritt erzielt, der sich auf der Basis eines steigenden Qualitätsbewusstseins vollzieht.

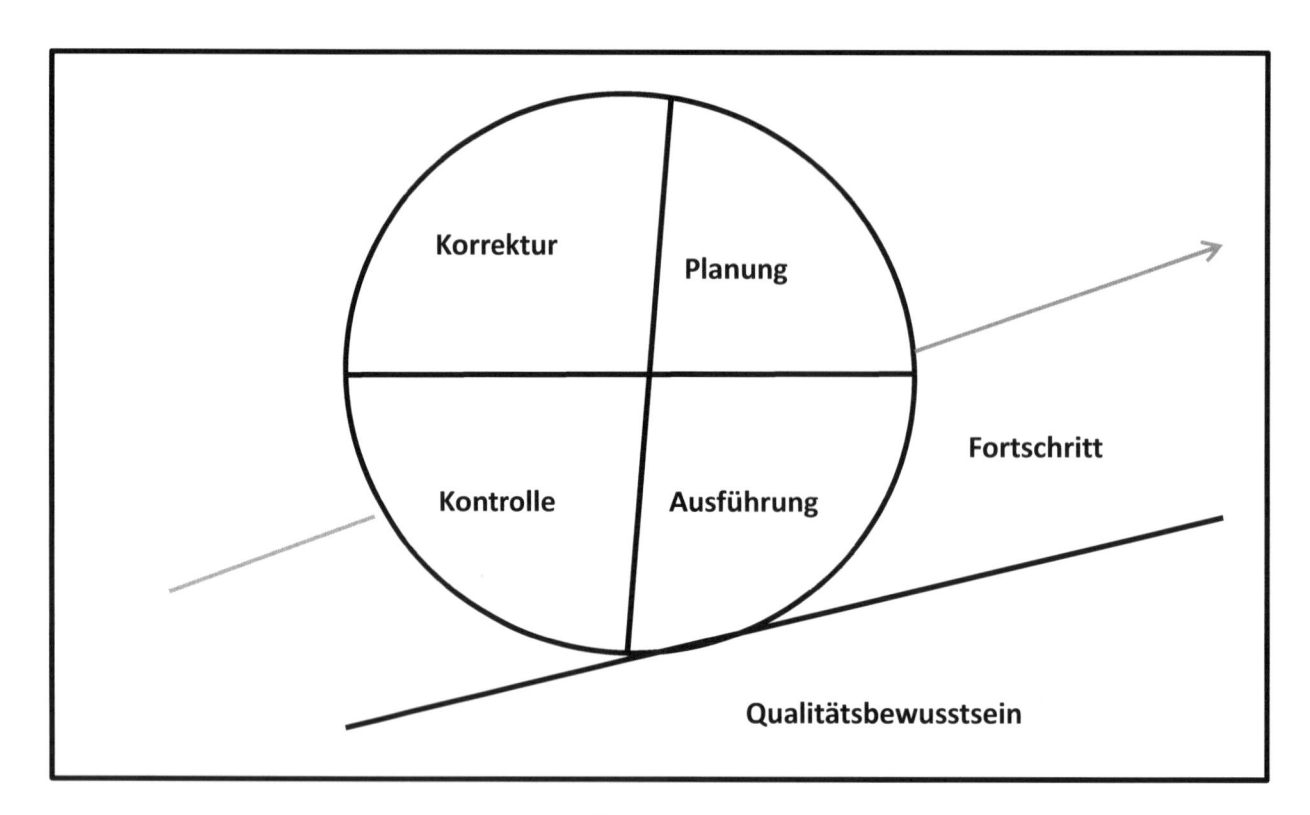

Abb. 1: Das „Demming-Wheel" (Demming, 1985).

Bahnbrechende Innovationen und kontinuierliche Verbesserung in kleinen Schritten sind in einem lernenden System wechselseitige Ergänzungen. Natürlich ist es von Vorteil, wenn einem Team eine sensationelle Innovation gelingt, die das Gewesene revolutioniert; aber insbesondere die kleineren Schritte, die aus der Grundhaltung konstruktiver Unzufriedenheit erwachsen, sichern auf Dauer die Kontinuität des lernenden Systems und führen zu einer kontinuierlichen Verbesserung oder zu einer Intensivierung von Weiterentwicklungen (vgl. genauer Schneider 1996, S.72; vgl. Haug 1998, S.44 f.).

Literatur:

Deming, W. (1985). Transformation of Western Style Management. In: Y. Shetty &. V. Buehler (Eds.), *Productivity and Quality through People* (S. 1-11). London: Westhill.
Haug, C. (2004). *Erfolgreich im Team. Praxisnahe Anregungen und Hilfestellungen für effiziente Zusammenarbeit*. München: dtv.
Schneider, H. (1996). *Lexikon zu Team und Teamarbeit*. Köln: Wirtschaftsverlag.

| **Im Team arbeiten** | **Kompetenzausprägung F** |

Ich kann meine Teamarbeit reflektieren und mein Handeln gegebenenfalls sinnvoll modifizieren.

Als zentrales Merkmal einer erfolgreiche Teamarbeit kann das Verfolgen einer gemeinsamen *Vision* gesehen werden, welche die in dem folgenden Satz des Dichters Antoine de Saint Exupéry deutlich wird:

„Wenn du ein Schiff bauen willst, dann rufe nicht die Männer zusammen, um Holz zu holen, sondern lehre sie die Sehnsucht nach dem weiten Meer. "

Eine Vision ist nach Bonsen (vgl. 1994, S. 15) ein inneres Bild von der Zukunft, die wir uns schaffen wollen. Wer einer Vision folgt, will in meist fernerer Zukunft etwas erreichen, ohne sich dabei zunächst über Mittel und Wege dahin völlig im Klaren zu sein. Das visionäre Ziel wird auf der Grundlage einer hohen Ambiguitätstoleranz mit starker emotionaler Beteiligung angestrebt.

Das Verfolgen einer Vision kann die Motivationen der Teammitglieder verstärken und den Ehrgeiz wecken, an der Verwirklichung dieser Vision mitzuwirken. Dadurch wird im besten Fall der soziale Zusammenhalt des Teams gestärkt, soziale Distanz abgebaut Kommunikation nachhaltig verbessert.

Die Reflexion der Teamarbeit kann durch den regelmäßigen Abgleich von Ziel, Vision und Prozess erfolgen. Wichtige Fragestellungen sind dabei nach Endler (vgl. 2002, S. 54 ff.):

- Bilanz: Haben wir unser Ziel erreicht? War es das richtige Ziel hinsichtlich unserer Vision?
- Manöverkritik: Was hat gut geklappt, wo gab es Schwierigkeiten?
- Prozess: Wie war die Zusammenarbeit im Team?
- Transfer: Was lernen wir daraus für künftige Projekte?

Literatur:

Bonsen, M. (1994). *Führen mit Visionen. Der Weg zum ganzheitlichen Management.* Wiesbaden: Gabler.
Endler, S. (2002). *Projektmanagement in der Schule. Projekte erfolgreich planen und gestalten.* Lichtenau: AOL.

| **Im Team arbeiten** | **CHECKLISTE** |

A   Ich kann den Teambegriff definieren, Grundbedingungen erfolgreicher Teamarbeit sowie Phasen der Teamentwicklung benennen.

Mein aktueller Standort:
Wenn ich an eine für mich typische Arbeitswoche denke, kann ich…
  unterschiedliche Phasen in Gruppenprozessen benennen.
  Faktoren zum Gelingen von Teamarbeit nennen.
  den Teambegriff erklären.
  Grundbedingungen von Teams nennen.

B   Ich kann die Struktur (Aufgaben, Rollen etc.) in konkreten schulischen Teams beschreiben.

Mein aktueller Standort:
Wenn ich an eine für mich typische Arbeitswoche denke, …
  kann ich unterschiedliche Teams in der Schule nennen.
  erkenne ich in Lehrerkonferenzen unterschiedliche Rollentypen von Gruppen.
  kenne ich meine Teams/Gremien, denen ich zugeordnet bin.
  weiß ich, wen ich bei Fragen in der Schule ansprechen kann.

So kann es gehen:
- Ich erbitte mir ein Organigramm über die verschiedenen Gremien meiner Schule oder erstelle eine entsprechende Übersicht.
- Ich interviewe einen erfahrenen Kollegen über die kollegiale Zusammenarbeit an meiner Schule.
- Ich analysiere meinen Bedarf an kollegialen Unterstützungsgremien.

C   Ich kann mein Handeln sowie Maßnahmen zur Planung, Ausführung und Kontrolle von Arbeitsprozessen stimmig zur Teamstruktur bzw. -situation ableiten.

Mein aktueller Standort:
Wenn ich an eine für mich typische Arbeitswoche denke, …
  weiß ich, wie ich mich in kollegialen Teams/Gremien zu verhalten habe.
  bin ich mit dem Arbeitsergebnis der kollegialen Teams/Gremien zufrieden.
  werden Arbeitsergebnis der kollegialen Teams/Gremien gemeinsam reflektiert.
  ist der Arbeitsauftrag der kollegialen Teams/Gremien klar.

So kann es gehen:
- Ich rege zu Beginn einer Sitzung an, erst über das Ziel und den Weg dorthin zu sprechen und dann inhaltlich einzusteigen.
- Wenn ich Probleme mit meinem Team sehe, versuche ich zuerst mich auf die Situation positiv einzulassen; wenn das nicht gelingt, ändere ich die Situation (falls es in meinem Einflussbereich liegt); ohne Veränderung verlasse ich die Situation (falls das Verlassen möglich ist), ohne Möglichkeit des Verlassens finde mich mit der Situation ab („Love it – Change it – leave it").
- Ich analysiere die Wünsche und Verhaltensweise der einzelnen Mitglieder der Gruppe durch und führe darauf aufbauend Gespräche.

D Ich kann im Bewusstsein meiner spezifischen Aufgaben bzw. Maßnahmen mit meinen Teammitgliedern effektiv zusammenarbeiten.

Mein aktueller Standort:
Wenn ich an eine für mich typische Arbeitswoche denke,…
- wird in Teamsitzungen regelmäßig Feedback gegeben.
- wird ein partnerschaftlicher Gesprächsstil gepflegt.
- partizipieren alle Teammitglieder gleichwertig an Gesprächen bzw. der Arbeit.
- ist der Informationsfluss zwischen den Teammitgliedern transparent.

So kann es gehen:
- Ich spreche mögliche Missverständnisse direkt und offen an.
- Ich gebe Rückmeldung, wie Botschaften bei mir ankommen.
- Ich fertige Protokolle zügig nach der Sitzung an.

E Ich kann den Prozess und das Resultat von Teamarbeit auch prozessbegleitend einschätzen und Maßnahmen bzw. mein Handeln situativ variieren und modifizieren.

Mein aktueller Standort:
Wenn ich an eine für mich typische Arbeitswoche denke, …
- ziehen wir aus Evaluationen Konsequenzen.
- besteht eine Innovationsbereitschaft bei mir und im Kollegium.
- bestehen sich verändernde Schwerpunkte in der Schulentwicklung.
- haben meine Schule und ich ein gemeinsames Leitbild bzw. eine gemeinsame Vision.

So kann es gehen:
- Ich bitte um ein Mitarbeitergespräch bei der Schulleitung, um Rückmeldungen zum Schulentwicklungsprozess geben und Möglichkeiten meines persönlichen Engagements erfahren zu können.
- Ich analysiere den Strategieprozess eines Teams/Gremiums.
- Ich führe eine Zukunftswerkstatt zur Teamarbeit in meiner Schule durch.

5.14 Sprachsensibel unterrichten: Lars Schmoll

Kompetenz-ausprägung	Ich kann ...
A	die Grundzüge eines Sprachsensiblen Unterrichts erläutern.
B	die Sprachfähigkeit meiner Schüler diagnostizieren und meine Rolle in einem Sprachsensiblen Unterricht reflektieren.
C	grundlegende Möglichkeiten der Sprachförderung erklären.
D	konkrete Instrumente zur Sprachförderung darstellen.

| Sprachsensibel unterrichten | Kompetenzausprägung A |

Ich kann die Grundzüge eines Sprachsensiblen Unterrichts erläutern.

Die Sprache in Wort und Schrift ist in der Schule das zentrale Medium. Ohne Sprache keine Bildung, könnte man etwas reißerisch formulieren.
In den vergangenen Jahren hat das Thema eines „Sprachsensiblen" Unterrichts eine besondere Dynamik bekommen, nicht zuletzt dadurch, dass immer mehr Kinder mit einer Zuwanderungsgeschichte unterrichtet werden (müssen).
Gleichwohl besteht für alle Lehrkräfte schon lange die Verpflichtung in jedem Fach eine Förderung der deutschen Sprache zu betreiben. Die Anforderungen sind damit breit gefächert. Es geht um Kinder, die noch kaum Fähigkeiten in der deutschen Sprache haben, genauso um Schüler der gymnasialen Oberstufe, die für die sprachlichen Herausforderungen für ein Studium an einer Hochschule vorbereitet werden müssen.
Grundsätzlich geht es im Sprachsensiblen Unterricht in besonderer Weise um die Anbahnung von Bildungssprache. Diese ist dadurch gekennzeichnet, dass sie nicht nur in der Schule[30], sondern in jedem Bildungskontext von Bedeutung ist. Bildungssprache vermittelt somit zwischen Alltagssprache, spezielleren Wissensgebieten und der Wissenschaft (vgl. Feilke 2012, S. 6). Der Unterschied zwischen Alltags- und Bildungssprache ist in Tabelle 1 dargelegt.

Tab. 1: Merkmale von Alltags- und Bildungssprache

Alltagssprache	Bildungssprache
Sprechsituationen sind vertraut.	Sprechsituationen sind zum großen Teil neu.
Viele persönliche Informationen werden ausgetauscht.	Es wird häufig über Unpersönliches gesprochen.
Häufig werden konkrete Erfahrungen mitgeteilt.	Zumeist wird abstraktes Wissen mitgeteilt.
Fehler in der Sprache finden häufig statt. Gleichwohl verstehen sich die Kommunikationsakteure.	Fehler in der Sprache fallen in der Regel auf und entstellen den Sinn.
Die Akteure sind fehlertolerant.	Die Akteure sind nicht fehlertolerant.

Zu ergänzen ist noch die **Fachsprache**, die ein Bündel an sprachlichen Ausdrucksmittel darstellt, die innerhalb einer fachlichen Disziplin verwendet werden. Dabei werden häufig Begriffe aus der Alltagssprache verwendet und fachlich eingebunden. So kann der Begriff Energie je nach Fachgebiet eine unterschiedliche Bedeutung haben (vgl. Schmölzer-Eibinger et al 2010, S. 15).
Zu ergänzen ist die **Schriftsprachlichkeit**, welche alle verschiedenen „Sprachen" prägt. Vereinfacht ausgedrückt ist die Schriftsprachlichkeit die Materialisierung von Sprache. Schmölzer-Eibinger & Dorner (vgl. 2012) erweitern diese sehr einfache Definition durch das Konstrukt der **Literalen Handlungskompetenz**. Dabei geht es vor allem um den Umgang mit Texten.

---

[30] In einigen Publikationen wird die **Schulsprache** als eigener Bereich herausgestellt, der Sprachelemente besitzt, die exklusiv nur in der Schule Anwendung finden (z.B. Die Erörterung).

Vor allem für den Erwerb der Zweitsprache hat sich die von Cummins Ende der 1970er Jahre eingeführte Zweiteilung nach **BICS** und **CALP** durchgesetzt:

BICS (= Basic Interpersonal Communicative Skills): Damit sind „grundlegende Kommunikationsfähigkeiten" gemeint, welche die sprachlichen Fähigkeiten im Bereich der Alltagskommunikation beschreiben. BICS-Fähigkeiten tragen dazu bei, die Mündlichkeit zu bewältigen.

CALP (= Cognitive Adademic Language Proficiency): Damit sind schulbezogene kognitive Sprachkenntnisse gemeint, welche auf die Bildungssprache abzielen. CALP-Fähigkeiten dienen insbesondere dazu, die Schriftlichkeit zu bewältigen (vgl. genauer Leisen 2010, S. 59f.)

Ein sprachsensibler Fachunterricht[31] folgt immer bestimmten Leitlinien. Insgesamt lassen sich in Anlehnung an Schmölzer-Eibinger et al (vgl. 2010, S. 22f.) sieben Leitlinien formulieren:

Im Sprachsensiblen Fachunterricht:

1. findet Sprach- und Fachlernen integriert statt.
2. ist die Verwendung der Sprache von Sprachaufmerksamkeit und Sprachreflexion gekennzeichnet.
3. ist Sprachhandeln aktiv und authentisch.
4. kommen deutliche und transparente sprachliche Anforderungen zum Einsatz.
5. erfolgt eine systematische sprachliche Unterstützung aller Schüler.
6. ist die Schriftsprachlichkeit von sehr großer Bedeutung.
7. spielt Text- und Schreibarbeit eine bedeutende Rolle.

Literatur:

Feilke, H. (2012). Bildungssprachliche Kompetenzen – fördern und entwickeln. In: *Praxis Deutsch (Nr. 223), S. 4-13.*
Leisen, J. (2010). *Handbuch Sprachförderung im Fach. Sprachsensibler Fachunterricht in der Praxis.* Bonn: Varus.
Schmölzer-Eibinger, S, Dorner, M.; Langer, E. & Helten-Pacher, M.R. (2010). *Sprachförderung im Fachunterricht in sprachlich heterogenen Klassen.* Stuttgart: Klett.
Schmölzer-Eibinger, S. & Dorner, M. (vgl. 2012). Literale Handlungskompetenz als Basis des Lernens in jedem Fach. In: M. Paechter et al (Hrsg.), *Handbuch Kompetenzorientierter Unterricht* (S. 60-71). Weinheim: Beltz.

---

[31] Einige Autoren sprechen von einem sprachaufmerksamen Fachunterricht und setzen damit den Schwerpunkt auf die „Aufmerksamkeit" allen sprachlichen Handlungen im Unterricht.

| Sprachsensibel unterrichten | Kompetenzausprägung B |

Ich kann die Sprachfähigkeit meiner Schüler diagnostizieren und meine Rolle in einem Sprachsensiblen Unterricht reflektieren.

Die Aufmerksamkeit für sprachliche Prozesse im Unterricht spielt bei der Planung von Fördermaßnahmen eine entscheidende Rolle. Bei der tiefergehenden Beschäftigung mit dieser Thematik sollten daher zunächst die Sprachfähigkeiten der Schüler in den Blick genommen werden. Tabelle 1 kann dabei ein erster Einstieg in eine genauer individuelle Diagnose sein:

Tab. 1: Diagnose des Sprachverhaltens und -gebrauchs der Schüler (vgl. Schmölzer-Eibinger 2010, S. 142ff.)

Dimension	Merkmal: Der Schüler
Der Schüler geht mit Sprache aufmerksam und reflektiert um	Korrigiert sich und andere bei sprachlichen Fehlern, hinterfragt und erprobt fachsprachliche Begriffe und Konstruktionen, stellt Sprachvergleiche an, tauscht sich über Herkunft von Begriffen aus, verbalisiert Assoziationen zu Begriffen oder Themen, etc.
Der Schüler ist im Unterricht sprachlich aktiv	Produziert vollständige Sätze, präsentiert Fachinhalte, verfasst Mitschriften und Notizen, erklärt schriftlich oder mündlich Phänomene, Gegenstände oder Fragestellungen des Faches, etc.
Der Schüler zeigt ein Verständnis für sprachliche Anforderungen	Stellt verständnissichernde Fragen, verbalisiert Probleme im Umgang mit Aufgabenstellungen, erklärt anderen Aufgabenstellungen, erkennt und verbalisiert einzelne Arbeitsschritte einer Aufgabe, etc.
Der Schüler realisiert Schriftsprachlichkeit im Mündlichen	Äußert sich in vollständigen Sätzen, kann Sachverhalte nachvollziehbar und zusammenhängend darstellen, setzt sich objektiv mit einem Gegenstand auseinander, kann unterschiedliche Positionen darstellen
Der Schüler realisiert Schriftsprachlichkeit in Texten	Verfasst vollständige nahezu fehlerfreie Texte, verwendet angemessen Konjunktionen, strukturiert seine Texte klar, verfasst komplexe Satzstrukturen mit Fachbegriffen, stellt Informationen verschiedener Quellen gegenüber, etc.
Der Schüler arbeitet intensiv an Schreib- und Textaufgaben	Liest Text mit geeigneten Lesestrategien, setzt unterschiedliche Maßnahmen zur Texterschließung ein (z.B. Markieren), erschließt Texte gemeinsam mit anderen und diskutiert darüber, analysiert fachspezifische Texte, dekonstruiert Textsorten, etc.

Neben der Diagnose der Sprachkompetenz der Schüler sollte darüber hinaus die bisherige Tätigkeit als Lehrer in spezifischer Weise in den Blick genommen werden. Dazu bieten Thürmann & Vollmer (2011) einen umfassenden Diagnosebogen an, der Online abrufbar ist. In ihrem Diagnoseinstrument bieten die Autoren genaue Items zu sechs Dimensionen des unterrichtlichen Handelns:

In meinem Fachunterricht:

1. mache ich auch die sprachlichen Anteile des Lernens für meine Schüler in verständlicher Weise transparent.
2. steuere ich mein eigenes sprachliches Verhalten so, dass ich mich einerseits auf die vorhandenen Sprachkompetenzen der Schüler einstelle, ihnen andererseits auch Anregungen für die Aneignung neuer unterrichtssprachlicher Muster und Strategien gebe.
3. erhalten die Schüler Gelegenheiten, auch komplexe Äußerungen zusammenhängend (schriftlich oder mündlich) zu formulieren.
4. werden sprachliche Kompetenzen, die für den Lernerfolg relevant sind in besonderer Weise beachtet und die Schüler bei der Kompetenzerlangung spezifisch und nachhaltig gefördert.
5. prüfe ich alle Materialien vor dem Unterricht, ob diese den Schülern sprachliche Schwierigkeiten.
6. ist mir bewusst, dass bei den fachunterrichtlich üblichen Formen der Leistungsfeststellung und -bewertung sprachliche Aspekte eine große Rolle spielen. Ich gebe mir Mühe, eventuelle sprachliche Minderleistungen angemessen für die Bewertung der Fachleistung heranzuziehen und den Schülern möglichst konkrete Hinweise zur Überwindung der Sprachdefizite zu geben.

Im Unterricht ist im Hinblick auf die Förderung der Sprachkompetenz die Funktion des Lehrers gar nicht hoch genug anzusehen. Leisen nennt dies die personale Steuerung (vgl. 2010, S. 94ff.). In der sechsten Dimension wird die besondere Bedeutung der richtigen bzw. professionellen Haltung[32] auf Seiten der Lehrkräfte offenkundig. Das vorhandene Muster von Einstellungen, Werten und Überzeugungen leitet das unterrichtliche Handeln. Die Bedeutung der inneren Haltung nimmt dabei zu, wenn der Mensch sich mit neuen Herausforderungen konfrontiert sind (vgl. zur Vertiefung (Schwer & Solzbacher 2014).
So lautet eine Erkenntnis der Neurowissenschaft, dass der Mensch in erster Linie das kommuniziert, was er ist und nicht das, was er gelernt hat.

Literatur:

Leisen, J. (2010). *Handbuch Sprachförderung im Fach. Sprachsensibler Fachunterricht in der Praxis*. Bonn: Varus.

Schmölzer-Eibinger, S, Dorner, M.; Langer, E. & Helten-Pacher, M.R. (2010). *Sprachförderung im Fachunterricht in sprachlich heterogenen Klassen*. Stuttgart: Klett.

Schwer, C. & Solzbacher, C. (2014). *Professionelle pädagogische Haltung: Historische, theoretische und empirische Zugänge zu einem viel strapazierten Begriff*. Bad Heilbrunn: Klinkhardt.

Thürmann, E. & Vollmer, H. (2011). *Checkliste zu sprachlichen Aspekten des Fachunterrichts*. Verfügbar über: http://www.unterrichtsdiagnostik.info/media/files/ Beobachtungsraster_Sprachsensibler_Fachunterricht.pdf [Zugriff am 20.08.2018]

---

[32] Mit diesem Begriff lässt sich eine Sensibilisierung für sprachaufmerksamen Unterricht konkretisieren, denn der Begriff ist zunächst mehrdeutig (Köperhaltung oder innere Haltung) und wird erst durch den Kontext erklärbar.

| Sprachsensibel unterrichten | Kompetenzausprägung C |

Ich kann grundlegende Möglichkeiten der Sprachförderung erklären.

Grundsätzlich stellt die Forderung nach einem sprachsensiblen Unterricht das unterrichtliche Geschehen nicht vom Kopf auf die Füße. Es geht immer noch vor allem darum, dass die Schüler Lernzuwächse erreichen. Dies geschieht in der Regel, dass die Schüler sich mit Aufgaben und Materialien beschäftigen, die vom Lehrer bereitgestellt werden. Leisen (2010, S. 77ff.) unterscheidet zwischen materialer und personaler Steuerung. In der materialen Steuerung geht es um Lernmaterialien, Methodenwerkzeuge und Aufgaben. Die personale Steuerung meint den Lehrer als Person und hier vor allem die Gesprächsführung bzw. Moderation und die Diagnose sowie Rückmeldung. Grundsätzlich erfüllt ein sprachsensibler Fachunterricht in Anlehnung an Leisen vor allem drei Prinzipien:

1. Die Aufgabenstellung sollten in den Darstellungsebenen und -formen wechseln,
2. Die Sprachanforderungen knapp über dem individuellen Sprachvermögen liegen,
3. Die Schüler erhalten so viele Sprachhilfen, wie zum erfolgreichen Bewältigen der Sprachsituation benötigt wird.

Konkreter formulieren Gogolin et al (vgl. 2011. S. 13ff.) sechs Qualitätsmerkmale an einen guten Unterricht, der durchgängig sprachbildend ist:

1. Die Lehrkräfte planen und gestalten den Unterricht mit Blick auf die Bildungssprache und stellen eine Verbindung zwischen Alltags- und Bildungssprache her,
2. Die Lehrkräfte diagnostizieren die individuellen Voraussetzungen und Entwicklungsprozesse,
3. Die Lehrkräfte stellen allgemein- und bildungssprachliche Mittel bereit und modellieren diese,
4. Die Schüler erhalten viele Gelegenheiten, ihre allgemein- und bildungssprachlichen Fähigkeiten zu erwerben, aktiv einzusetzen und zu entwickeln,
5. Die Lehrkräfte unterstützen Schülerinnen und Schüler in ihren individuellen Sprachbildungsprozessen,
6. Die Lehrkräfte und die Schüler überprüfen und bewerten die Ergebnisse der sprachlichen Bildung.

Literatur:

Gogolin, I; Lange, I; Hawighorst, B.; Bainski, C.; Heintze, A.; Rutten, S.; Saalmann, W. (2011). Durchgängige Sprachbildung. Qualitätsmerkmale für den Unterricht. Verfügbar über: https://www.foermig.uni-hamburg.de/pdf-dokumente/openaccess.pdf. [Zugriff am 20.08.2018].

Leisen, J. (2010). *Handbuch Sprachförderung im Fach. Sprachsensibler Fachunterricht in der Praxis*. Bonn: Varus.

| Sprachsensibel unterrichten | Kompetenzausprägung D |

Ich kann konkrete Instrumente zur Sprachförderung beschreiben und einsetzen

Im Unterrichtsalltag ist es für einen sprachsensiblen Unterricht wichtig, dass die Lehrkraft geeignete Instrumente zur Verfügung hat, um die Lernenden in der Sprache zu fördern.
Ein zentraler Begriff ist dabei das Scaffolding (engl. scaffold = Gerüst), welches ein lernprozessbegleitendes Verfahren darstellt. Der Begriff geht auf Vygotsky (vgl. 1978) zurück und wurde von Gibbons (vgl. 2002) speziell für das Lernen einen Zweitsprache weiterentwickelt. Die Lerngerüste können Denkanstöße, Anleitungen oder ähnliche Hilfestellungen zur Verfügung gestellt werden. Im Idealfall werden die Gerüste dann nach und nach abgebaut und ein zunehmend selbstständiges Sprachenhandeln wird ermöglicht. Eine wichtige Voraussetzung für ein funktionierendes Scaffolding[33] ist die korrekte Einschätzung des Lernstandes. Die Unterstützungsangebote sind so zu wählen, dass die Schüler herausgefordert aber nicht überfordert sind. Im Folgenden wird nach Lese- und Schreibstrategien unterschieden[34]. Sprach- bzw. Vortragsstrategien werden nicht explizit ausgewiesen. Allerdings kann jedes Textprodukt gleichsam auch in gesprochenes Wort überführt werden.

In der folgenden Tabelle sind einige Instrumente zur Sprachförderung im Fachunterricht dargestellt:

Tab. 1: Instrumente zur Sprachförderung im Fach

Methode	Kurzbeschreibung
Lese-strategie 1 **Leselotse**	**Vor dem Lesen:** Anhand der Überschrift Vermutungen formulieren und Vorwissen aktivieren. **Während des Lesens:** Unverstandene Wörter kennzeichnen und Bedeutung klären, Text in Sinnabschnitte gliedern, dazu Überschriften formulieren, wichtige Wörter markieren. **Nach dem Lesen:** Wörterliste für eine Zusammenfassung erstellen, Inhalt mündlich zusammenfassen, Arbeitsschritte reflektieren (Metakognition).[35]
Lese-strategie 2 **5-Phasen-Schema**	**Orientierung**: Themasuche, Abbildungen?, Überfliegen des Textes (= lesen, aber nicht unbedingt alles verstehen), Einteilung in sinnvolle Abschnitte. **Verstehensinseln**: Markiere bekannte Fachbegriffe, suche ggf. bekannte Abbildungen. **Texterschließung** in Abschnitten: Erneutes Lesen des Textes und Formulierung eines erklärenden Satzes zu jedem Abschnitt. **Roter Faden**: Zentrale Begriffe werden definiert **Verständnisüberprüfung**: Formuliere fünf Fragen zu wichtigen Textaussagen, formuliere weitere Fragen zu unklaren Stellen im Text.

---

[33] Einige Autoren (z.B. Beese et al 2014, S. 43) unterscheiden zwischen Makro und Mikro-Scaffolding. Unter Mikro-Scaffolding verstehen die Autoren die Einbeziehung von Sozial- und Arbeitsformen, in denen der mündliche Sprachgebrauch explizit gefördert wird.
[34] Leisen (2010, 172ff.) unterscheidet zwischen Schreibstrategien und Schreibübungen. Allerdings erscheint u. E. diese Unterscheidung weder trennscharf noch für die Praxis hilfreich.
[35] vgl. https://bildungsserver.berlin-brandenburg.de/themen/sprachbildung/lesecurriculum/lesen-im-unterricht/lesen-im-deutschunterricht/lesestrategien/leselotse/ [Zugriff am 01.10.2018].

Lese-strategie 3 **Ein Text verbildlichen**	Nach der Lektüre eines Textes haben die Schüler die Aufgabe, den Inhalt des Textes graphisch darzustellen bzw. in eine andere Form zu bringen (z.B. Zeichnung, Mind- oder Conceptmap, Fluss oder Strukturdiagramm)
Lese-strategie 4 **Fehlersuche**	Die Schüler haben die Aufgabe in einem präparierten Text- oder Bildmaterial die Fehler zu suchen (z.B. Rechtschreibung, Grammatik). Die Methode dient vor allem zur Festigung oder Anwendung.
Schreib-strategie 1 **Dreamtext:**	Die Lernenden erhalten einen Mustertext als Vorlage. Die Schüler müssen auf der Grundlage der Vorlage einen ähnlichen Text erstellen.
Schreib-strategie 2 **Wortlisten**:	Die Schüler erhalten eine Liste wichtiger Wörter bzw. Fachbegriffe (z.B. bei einer Versuchsbeschreibung).
Schreib-strategie 3 **Wortfelder**:	Die Schüler erhalten eine *ungeordnete* Menge an Fachbegriffen oder Satzbruchstücken und formulieren dazu einen Text.
Schreib-strategie 4 **Wortgeländer**	Die Schüler erhalten als eine Art Grundgerüst vorgebene Wortelemente (z.B. Satzanfänge).
Schreib-strategie 5 **Darstellungs-form vertexten**	Die Schüler bekommen einen diskontinuierlichen Text (z.B. Graphik, Tabelle, Bild, etc.) und verfassen mit deutlichem Aufgabenbezug einen Text. Eventuell kann diese Strategie mit Schreibhilfen (Schreibstrategie 2-4) kombiniert werden.
Schreib-strategie 6 **Mit anderen gemeinsam**	Die Textaufgabe wird in der Partner- oder Gruppenarbeit gelöst.
Schreib-strategie 7 **Sprech- und Denkblasen füllen**	Die Schüler erhalten eine Bildergeschichte und müssen mit eigenen Worten die Blasen sinnvoll füllen.
Schreib-strategie 8 **Texte erläutern**	Die Schüler erarbeiten sich einen Sachtext und haben die Aufgaben diese mit Beispielen, Erklärungen oder Beispielen zu ergänzen.
...	

Literatur:

ees, M.; Benholz, C.; Chlosta, C.; Gürsoy, E.; Hinrichs, B.; Niederhaus, C.; Oleschko, S. (2014). Sprachbildung in allen Fächern. München: Klett.

Gibbons, P. (2002). Scaffolding Language. Scaffolding Learning. Teaching Second Language Learners in the Mainstream Classroom. Portsmouth: Heinemannn.

Leisen, J. (2010). *Handbuch Sprachförderung im Fach. Sprachsensibler Fachunterricht in der Praxis*. Bonn: Varus.

Vygotsky, L.S. (1978). Mind in Society. The Development of Higher Psychological Processes. Cambridge: Harvard Press.

Sprachsensibel unterrichten	CHECKLISTE

A Ich kann die Grundzüge eines Sprachsensiblen Unterrichts erläutern

Mein aktueller Standort:

Wenn ich meine eigenen Sprachfähigkeiten reflektiere, dann:
- Alltagssprache klar von Bildungssprache unterscheiden,
- bin ich sicher in der Sprache meiner Fächer,
- kann ich fehlerfrei einen komplexen Text verfassen,
- kann ich komplexe Sachverhalte anschaulich und nachvollziehbar mündlich und schriftlich darstellen.

So kann es gehen:
- Ich reflektiere meine unterrichtliche Sprachfähigkeit regelmäßig mit Kolleginnen und Kollegen sowie mit Lernenden,
- Ich führe eine aktuelles persönliches Glossar von Fachbegriffen meiner Fächer,
- ich entwickele meine Lese- und Schreibkompetenz ständig weiter, auch mithilfe externer Partner

B Ich kann die Sprachfähigkeit meiner Schüler diagnostizieren und meine Rolle in einem Sprachsensiblen Unterricht reflektieren.

Mein aktueller Standort:
Wenn ich an eine typische Unterrichtsstunde denke, kann ich…
- meine Lernenden im Hinblick auf ihre Lese- und Schreibkompetenzen und im Hinblick auf ihre BICS und CALP einschätzen,
- einen Fachunterricht nach gängigen Leitlinien des Sprachsensiblen Unterrichts gestalten,

So kann es gehen:
- Ich erstelle für einzelne Schüler zu bestimmten Items (z.B. Texterfassung) Merkmalslisten, die ich dann nach genauerer Beobachtung ausfülle,
- Ich führe explizt Staturdiagnosen durch (z.B. Fehlertexte),
- Ich achte besonders auf Produktorientierung (z.B. ausformulierte Texte) und gebe zeitnah Feedback,

C   Ich kann grundlegende Möglichkeiten der Sprachförderung erklären.

Mein aktueller Standort:
Wenn ich an eine typische Unterrichtsstunde denke, kann ich...
Für meine Lernenden eine vorbereitende Lernumgebung schaffen, in der sie alle Aufgaben und Materialien zugänglich sind,
Aufgaben formulieren, die für alle verständlich und herausfordernd sind,
sind die Hilfen so gestaltet, dass alle die Sprachaufgaben bewältigen können.

So kann es gehen:
- Ich habe Materialbereitstellung und Aufgabenbekanntgabe ritualisiert,
- Die Arbeit beginnt erst, wenn alle wissen, was zu tun ist und in welcher Weise mögliche Hilfestellungen genutzt werden können,
- Ich schaffe Möglichkeiten für die Ausbildung allgemeinsprachliche Fähigkeiten und für den Erwerb bildungssprachlicher Kompetenzen,

D   Ich kann konkrete Instrumente zur Sprachförderung beschreiben und einsetzen

Mein aktueller Standort:
Wenn ich an eine typische Unterrichtsstunde denke, kann ich...
Für meine Lernenden aktives Scaffolding bereitstellen,
kennen meine Schüler verschiedene Formen von Lese- und Schreibstrategien,

So kann es gehen:
- Ich übe konsequent verschiedene Lesestrategien mit meinen Schülern ein,
- Die Textproduktion ist fester Bestandteil in meinem Unterricht. Dabei erproben und reflektieren die Lernenden unterschiedliche Schreibstrategien,
- Ich schaffe unterschiedliche Zugänge der Texterfassung und Textproduktion.

5.15 Mit Belastungen umgehen: *Lars Schmoll & Dirk Braun*

Kompetenz-ausprägung	Ich kann ...
A	wesentliche Ergebnisse der Belastungs- und Stressforschung darstellen.
B	mögliche berufsbezogene Stressfaktoren nennen.
C	Methoden der Fremd- und Selbstwahrnehmung zur systematischen Analyse meiner eigenen Belastungssituation nutzen.
D	vor dem Hintergrund des individuellen Belastungsprofils (z. B. Arbeitszeit etc.) meine Stärken und Schwächen sowie Verhaltensmuster und Einstellungen reflektieren.

| Mit Belastungen umgehen | Kompetenzausprägung A |

Ich kann wesentliche Ergebnisse der Belastungs- und Stressforschung darstellen.

Das englische Wort „Stress" ist in der Leistungsgesellschaft zu einem Kennzeichen von Belastung geworden. Allerdings ist Stress zunächst ein neutraler Begriff und wurde von Selye (1936) eingeführt. Selye benutzte den Begriff, um zu beschreiben, was in einem Körper passiert, wenn er belastet wird.

Stress ist insgesamt ein komplexes Phänomen, welches physiologische, emotionale und motivationale Aspekte umfasst. Zu unterscheiden ist zwischen normalem gesunden Stress (*Eustress*) und krank machenden Stress (*Disstress*). In Anlehnung an Lazarus kann Stress vereinfacht definiert werden als die physische, psychische und biochemische Reaktion[36] des Körpers auf Anforderungen, welche mit den verfügbaren Ressourcen und Handlungsmöglichkeiten nicht bewältigt werden können. Andere Autoren (vgl. z. B. Legewie & Ehlers, 2000, S. 201) sehen Stress dann als Belastung an, wenn das Individuum nicht mehr zwischen Eu- und Disstress unterscheiden kann. Bezogen auf den beruflichen Bereich formulieren Bamberger, Greif & Semmer (2001) folgende Definition[37]:

„Stress ist ein subjektiv intensiv unangenehmer Spannungszustand, der aus der Befürchtung entsteht, dass eine stark aversive, subjektiv zeitlich nahe (oder bereits eingetretene) und subjektiv lang andauernde Situation sehr wahrscheinlich nicht vollständig kontrollierbar ist, deren Vermeidung aber subjektiv wichtig erscheint."

Seit den 1980er-Jahren beschäftigen sich Stressforscher vorwiegend mit folgenden Fragen:

- Was sind häufige Stresserzeuger?
- Wie kann man die Hormonausschüttung bzw. den biochemischen Vorgang messen?
- Was sind gute Präventionsmöglichkeiten?

In den Mittelpunkt rückt dabei vor allem der Stress am Arbeitsplatz. Man schätzt heute, dass gut ein Drittel aller Arbeitnehmer an arbeitsbedingtem Stress leiden.
Ein klassisches Stressmodell stammt, wie gerade erwähnt von Lazarus (vgl. zusammenfassend 1999). Dieser betrachtet Stresssituationen als komplexe Wechselwirkungen, bestehend aus Situationsbelastungen und dem Handelnden selbst. Lazarus geht davon aus, dass Stress vor allem von der Situationsbewertung abhängt und integriert damit das Individuum und dessen subjektive Einschätzung der Gefahr und der eigenen Ressourcen. Ebenso spielen Persönlichkeitsfaktoren (Selbstbewusstsein, Tatkraft, usw.) und Situationsdeutungen (Überforderung, Ängstlichkeit, Optimismus, usw.) eine wichtige Rolle in seiner Theorie.
Ein Subjekt mit positivem Selbstbild wird beispielsweise eher aktive Bewältigungsstrategien anwenden. Lazarus berief sich darauf, dass ein Stimulus nicht als stressvoll bezeichnet wird, weil er eine gewisse Schwelle überschreitet bzw. Intensität beansprucht, wie Selye

---

[36] Vereinfacht ausgedrückt schütten dabei die Nebennieren massiv Adrenalin und andere Stresshormone aus (für die genauen biochemischen Prozessen vgl. zur Einführung Spitzer, 2004, S. 167 ff.).

[37] In den letzten Jahren ist für lang anhaltende berufliche Belastung der Begriff ‚Burnout' („Ausgebranntsein") geprägt worden. Mit dem Begriff wird ein psychovegetatives Erschöpfungssyndrom infolge einer chronischen, beruflich bedingten Beanspruchungsreaktion bezeichnet (vgl. genauer Burisch, 2005). Das „Burnout-Syndrom" stellt allerdings keine offizielle Krankheitsbezeichnung dar. Die Symptome ähneln stark denen einer Depression.

mutmaßte, sondern weil das Individuum ihn als solchen bewertet. Lazarus transaktionales Stressmodell (erstmals 1974 vorgestellt) enthält daher die folgenden drei Stufen der Situationsbewertung:

Primärbewertung: Die Reize (eventuelle Stressoren) werden aufgenommen und auf ihre Gefährlichkeit untersucht und beurteilt.
Sekundärbewertung: Die Situation wird darauf untersucht, welchen physischen, psychischen und sozialen Schaden/Aufwand sie mit sich bringen kann. Bewältigungsprozesse/Alternativen werden gesucht. Daraufhin wird in Abhängigkeit von Situation, Ressourcen und kognitiver Struktur eine Strategie erstellt. Diese Prozesse bezeichnet man als „Coping", welche eine Art Selbstregulation darstellen.
Neubewertung: Nachdem mögliche Verhaltensalternativen gegeneinander abgewogen, die Bedingungen geändert oder die Situation geleugnet wurde, wird die Gefahr erneut bewertet. Wird die Ausgangssituation/der Normalzustand nicht erreicht, muss durch eine Anpassung pathologischer Art eine Veränderung des Organismus erreicht werden. Zu beachten ist dabei, dass die drei Stufen häufig innerhalb von Sekunden ablaufen. Stress ist insgesamt zu sehen als eine Bewertung, bei der zwischen situativer Anforderung und Ressource ein Missverhältnis existiert (vgl. Abb. 1):

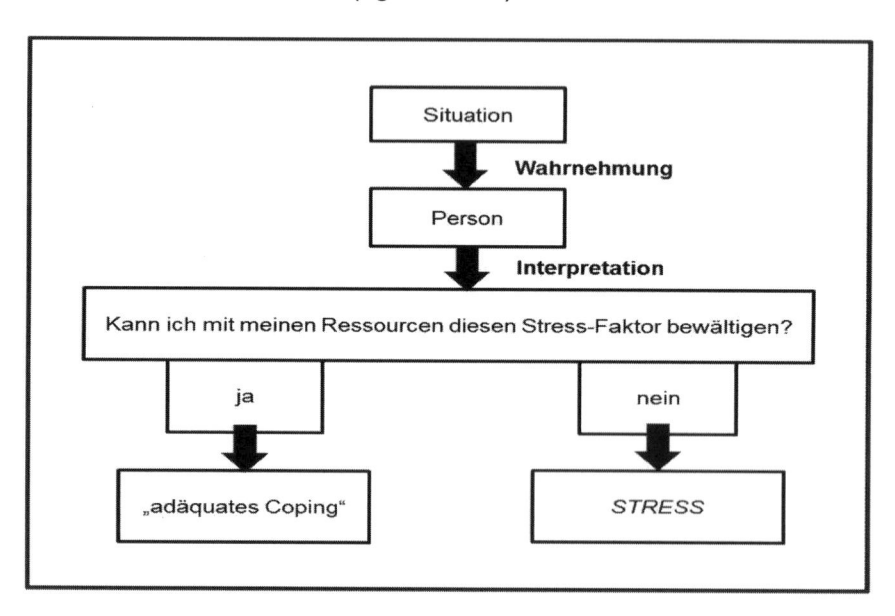

Abb. 1: Das Transaktionale Stressmodell nach Lazarus (vgl. 1999).

In der modernen Stressforschung wurde das Modell weiterentwickelt zum Stressmodell der Arbeitspsychologie (vgl. Zapf & Semmer, 2004). Darin wird unterschieden zwischen *bedingungsbezogenen Stressoren* und *personenbezogenen Risikofaktoren*, diese Differenzierung ist bezüglich der Erforschung von Stress von großer Bedeutung. Fähigkeiten, Kompetenzen und Eigenschaften lassen sich der Subjektebene zuweisen, diese ist durch das Individuum bedingt. So betont die moderne Stressforschung einerseits die individuellen Unterschiede; andererseits stellt sie gerade in der Arbeitswelt allgemein gültige Stressoren und Risikofaktoren fest. Dies sind z. B. Organisationsprobleme oder Lärm.
Den Stressoren und Risikofaktoren stehen die bedingungs- und personenbezogenen Ressourcen gegenüber. „Ressourcen sind Mittel, die eingesetzt werden können, um Anforderungen zu bewältigen, um das Auftreten von Stressoren/Risikofaktoren zu vermeiden, ihr Ausmaß zu mildern bzw. ihre Wirkung zu vermindern" (vgl. ebd. S.1042).

Bedingungsbezogene Ressourcen werden diesbezüglich durch den Arbeitskontext bestimmt. Am bedeutendsten sind Handlungsspielraum und Unterstützung. Personenbezogene Ressourcen repräsentieren intrapersonelle Kompetenzen und Fähigkeiten. Ressourcen sind relevante Elemente, um arbeitsbedingtem Stress entgegenzuwirken, denn sie prägen die Bewertungs- und Bewältigungsprozesse.

Die Symptome von Stress können vielseitig sein, sind aber in ihrer Qualität nicht gegeneinander abgleichbar. Im Folgenden sind einige Symptomaspekte im physiologischen und psychisch/emotionalen Bereich sowie im Verhaltensbereich dargelegt:

- *Physiologische Symptome*: Beschleunigung von Herzfrequenz (Puls) und Atmung, Kurzatmigkeit, Herzstiche, trockener Mund, Kreislaufstörungen (bis hin zum Kollaps), hoher Blutdruck, vermehrtes Schwitzen, Magen-Darm-Beschwerden, Schlafstörungen, Müdigkeit, Muskelverspannungen, Kopfschmerzen, Migräne, Schwächung des Immunsystems etc.
- *Psychische und emotionale Symptome*: Unsicherheit, Überempfindlichkeit, innere Anspannung, Angst, Nervosität, Gereiztheit, Aggressivität, Hypochondrie, Niedergeschlagenheit, Resignation, Konzentrationsschwäche, Fixierung auf den Stressor (Scheuklappeneffekt), Denkblockaden, Leistungsabfall, Fehlerzunahme etc.
- *Symptome im Verhaltensbereich*: Vermeidung von stressauslösenden Situationen, gereiztes Verhalten, starre Mimik, Zittern, Stottern, Zähneknirschen, Fingertrommeln, Fuß wippen, sozialer Rückzug, seltenes Lachen, häufiges Weinen, Wut, Hass, massive Veränderung des Essverhaltens etc.

Es gibt sehr viele Tipps zur Stressvermeidung. Der Nachteil solcher Tipps ist die Begrenzung auf ein *instrumentelles* bzw. *regeneratives* Stressmanagement. Diese führen nicht zu einem *mentalen* Stressmanagement, welches aber nachhaltig und dauerhafte Verbesserung im Umgang mit Stress ermöglicht. Dazu gehören z. B. Einstellungsänderungen, Aufbrechen unterbewusster Verhaltensmuster, positive Selbstinstruktion, Sinngebungen etc. (vgl. genauer Kaluza, 2011, S. 51). *Mentales* Stressmanagement ist zumeist langwierig und häufig ohne professionelle Hilfe nicht zu erreichen.

Eine weitere Möglichkeit Stress zu vermeiden wäre, statt des Stressauslösers die Stressreaktion zu beeinflussen. Das funktioniert mit Hilfe eines Biofeedbacks. Biofeedback bedeutet, dass man eine Auskunft darüber bekommt, welche stressbedingten Prozesse im Körper ablaufen (z. B. Messung der Hormonausschüttung) und in welcher Weise man darauf reagieren kann (z. B. mit einer Aminosäurentherapie).

Für den Lehrer/innenberuf forscht seit einigen Jahren eine Gruppe um Schaarschmidt, die in einer großen Studie vier Verhaltensmuster ausdifferenziert haben:

- *Muster G:* hohes berufliches Engagement, ausgeprägte Widerstandsfähigkeit gegenüber Belastungen, positives Lebensgefühl.
- *Muster S*: ausgeprägte Schonungstendenz gegenüber beruflichen Anforderungen.
- *Risikomuster A*: überhöhtes Engagement (Selbstüberforderung), das keine gleichermaßen hohe Entsprechung im Lebensgefühl findet, verminderte Widerstandsfähigkeit gegenüber Belastungen.
- *Risikomuster B*: reduziertes Arbeitsengagement, das mit verminderter Belastbarkeit und negativem Lebensgefühl einhergeht.

Die Studien ergaben, dass über die Hälfte aller Lehrer den beiden Risikomustern entsprachen. Die Häufigkeit von Muster G. schwankte je nach Bundesland zwischen 11% (Bremen) und 17% (Berlin), wobei das Muster bei Lehrerinnen signifikant seltener der Fall war als bei Lehrern (vgl. genauer Schaarschmidt & Kieschke, 2007). Wichtig zu erwähnen ist die Tatsache, dass sich die Muster im Laufe der beruflichen Biografie einer Lehrkraft verändern können (vgl. dazu die Arbeit von Hubermann, 1989).

Literatur:

Bamberg, E.; Greif, S. & Semmer, N. (1991). *Psychischer Streß am Arbeitsplatz*. Göttingen: Hogrefe.
Burisch, M. (2005). Das Burnout-Syndrom. Berlin: Springer.
Hubermann, M (1989). The professional life cycle of teachers. *Teachers college record*, 91, 31-57.
Kaluza, G. (2011). Stressbewältigung. Trainingsmanual zur psychologischen Gesundheitsförderung (2., vollständig überarbeitete Aufl.). Heidelberg: Springer.
Lazarus, R. S. (1999). *Stress and Emotion. A new Synthesis*. London: Free Association Books.
Legewie, H. & Ehlers, W. (2000). *Handbuch moderne Psychologie*. Augsburg: Bechtermünz.
Schaarschmidt, U. & Kieschke, U. (2007). *Gerüstet für den Schulalltag. Psychologische Unterstützungsangebote für Lehrerinnen und Lehrer*. Weinheim: Beltz.
Spitzer, M. (2006). *Lernen. Gehirnforschung und die Schule des Lebens*. Heidelberg: Spektrum.
Zapf, D. & Semmer, N. K. (2004). Stress und Gesundheit in Organisationen. In: H. Schuler (Hrsg.), *Enzyklopädie der Psychologie*, Bd. 3 Organisationspsychologie (2. Aufl.) (S. 1007-1112). Göttingen: Hogrefe.

| Mit Belastungen umgehen | Kompetenzausprägung B |

Ich kann mögliche berufsbezogene Stressfaktoren nennen.

Es gibt eine ganze Reihe von Untersuchungen zu spezifischen Belastungen im Lehrerberuf. Die Lehrertätigkeit wird zu den vorwiegend psychisch belastenden Berufstätigkeiten gezählt. Der Lehrerberuf ist in Teilen überkomplex, vielschichtig, zuweilen in sich widersprüchlich. Als Folge dieser hohen Beanspruchungen sind psychische Erkrankungen anzutreffen (vgl. z. B. Schaarschmidt, 2005; Kosinar, 2007). Berufsbezogen Stressoren können vielschichtig sein. In einer Befragung von Lehrkräften wurden vor allem folgende Aspekte genannt (vgl. Kretschmann, 2001):

- Unruhe, Lärm in der Klasse
- Unterrichtsstörungen
- Ärger mit Kollegen
- eigener Perfektionismus
- mangelnde Kooperation
- Pausen sind keine Pausen
- Terminhäufungen
- mangelnde Anerkennung
- das Gefühl, nie richtig fertig zu werden
- nicht abschalten können
- mangelnde Mitarbeit von Schülern
- kaum noch Privatleben

Besonders Beleidigungen und Feindseligkeiten von Schülern sind in hohem Maße belastend. Nach verschiedenen Studien[38] zur Lehrergesundheit gehören sogar körperliche Übergriffe und die Zerstörung von Privateigentum dazu. Insgesamt sind die psychosozialen Anforderungen an den Lehrerberuf in den letzten Jahren deutlich angestiegen.

Als Folge der berufsbezogenen Belastungen steigen Depressionserkrankungen im Lehrerberuf („Burnout") stark an. Vorerkrankungen schwerer psychischer Symptome sind etwa Stimmstörungen und Heiserkeit, Bluthochdruck, leichte Stimmungsschwankungen sowie Rückenbeschwerden. Darüber hinaus sind Lehrkräfte nach vieler Studie auch besonders stark von Tinnitus betroffen. Dies ist dadurch zu erklären, dass eine hohe Lärmbelastung durch viele Kinder in kleinen Räumen vorliegt.

Literatur:

Kosinar, J. (2007). *Selbststärkung im Lehrerberuf. Individuelle und kontextuelle Bedingungen für die Anwendung körperbasierter Selbstregulation*. Baltmannsweiler: Schneider.
Kretschmann, R. (2001). *Stressmanagement für Lehrerinnen und Lehrer: Ein Trainingsbuch mit Kopiervorlagen*. Weinheim: Beltz.
Schaarschmidt, U. (2005). *Halbtagsjobber? Psychische Gesundheit im Lehrerberuf – Analyse eines veränderungswürdigen Zustandes*. Weinheim: Beltz.

---

[38] vgl. die Studien auf der Homepage von Prof. Bauer zum Thema Lehrergesundheit (http://www.psychotherapie-prof-bauer.de/schulstudienlinks.html [Zugriff am 10.12.2018])

Mit Belastungen umgehen — Kompetenzausprägung C

Ich kann Methoden der Fremd- und Selbstwahrnehmung zur systematischen Analyse meiner eigenen Belastungssituation nutzen.

	trifft voll zu 1	trifft zu 2	teils, teils 3	stimmt nicht 4	stimmt gar nicht 5
1. Bei freiwilligen Arbeitskreisen melde ich mich regelmäßig.					
2. Mein Tagesablauf ist durchgeplant, so dass kein Leerlauf entsteht.					
3. Die anderen sind „böse" auf mich, wenn ich nicht das tue, was sie wollen.					
4. Wenn ich bekniet werde zu bleiben, tue ich dies, auch wenn ich weg muss.					
5. Die Schüler sollen keine Fehler machen.					
6. Gebraucht zu werden tut mir gut.					
7. Ich arbeite in der Regel unter Zeitdruck und verliere dadurch den Überblick.					
8. Ich arbeite oftmals viel zu aufwändig oder verzettele mich.					
9. Ich bin sehr spontan und tue mich mit klaren Zeitplänen schwer.					
10. Ich erwarte stets Disziplin und Engagement von meinen Schülern.					
11. Ich gebe nach, wenn andere sagen „Ach, bleib doch noch ein bisschen!"					
12. Ich kann schwer Nein sagen, wenn andere mich von der Arbeit abhalten.					
13. Ich komme mir unhöflich vor.					
14. Ich mache alles alleine und tue mich bei Arbeitsteilung schwer.					
15. Ich mache keine Pausen bei der Arbeit.					
16. Ich möchte andere nicht enttäuschen.					
17. Ich möchte mit allen Kollegen gut auskommen.					
18. Ich möchte perfekten Unterricht machen.					
19. Ich möchte allen problembeladenen Kindern helfen.					
20. Ich möchte von allen Eltern respektiert werden.					
21. Ich möchte, dass alle Schüler mich gerne haben.					
22. Ich stehe so auf, dass ich kein Frühstück habe und mich nicht sammeln kann.					
23. Ich suche oft lange nach irgendwelchen Dingen.					
24. Ich telefoniere oft und lange, wenn unangenehme Arbeiten anstehen.					
25. Ich treibe unregelmäßig Sport.					

26. Ich trödele herum und drücke mich gerne vor unangenehmen Arbeiten.					
27. Ich will den Lehrplan bestens erfüllen.					
28. Kurzfristige Änderungen bringen meine Planung durcheinander.					
29. Mein Arbeitszimmer sieht so aus, dass ich keinen Überblick habe.					
30. Wenn etwas im Beruf geklappt hat, mache ich nichts zur Belohnung.					
31. Nach dem Unterricht verlasse ich die Schule schnell, da ich keine Zeit habe.					
32. Während der Pausen habe ich keine Entspannungsphasen.					
33. Wenn Protokollanten gesucht werden, melde ich mich häufig freiwillig.					
34. Zu Hause geht der Stress direkt weiter.					
35. Zu unregelmäßigen Zeiten gehe ich zu Bett, mein Schlafpensum ist mir egal.					

Addieren Sie die Punkte aus folgenden Fragen zu den einzelnen Kompetenzen. Niedrige Werte signalisieren problematische Verhaltensmuster.

Arbeitsökonomie   7, 9, 15, 22, 23, 26, 28, 29
Grenzsetzung   1, 3, 4, 6, 11, 13, 16, 33
Realistische Ansprüche   5, 10, 17, 18, 19, 20, 21, 27
Ritualnutzung   2, 22, 25, 30, 31, 32, 34, 35
Zeitmanagement   7, 8, 9, 12, 14, 23, 24, 26

| Mit Belastungen umgehen | Kompetenzausprägung D |

Ich kann vor dem Hintergrund des individuellen Belastungsprofils (z. B. Arbeitszeit etc.) meine Stärken und Schwächen sowie Verhaltensmuster und Einstellung reflektieren.

Die **SWOT-Analyse** ist ein Akronym für die englischen Begriffe **S**trengths (Stärken), **W**eaknesses (Schwächen), **O**pportunities (Chancen) und **T**hreats (Risiken). Sie ist ein Instrument, welches nach einer systematischen Betrachtung der Ausgangssituation der Positionsbestimmung sowie der Strategieentwicklung dient. Sie bewerten dabei die Ausgangssituation in einem Vier-Felder-Schema nach den Dimensionen Gegenwart/ Zukunft bzw. positiv/negativ (vgl. Abb. 1). Aus der Kombination der Bereiche des Schemas ergeben sich Handlungsstrategien, die stärkenorientierte (leichterer Zugang, höhere Motivation) oder defizitorientierte Strategien (lange Anlaufzeit; sichern höheren Qualitätszustand) verfolgen.

```
                    Gegenwart
          ┌──────────────┬──────────────┐
          │ Stärken      │ Schwächen    │
          │ Welche Stärken│ Welche Schwächen│
          │ können Sie nutzen,│ könnten/sollten Sie│
          │ um Bedrohungen│ eliminieren, um neue│
          │ abzuwenden?  │ Chancen nutzen zu│
          │              │ können?      │
          └──────────────┴──────────────┘
positiv ──────────────────┼────────────────── negativ
          ┌──────────────┬──────────────┐
          │ Chancen      │ Risiken      │
          │ Welche Chancen│ Welche Schwächen│
          │ können Sie    │ sollten/könnten Sie│
          │ verfolgen, die zu│ eliminieren, damit Sie│
          │ Ihren Stärken │ nicht zum Ziel von│
          │ passen?       │ Bedrohungen  │
          │              │ werden?      │
          └──────────────┴──────────────┘
                    Zukunft
```

Abb. 1: SWOT-Analyse (Eigener Entwurf)

Der US-Präsident und Alliierten-General Dwight D. Eisenhower praktizierte ein spezielles System zur Zeiteinteilung. Bei dem nach ihm benannte **Eisenhower-Prinzip** werden anstehende Aufgaben in Kategorien eingeteilt. Somit sollen die wichtigsten Aufgaben zuerst bearbeitet und unwichtige aussortiert werden. Alle Aufgaben werden auf vier Quadranten in einem Koordinatensystem verteilt. Die Y-Achse beschreibt die Wichtigkeit einer Aufgabe. Wenn eine Aufgabe oben angesiedelt ist, so ist sie wichtig. Ist sie unten angesiedelt, ist sie unwichtig. Die X-Achse beschreibt die Dringlichkeit einer Aufgabe. Ist eine Aufgabe links angesiedelt, so ist die Aufgabe dringend. Ist die Aufgabe rechts angesiedelt, so ist sie nicht dringend. Daraus resultieren unterschiedliche Aufgabentypen. Es gibt A-Aufgaben (sofort zu erledigen), B-Aufgaben (strategisch planen und terminieren), C-Aufgaben (reduzieren, delegieren) und P-Aufgaben (nicht bearbeiten) (vgl. Abb. 2).

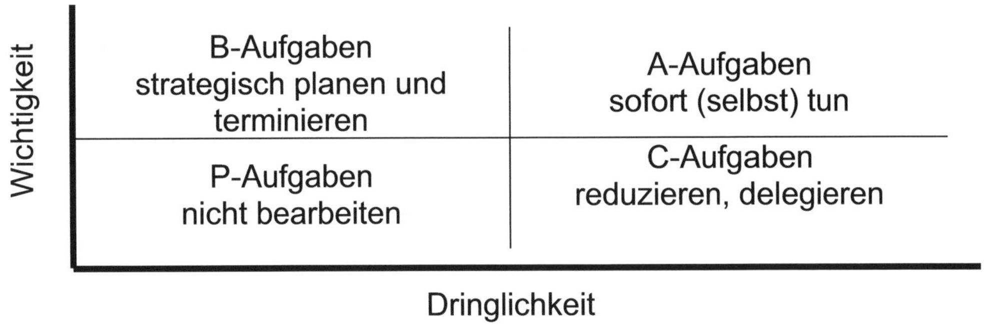

Wichtigkeit	B-Aufgaben strategisch planen und terminieren	A-Aufgaben sofort (selbst) tun
	P-Aufgaben nicht bearbeiten	C-Aufgaben reduzieren, delegieren

Dringlichkeit

Abb. 2: Das Eisenhowerprinzip. (Eigener Entwurf)

Die **ALPEN-Methode** ist ein Akronym beim Zeitmanagement. So soll die schriftliche Zeitplanung mit den Zielen fixiert werden, so dass ein Überblick geschaffen wird, eine Arbeitsentlastung für das Gehirn eintritt, man sich auf das Wesentliche konzentrieren kann und die Tagesergebnisse leichter kontrolliert werden können.

A ufgaben zusammenstellen
In beliebiger Reihenfolge werden die anstehenden Aufgaben für den nächsten Tag/die nächste Woche zusammengestellt. Dieses sollte im Vorfeld geschehen.
Wenn etwas am Vortag/in der vorherigen Woche nicht erledigt werden konnte, wird dieses auch hier eingefügt.

L änge der Tätigkeiten schätzen
Nun werden die voraussichtlichen Zeitspannen für jede Aufgabe eingeschätzt. Dabei sollte der Zeitaufwand realistisch eingeschätzt werden; Erfahrungswerte sind hilfreich. Der voraussichtliche Zeitaufwand sollte auf keinen Fall zu knapp bemessen werden. Auf der anderen Seite gibt es ein absolutes Zeitlimit. Alle Termine werden mit genauen Uhrzeiten notiert.

P ufferzeiten reservieren
Da Störungen von außen und innen immer möglich sind, sollte man davon ausgehen, dass die für eine Aufgabe veranschlagte Zeit wahrscheinlich überschritten wird. Deshalb müssen Pufferzeiten eingeplant werden. Dies sind Reservezeiträume, in denen keinerlei Aktivitäten geplant sind. So sollten 40% der Zeit für unerwartete und spontane Aktivitäten reserviert werden. 60% der Zeit kann für konkrete Aufgaben verplant werden.
Natürlich kann es trotz dieser Zeiteinteilung dazu kommen, dass einem die Zeit für die Bearbeitung bestimmter Aufgaben nicht reicht. Ursache hierfür kann zum Beispiel die individuelle Leistungskurve sein. Deshalb sollten stets genügend Pausen in der Planung berücksichtigt werden.

E ntscheidung
Entsprechend dem Eisenhower-Prinzip können hier Prioritäten gesetzt werden. So wird deutlich, was wichtig und dringlich ist bzw. umgesetzt, delegiert oder gekürzt werden kann.

N achkontrolle
Die Nachkontrolle hat eine besondere Bedeutung, da die hier gesammelten Erfahrungswerte den neuen Planungen zugrunde liegen. Genauere Reflexion am Tages-/Wochenende lassen die Effektivität positiv wie negativ auf den Prüfstand stellen.
Noch offene Aufgaben müssen in den nächsten Zeitplan eingearbeitet werden. Dabei sollte auch der aktuelle Arbeitsstand Berücksichtigung finden.

| **Mit Belastungen umgehen** | **CHECKLISTE** |

A   Ich kann wesentliche Ergebnisse der Belastungs- und Stressforschung darstellen.

Mein aktueller Standort:
Wenn ich an ein für mich typisches Schuljahr denke, kann ich...
   Eustress und Disstress unterscheiden.
   biologische Auswirkungen von Stress erklären.
   Stresssymptome beschreiben.
   Verhaltensmuster im Lehrerberuf nennen.

B   Ich kann meine möglichen berufsbezogenen Stressfaktoren wahrnehmen.

Mein aktueller Standort:
Wenn ich an ein für mich typisches Schuljahr denke, kann ich...
   berufsspezifische Stressoren nennen.
   den Begriff Burnout erklären.
   Risikofaktoren von Lehrern nennen.
   im schulischen Alltag meine Belastungsspitzen wahrnehmen.

So kann es gehen:
- Ich fertige für mich ein Belastungsprotokoll (Kurvendiagramm mit subjektiver Stressbelastung zu verschiedenen Zeitpunkten) über einen Schultag oder eine Schulwoche an.
- Ich nehme mir im Laufe eines Tages kurze Pausen zum Durchschnaufen.
- Ich protokolliere meine Wachzeiten in der Nacht.

C   Ich kann Methoden der Fremd- und Selbstwahrnehmung zur systematischen Analyse meiner eigenen Belastungssituation nutzen und daraus erste Maßnahmen zur Stressreduktion ableiten.

Mein aktueller Standort:
Wenn ich an ein für mich typisches Schuljahr denke, ...
   protokolliere/diagnostiziere ich Stresssymptome immer wieder phasenweise.
   nehme ich Rückmeldungen von Kollegen/Freunden ernst, die sagen, dass ich gestresst wirke.
   lasse ich regelmäßig meinen Gesundheitszustand von einem Arzt diagnostizieren.
   achte ich auf meine Work-Life-Balance.

So kann es gehen:
- Ich ernähre mich gesund.
- Ich sorge für ausreichend Schlaf.
- Ich führe Aktivitäten (Joggen, Yoga, Musikhören, Freunde treffen etc.) zum Ausgleich zum schulischen Alltag durch.

D   Ich kann vor dem Hintergrund des individuellen Belastungsprofils (z. B. Arbeitszeit etc.) meine Stärken und Schwächen sowie Verhaltensmuster und Einstellung reflektieren.

Mein aktueller Standort:
Wenn ich an ein für mich typisches Schuljahr denke, ...
- habe ich meine Belastungsspitzen identifiziert und verursachende Stressoren ausgemacht.
- habe ich Strategien entwickelt, die mich zufrieden im Umgang mit den Belastungsspitzen machen.
- habe ich Verhaltensmuster, wie ich meine Stärken im schulischen Alltag einsetzen und an meinen Schwächen arbeiten kann.
- reflektiere ich meine Ansprüche an mich und deren Umsetzung regelmäßig.

So kann es gehen:
- Ich führe eine SWOT-Analyse durch.
- Ich überprüfe mein Zeitmanagement mit der ALPEN-Methode.
- Ich plane „Arbeitsprojekte" mit Hilfe einer Timeline.

E   Ich kann mithilfe kollegialer oder außerschulischer Beratung Maßnahmen zum persönlichen Stressmanagement entwickeln.

Mein aktueller Standort:
Wenn ich an ein für mich typisches Schuljahr denke, ...
- nehme ich an einer kollegialen Fallberatung teil.
- nehme ich an einer Supervision teil.
- habe ich Mitarbeitergespräche mit der Schulleitung.
- hole ich mir beim schulpsychologischen Dienst Hilfe.

So kann es gehen:
- Ich führe eine Strategie-Prozess-Analyse durch, um meinen Visionen und Bedürfnissen gerecht zu werden.
- Ich erkenne den Bedarf an professioneller Unterstützung an.
- Ich berichte Kollegen von meinen positiven Erfahrungen mit einer kollegialen Fallberatungsgruppe.

5.16 Schulische Prozesse evaluieren und weiterentwickeln: Katharina Neuber

Kompetenz-ausprägung	Ich kann ...
A	Schule als lernende Organisation beschreiben sowie Ebenen und Funktionen von Evaluation darlegen.
B	grundlegende Elemente interner und externer Evaluationsverfahren benennen und Chancen und Grenzen beschreiben.
C	eigene Evaluationsmaßnahmen mithilfe geeigneter Evaluationsinstrumente planen und vorbereiten.
D	schulische Prozesse mithilfe von Evaluationsinstrumenten (z. B. Schülerfeedback) dokumentieren.
E	Evaluationsergebnisse auswerten, interpretieren und in den eigenen Unterricht zurückführen.
F	Auf der Grundlage interner und externer Evaluations-ergebnisse sowie aktueller fachdidaktischer und pädagogischer Diskurse Schul- und Unterrichtsentwicklung mitgestalten.

| Schulische Prozesse evaluieren | Kompetenzausprägung A |

Ich kann Schule als lernende Organisation beschreiben sowie Ebenen und Funktionen von Evaluation benennen.

Der Begriff Evaluation (lateinisch *valere* = stark, wert sein) hat sowohl in der Erziehungswissenschaft als auch in der Bildungspolitik eine breite Akzeptanz gefunden und kann auf eine lange Geschichte zurückblicken (Maag Merki, 2009). Im heute dominierenden Verständnis von Evaluation wird darunter die systematische Erhebung, Dokumentation und Auswertung von Daten verstanden, um Systeme, Entwicklungen und Maßnahmen zu analysieren und einzuschätzen (Helmke et al., 2012). Übertragen auf den schulischen Kontext kann Evaluation demnach als Sammlung, Dokumentation und Verarbeitung von Daten über die schulische Arbeit definiert werden, mit dem Ziel, zu möglichst objektiven Beschreibungen der pädagogischen und unterrichtlichen Arbeit zu gelangen und Entscheidungen über die Weiterentwicklung dieser Arbeit zu treffen (Burkard & Eikenbusch, 2001). Seit geraumer Zeit sind Schulen mit dem Anspruch konfrontiert, sich aktiv mit dem Thema Evaluation auseinanderzusetzen. Beispielsweise heißt es in den Standards der Kulturministerkonferenz (KMK, 2004, S. 3): „Lehrerinnen und Lehrer beteiligen sich an der Schulentwicklung, an der Gestaltung einer lernförderlichen Schulkultur und eines motivierenden Schulklimas. Hierzu gehört auch die Bereitschaft zur Mitwirkung an internen und externen Evaluationen." Evaluation kann somit als unverzichtbares Konzeptelement zur Anregung und Steuerung von Prozessen der schulischen Qualitätsentwicklung und somit als ein zentraler Bestandteil von Schulentwicklung betrachtet werden (Burkard & Eikenbusch, 2000; Landwehr, 2015).

Schulentwicklung impliziert die systematische Weiterentwicklung der Einzelschule, welche von den schulischen Mitgliedern selbst, insbesondere von der Schulleitung und den Lehrkräften, initiiert wird (Dedering, 2012; Rolff, 2010). Entsprechend steht die Einzelschule als „Motor der Schulentwicklung" (Dalin & Rolff, 1990) im Fokus. Das übergeordnete Ziel von Schulentwicklung ist es, Schulen zu schaffen, die sich selbst steuern, selbst reflektieren und selbst organisieren – in diesem Zusammenhang ist oftmals die Rede von der Schule als „lernende Organisation" (Holtappels & Rolff, 2010), die in professioneller Weise ihre pädagogische Arbeit im Hinblick auf Strukturen, Prozesse und Wirkungen überprüft und Problemlösefähigkeit entwickelt, um auf veränderte oder neue Gegebenheiten angemessen reagieren zu können. Schulentwicklung stellt somit einen Lernprozess dar und geht mit der Forderung an alle beteiligten Akteure einher, neue Einsichten zu gewinnen, alte Routinen ggf. aufzugeben und neue Verhaltensweisen zu zeigen (Rolff, 2010). Das Konzept der Schulentwicklung wird auch als Trias von Organisations-, Unterrichts- und Personalentwicklung verstanden (Rolff, 2010). Schulentwicklung umfasst demnach Entwicklungsprozesse im Bereich der Schulorganisation (Organisationsentwicklung), z. B. Teambildungsprozesse im Kollegium, Evaluationsverfahren oder Entwicklung von Schulkultur, Entwicklungen im Bereich der Lehr-Lernkultur in Schule und Unterricht (Unterrichtsentwicklung), z. B. Methoden der Schülerorientierung oder Entwicklung gemeinsamer Standards für die Leistungsbeurteilung, sowie Entwicklungen im Bereich des Personals (Personalentwicklung), z. B. Hospitationen, Supervision oder Feedbackgespräche (Dedering, 2012; Rolff, 2010). Organisations-, Unterrichts- und Personalentwicklung stellen die drei entscheidenden Wege zu schulischer Entwicklung dar, die aufgrund ihrer Wechselwirkungen stets in ihrem Verhältnis zueinander betrachtet werden müssen.

Evaluation kann entsprechend dieser Ausführungen als ein zentraler Bestandteil von Schulentwicklungsprozessen gesehen werden. Es lassen sich grundsätzlich drei verschiedene Ebenen und damit drei mögliche Ansatzpunkte für Evaluation unterscheiden (vgl. Burkard & Eikenbusch, 2000; Maag Merki, 2009):

1) **Makroebene – das Bildungssystem**: Im Fokus von Evaluationen auf der Makroebene stehen die bildungspolitische Gestaltung, der Aufbau und die Steuerung des Schulsystems insgesamt.

2) **Mesoebene – die Einzelschule**: Evaluation auf der Mesoebene kann verstanden werden als ein Instrument der Organisationsentwicklung der Einzelschule und bezieht sich auf die gemeinschaftlich verantwortete Arbeit innerhalb der Schule.

3) **Mikroebene – die einzelne Klasse bzw. der Unterricht**: Evaluationen auf der Mikroebene beziehen sich auf die Gestaltung unterrichtlicher Lehr-Lernprozesse einzelner Lehrkräfte in ihren Klassen.

Funktionen von Evaluationsvorhaben (vgl. Burkhard & Eikenbusch, 2000):

Planung, Steuerung und Beteiligung bei Schulentwicklung: Evaluation hat „Werkzeugcharakter" für Schul- und Unterrichtsentwicklung, d. h. Daten und Informationen werden gesammelt, um weitere Sichtweise einzuholen, Entscheidungen zu treffen und um gesichertes Wissen über die Effektivität und Effizienz eingesetzter Verfahren oder Konzepte zu erhalten. Beispielsweise können durch Evaluation Ideen und Entscheidungshilfen für die Planung und Gestaltung des Unterrichts (Mikroebene) sowie für die Schulprogrammarbeit, Arbeitsplanung oder Qualitätsentwicklung der Schule (Mesoebene) generiert werden; oder es werden Informationen über die Leistungsfähigkeit und Ergebnisse zur bildungspolitischen Steuerung des Schulsystems erhalten (Makroebene).

Selbstvergewisserung, Forschung und Erkenntnisgewinn: Durch Evaluation können neue Einsichten gewonnen und das Wissen über die eigene Situation erweitert werden, wodurch berufliche Situationen und Probleme besser verstanden und die Beteiligten gezielt und wirkungsvoller handeln können. Im Hinblick auf diese Evaluationsfunktion können beispielsweise durch das Evaluationsverfahren Lehr-Lernprozesse in der Klasse besser verstanden und weiterentwickelt werden (Mikroebene), Evaluation kann das Verständnis der schulischen Strukturen verbessern und die Verständigung über erzieherisches Handeln und gemeinsame Arbeitsprozesse anregen (Mesoebene). Weiterhin kann die Analyse und Auseinandersetzung über Wirkungen von bildungspolitischen Regelungen, Strategien und Konzepten im Fokus stehen (Makroebene).

Rechenschaftslegung: Durch Evaluation kann die Qualität von Arbeitsprozessen oder erreichten Ergebnissen systematisch analysiert und bewertet werden. Dies ermöglicht es, sich selbst und anderen Rechenschaft über die eigenen Leistungen zu geben sowie die Einhaltung von Standards zu überprüfen. Evaluationsverfahren mit der Funktion Rechenschaftslegung dient der Selbstkontrolle und schafft Orientierung über die Qualität eigener Arbeitsprozesse (Mikroebene) sowie schulischer Arbeitsergebnisse (Mesoebene). Darüber hinaus können schulübergreifende Vergleichbarkeit von Abschlüssen garantiert und Standards schulischer Arbeit gesichert werden (Makroebene).

Literatur:

Burkard, C. & Eikenbusch, G. (2001). Kleines Wörterbuch der "Evaluation in der Schule". *Pädagogik, 53* (11), 38-39.

Dalin, P. & Rolff, H.-G. (1990). *Institutionelles Schulentwicklungsprogramm. Eine neue Perspektive für Schulleiter, Kollegium und Schulaufsicht.* Soest: Soester Verlagskontor.

Dedering, K. (2012). *Steuerung und Schulentwicklung. Bestandsaufnahme und Theorieperspektive.* Wiesbaden: VS Verlag für Sozialwissenschaften.

Helmke, A., Helmke, T., Leutner, D., Pham, G., Riecke-Baulecke, T. & Spoden, C. (2012). *Interne Evaluation. Grundlagen und Verfahren* (Schulmanagement-Handbuch, Bd. 144). München: Oldenbourg.

Landwehr, N. (2015). Von Evaluationsdaten zur Unterrichtsentwicklung. In H.-G. Rolff (Hrsg.), *Handbuch Unterrichtsentwicklung* (S. 157-181). Weinheim: Beltz.

Holtappels, H. G. & Rolff, H.-G. (2010). Einführung: Theorien der Schulentwicklung. In Bohl, T., Helsper, W., Holtappels, H. G. & Schelle, C. (Hrsg.), *Handbuch Schulentwicklung. Theorie - Forschung – Praxis* (S. 73-78). Bad Heilbrunn: Julius Klinckhardt.

KMK (2004): *Standards für die Lehrerbildung: Bildungswissenschaften.* Beschluss der Kultusministerkonferenz vom 16.12.2004. Online unter: https://www.kmk.org/fileadmin/veroeffentlichungen_beschluesse/2004/2004_12_16-Standards-Lehrerbildung.pdf (Abrufdatum: 08.11.2018).

Maag Merki, K. (2009). Evaluation im Bildungsbereich Schule in Deutschland. In T. Widmer, W. Beywl & C. Fabian (Hrsg.), *Evaluation. Ein systematisches Handbuch* (S. 157-162). Wiesbaden: VS.

Rolff, H.-G. (2010). Schulentwicklung als Trias von Organisations-, Unterrichts- und Personalentwicklung. In Bohl, T., Helsper, W., Holtappels, H. G. & Schelle, C. (Hrsg.), *Handbuch Schulentwicklung. Theorie - Forschung – Praxis* (S. 29-36). Bad Heilbrunn: Julius Klinckhardt.

Schulische Prozesse evaluieren — Kompetenzausprägung B

Ich kann grundlegende Elemente interner und externer Evaluationsverfahren benennen und Chancen und Grenzen beschreiben.

Bei Evaluationen geht es um eine Grundfrage von Professionalität, nämlich um die Frage nach der Wirksamkeit von Systemen und Interventionen (Helmke et al., 2012). Evaluation ist demnach kein Selbstzweck, sondern stets der Entwicklung verpflichtet. Im schulischen Kontext ist das Thema Evaluation deshalb von Bedeutung, weil es um die Wirksamkeit und Entwicklung institutionellen Lehrens und Lernens geht. Um Lehr-Lernprozesse optimal gestalten zu können, muss hinterfragt werden, welche Wirkungen mit welchen Zielen, Inhalten und Methoden einhergehen. Evaluation ist in diesem Sinne ein integraler Bestandteil der professionellen Tätigkeit in der Schule. Um die schulische Praxis verbessern zu können, bedarf es systematischer Informationen, die als Reflexions-, Planungs- und Entscheidungshilfen genutzt werden können (Burkard & Eikenbusch, 2000). Diese werden im Rahmen wissenschaftlicher bzw. systematischer Evaluationsverfahren bereitgestellt. Eine **systematische Evaluation** beruht immer auf einer Datengrundlage, d. h. die Basis der Evaluation ist die systematische Sammlung neuer (bzw. die Auswertung bereits vorhandener) Informationen und Daten über den zu untersuchenden Evaluationsgegenstand. Weiterhin orientiert sich eine systematische Evaluation stets an vorab formulierten Zielstellungen sowie an wissenschaftlichen Standards und Kriterien, die dem Verfahren und der Auswertung der Evaluationsdaten zugrunde liegen (Helmke et al., 2012). Dadurch grenzt sie sich bewusst von eher anwendungsbezogenen Evaluationsverfahren (z. B. in Konferenzen beschlossene Umfragen zur Raumausstattung) ab, welche explorativ angelegt sind und zumeist ohne klare Zielstellung und Entwicklungsperspektive realisiert werden (Helmke et al., 2012). Systematische Evaluationsverfahren lassen sich zum einen hinsichtlich ihres Zeitpunkts, zum anderen hinsichtlich ihrer organisatorischen Durchführung unterscheiden:

a) Formative vs. summative Evaluation (Zeit)
Formative Evaluationen (auch Prozessevaluationen genannt) erfolgen während der Durchführung von Maßnahmen oder Projekten, die evaluiert werden sollen. Die formative Evaluation zielt darauf ab, die Wirksamkeit einzelner Umsetzungsschritte zu bestimmen und dadurch Steuerungswissen zur Optimierung der jeweiligen Umsetzungsschritte bzw. Maßnahmen zu generieren (Helmke et al., 2012; Gollwitzer & Jäger, 2007). Dadurch ist es möglich, Veränderungen noch während des Umsetzungsprozesses bzw. während der Durchführung bestimmter Maßnahmen vorzunehmen. Typische Fragen für formative Evaluationen sind unter anderem (Helmke et a., 2012, S. 16): Welche Wirkungen sind mit bestimmten Prozessen und Maßnahmen verbunden? Welche Prozesse und Maßnahmen wirken zum Ziel führend, welche nicht? Welche Veränderungen sind notwendig? Ein typisches Beispiel für formative Evaluation ist die Evaluierung schulischer Kooperationsprozesse, z. B. in Steuergruppen, Fachkonferenzen oder Jahrgangsteams.
Summative Evaluationen erfolgen erst nach dem Abschluss bestimmter Maßnahmen oder Projekten, die evaluiert werden sollen. Die summative Evaluation zielt darauf ab, die Wirksamkeit einer Maßnahme im Nachhinein zusammenfassend zu bewerten und daraus Schlussfolgerungen für die Zukunft zu ziehen (Gollwitzer & Jäger, 2007). Typische Fragen für summative Evaluationen sind unter anderem (Helmke et al., 2012, S. 17): Welche Ergebnisse sind nach Abschluss des Gesamtprozesses festzustellen? Ist das Ziel erreicht worden? War das Ziel angemessen? Welche Prozesse und Maßnahmen waren zielführend, welche nicht? Welche Schlussfolgerungen sind zu ziehen?

Beispiele für summative Evaluationen sind Klassenarbeiten, Leistungstests oder die Bilanzierung eines neu eingeführten Methodencurriculums.

b) Externe vs. interne Evaluation (Organisation)

Externe Evaluationen werden von externem Personal durchgeführt – in Bezug auf den Kontext Schule können schulexterne Evaluationen z. B. von Kolleginnen und Kollegen anderer Schulen, von Vertreterinnen und Vertretern der Schulaufsicht oder von Schulentwicklungsforscherinnen und -forschern realisiert werden. Im Fokus schulexterner Evaluationen stehen zumeist die Ergebnisse, Bedingungen und Qualität der Lehr-Lern-Prozesse und des Schullebens (Burkhard & Eikenbusch, 2000). Typische Beispiele sind Schulinspektionen oder Evaluationsstudien in der Schulentwicklungsforschung.

Interne Evaluationen werden hingegen von den beteiligten Akteuren vor Ort verantwortet und durchgeführt – im Kontext der Schule z. B. von den Lehrerinnen und Lehrern, Mitgliedern von Schulentwicklungs- oder Steuerungsgruppen oder Vertreterinnen und Vertretern der Schulleitung. Schulinterne Evaluation kann als systematischer Lern- und Arbeitsprozess der Schule selbst verstanden werden (Burkhard & Eikenbusch, 2000), in dessen Fokus die schulische Praxis steht. Beispiele für schulinterne Evaluationen sind Bestandaufnahmen der Unterrichtsqualität oder der Kooperationsstrukturen im Kollegium. Schulinterne Evaluation wird oft mit dem Begriff der **Selbstevaluation** verwechselt. Bei internen Evaluationsvorhaben wird jedoch zumeist die professionelle Tätigkeit von Mitglieder einer Organisation durch jeweils andere Mitglieder dieser Organisation evaluiert. Es handelt sich nur dann um ein Verfahren der Selbstevaluation, wenn die praxisgestaltenden Fachleute identisch sind mit den Evaluatoren, d. h. wenn die Akteure ihre eigene Tätigkeit evaluieren (Bauer, 2007). Wenngleich sich interne und externe Evaluationsverfahren hinsichtlich der organisatorischen Verantwortung voneinander unterscheiden, können beide Evaluationsformen auch kombiniert werden bzw. systematisch aufeinander aufbauen. Eine Schule kann beispielsweise zunächst die eigene Arbeit intern evaluieren und dann entscheiden, eine externe Kommission einzuladen, die internen Evaluationsergebnisse zu diskutieren und damit die Grundlage für eine folgende externe Evaluationsarbeit schaffen (Burkard & Eikenbusch, 2000; Maag Merki, 2009). Diese externen Evaluatoren, z. B. Kolleginnen und Kollegen von anderen Schulen, Vertreterinnen und Vertreter der Schulaufsicht oder Schulentwicklungsforscherinnen und -forschern, bekommen dann den Auftrag, auf der Basis der vorliegenden Evaluationsergebnisse und/oder eigener Datensammlungen eine externe Rückmeldung zur Qualität der Schule zu geben, die wiederrum Basis einer innerschulischen Diskussion über notwendige Konsequenzen sind.

Mit der schulinternen Evaluation sind eine **Vielzahl an Chancen** verbunden (vgl. Burkard & Eikenbusch 2000). Evaluationsverfahren ermöglichen es, Herausforderungen in Schule und Unterricht zu fokussieren, Hinweise über den Erfolg und die Wirkungen der schulischen Arbeit zu erhalten und konkrete Handlungsbedarfe zu erkennen. Die Arbeitsstruktur der Schule kann verbessert und unterrichtsbezogene Kommunikations- und Kooperationsstrukturen können unterstützt werden. Dies wiederrum ermöglicht die Verständigung über Ziele und Grundlagen gemeinsamer Arbeit und die Bildung von Grundlagen für gemeinsame Arbeitsplanung und Entscheidungen; zugleich kann die Vereinzelung der Lehrkraft im Unterricht reduziert werden. Schulinterne Evaluation ermöglicht es, sinnvolle (bestehende und neue) Lösungen und Strukturen sowie falsche Routinen zu erkennen und dadurch Chancen für den Aufbau neuer Routinen zu entdecken.

Schulinterne Evaluation kann jedoch auch auf **Grenzen** stoßen (vgl. Altrichter & Messner, 2001; Burkard & Eikenbusch, 2000; Helmke et al., 2012), z. B. bei unzureichender Kommunikation zwischen den für die Evaluation verantwortlichen Beteiligten oder bei Unklarheit über den mit der Evaluation verbundenen Arbeitsaufwand sowie über die Art und Weise der Evaluationsdurchführung. Weitere Grenzen schulinterner Evaluation bestehen in geringen Vorkenntnissen und Kompetenzen der Beteiligten oder in der Befürchtung, dass Evaluationsdaten nach außen getragen werden. Auch Abneigung der Beteiligten, z. B. gegenüber dem Einsatz systematischer Evaluationsinstrumente oder wenn das Gefühl entsteht, dass die Evaluation als Aufgabe von außen an die Schule herangetragen wird, kann schulinterne Evaluationsverfahren einschränken oder gar verhindern.

Literatur:

Altrichter, H. & Messner, E. (2001). Im Dickicht der Evaluation. Wie evaluieren ohne den Spaß daran zu verlieren? *Pädagogik, 53* (11), 6-11.

Bauer, K.-O. (2007). *Evaluation an Schulen. Theoretischer Rahmen und Beispiele guter Evaluationspraxis.* Weinheim: Juventa.

Burkard, C. & Eikenbusch, G. (2000). *Praxishandbuch Evaluation in der Schule.* Berlin: Cornelsen.

Gollwitzer, M. & Jäger, R. S. (2007). *Evaluation. Workbook.* Weinheim: Beltz.

Helmke, A., Helmke, T., Leutner, D., Pham, G., Riecke-Baulecke, T. & Spoden, C. (2012). *Interne Evaluation. Grundlagen und Verfahren* (Schulmanagement-Handbuch, Bd. 144). München: Oldenbourg.

Maag Merki, K. (2009). Evaluation im Bildungsbereich Schule in Deutschland. In T. Widmer, W. Beywl & C. Fabian (Hrsg.), Evaluation. Ein systematisches Handbuch (S. 157-162). Wiesbaden: VS.

| Schulische Prozesse evaluieren | Kompetenzausprägung C |

Ich kann eigene Evaluationsmaßnahmen mithilfe geeigneter Evaluationsinstrumente planen und vorbereiten.

Systematische, schulinterne Evaluationsverfahren ähneln in ihrem idealtypischen Ablauf einem Forschungsprozess, der in der Literatur als kreisförmige (vgl. Abbildung 2) oder lineare Abfolge von Handlungsschritten bzw. Phasen beschrieben wird (Helmke et al., 2012). Erfahrungen aus der Praxis zeigen jedoch, dass Evaluationsverfahren zumeist nicht derartig systematisch verlaufen (Burkard & Eikenbusch, 2000). Vielmehr können Wiederholungen oder Abkürzungen von Handlungsschritten stattfinden, bestimmte Phasen werden schneller durchlaufen, andere hingegen beanspruchen mehr Zeit oder werden gar nicht erst in Angriff genommen. Für die Planung von schulinternen Evaluationen ist es dennoch sinnvoll, sich den unterschiedlichen Arbeitsphasen einer idealtypischen Evaluation und damit verbundenen Zielstellungen bewusst zu werden.

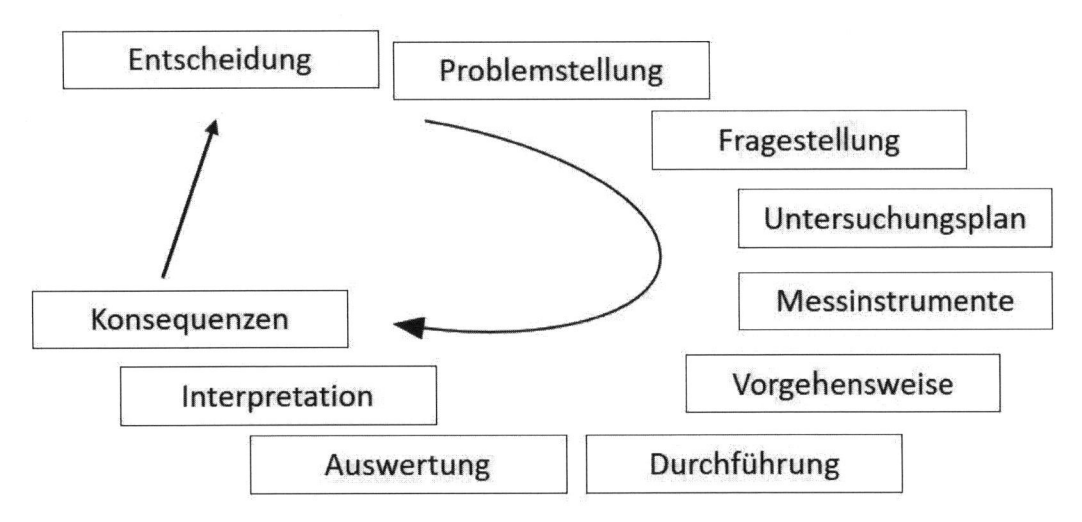

Abbildung 1: Idealtypische Handlungsschritte bei der Vorbereitung, Durchführung und Auswertung einer Evaluation (nach Helmke et al., 2012, S. 26)

Phase 1: Entscheidung für einen Evaluationsbereich und Eingrenzung eines Evaluationsgegenstandes

Zu Beginn eines Evaluationsprozesses muss entschieden werden, welche Inhalte und Themen der Unterrichts- und Schulqualität (Evaluationsbereich) und welches konkrete Objekt (Evaluationsgegenstand) im Rahmen dieses Evaluationsbereichs untersucht bzw. evaluiert werden soll (Gollwitzer & Jäger, 2007). Damit die Evaluation Ergebnisse liefert, die unmittelbar zur Bewältigung von Problemstellungen in der Schule beitragen können, sollten relevante Evaluationsthemen ausgewählt werden. Hilfreiche Fragen zur Themenfindung können sein (vgl. Burkard & Eikenbusch, 2000, S. 87): Wo bestehen besondere Aufgaben, z. B. durch Lehrpläne oder das Schulprogramm? In welchen Bereichen fehlen mir für die Gestaltung des Unterrichts nützliche Daten und Informationen (z. B. über Lernentwicklung, Anforderungen, Motivation)? An welchen Stellen gibt es innerhalb der Klasse Unzufriedenheit? Wo kann ich Bestätigung für erfolgreiche und bewährte Praxis bekommen?

In dieser Phase ist weiterhin zu klären, welche Personengruppen von der Evaluation betroffen sind und entsprechend informiert bzw. an der Entscheidungsfindung beteiligt werden müssen. Je nach Evaluationsbereich bietet es sich ggf. an, eine Projektgruppe zu initiieren, welche das Evaluationsvorhaben verantwortet (Helmke et al., 2012).

Für die Auswahl von Evaluationsbereichen und -gegenständen können das Schulprogramm oder die Kernbereiche der Qualität von Schule als Orientierung dienen (Altrichter & Messner, 2001). Die Schulqualität beinhaltet sowohl die Qualität der Ergebnisse (Effekte, die eine Schule erzielt) als auch die Qualität der schulischen Prozesse (Wirksamkeit schulischer Abläufe) und Strukturen (schulische Arbeitsbedingungen und Leistungsvoraussetzungen) und stellt somit eine sinnvolle Systematisierung unterschiedlicher Evaluationsbereiche dar (s. Tabelle 1).

Tabelle 1: Beispiele für Evaluationsbereiche auf den Ebenen der Schulqualität (in Anlehnung an Helmke et al., 2012)

Ebene von Schulqualität	*Beispiele für Evaluationsbereiche und -gegenstände*
Ergebnisqualität	Schülerleistungen (z. B. fachliche und überfachliche Kompetenzen)
	Integrations- und Abbruchquoten
	Werdegang der Absolventen
	Öffentliches Ansehen
Prozessqualität	Unterrichtsprozesse (z. B. Ziele, Inhalte und Methoden), soziales Klima (z. B. Umgangsformen, Gewaltfreiheit)
	Zusammenarbeit von Lehrkräften und Lernenden (z. B. demokratische Mitgestaltung),
	Kooperation im Kollegium (z. B. Arbeit der Fach-, Klassen- und Jahrgangskonferenzen),
	Schulleitungsarbeit (z. B. Führung bei der Umsetzung des Schulprogramms, Delegation von Aufgaben und Verantwortung),
	Zusammenarbeit mit den Eltern (z. B. Elterngespräche, Elternabende);
	Gremienarbeit (z. B. inhaltliche Arbeit und handlungsorientierte Beschlüsse; Informationsfluss und Transparenz).
Strukturqualität	Leistungsvoraussetzungen der Arbeitskräfte (z. B. fachlich-methodische Kompetenzen; Belastung, Gesundheitsstand);
	schulische Ausstattung und arbeitshygienische Bedingungen (z. B. Zustand der Arbeitsmittel; finanzielle und räumliche Bedingungen);
	Ausmaß an Eigenständigkeit (z. B. Budgetierungsrechte, flexible Arbeitszeitmodelle);
	Ökologie (z. B. Gestaltung der Schule und des Schulhofes, Energiesparmaßnahmen, Mülltrennung)

Phase 2: Bestimmung der Problemstellung, Vereinbarung von Evaluationszielen und Evaluationskriterien

Nach der Entscheidung für einen Evaluationsbereich und -gegenstand sollten die mit der Evaluation verbundenen Problem- und Zielstellungen formuliert sowie Kriterien für die Evaluation vereinbart werden. „Mit dem Begriff Evaluationskriterium wird ausgedrückt, auf welcher Basis der Evaluationsgegenstand bewertet werden soll" (Gollwitzer & Jäger, 2007, S. 6). Beispiele für Evaluationskriterien sind die Wirksamkeit bzw. Effektivität und Effizienz von bestimmten Maßnahmen oder Projekten, die Qualität der Einführung und Implementation dieser Maßnahmen sowie damit verbundene Akzeptanz und Nachhaltigkeit (Gollwitzer & Jäger, 2007). Bei unterrichtsbezogenen Evaluationsverfahren, im Rahmen derer durch Beobachtungen oder Befragungen Informationen über die Unterrichtsqualität generiert werden, können beispielsweise normative Umschreibungen bzw. Kriterien guten Unterrichts als Evaluationskriterien dienen. Derartige Kriterienkataloge (z. B. von Andreas Helmke oder Hilbert Meyer entwickelt) stellen praxisnahe Verdichtungen der Ergebnisse empirischer Schulleistungs- und Unterrichtsforschung dar und gelten heutzutage als „Referenzrahmen" für die Beurteilung von Unterrichtsqualität (Landwehr, 2015).

Phase 3: Planung des methodischen Vorgehens und Auswahl bzw. Entwicklung von Evaluationsinstrumenten

Der nächste Schritt eines schulinternen Evaluationsverfahrens sieht die Planung des konkreten methodischen Vorgehens und die Auswahl bzw. Entwicklung von geeigneten Evaluationsinstrumenten vor. Unter Evaluationsmethoden werden Formen der Datenerhebung verstanden, die für eine Evaluation zur Verfügung stehen (z. B. Befragung, Beobachtung). Mithilfe der im Rahmen dieser Methoden eingesetzten Evaluationsinstrumente, z. B. ein Fragebogen oder ein Leitfaden, lassen sich schließlich die Daten im Hinblick auf den jeweiligen Evaluationsgegenstand sammeln. Für die Auswahl einer geeigneten Evaluationsmethode sind die Zielstellung der Evaluation und damit verbunden die Art der Informationen, die zur Erreichung dieser Zielstellung gesammelt werden sollen, entscheidend. Relevant sind zudem die Voraussetzungen für den Einsatz der jeweiligen Methode an der Schule sowie die mit dem Einsatz verbundenen Ressourcen (Burkard & Eikenbusch, 2000). Vor diesem Hintergrund können insbesondere Evaluationsverfahren, die keine zusätzliche Sammlung von Daten vorsehen, vorteilhaft sein. Die Auswertung bereits vorhandener Daten (z. B. Klassenbücher, Klassenarbeiten oder andere Verfahren der Lernerfolgsprüfung) bietet sich insbesondere dann an, wenn rückblickend Prozessverläufe berücksichtigt oder Kompetenzen der Lernenden vergleichend betrachtet werden sollen. Die Aussagekraft vorhandener Daten sollte jedoch vorab kritisch geprüft werden, da manche Dokumente mit anderen Zielstellungen gesammelt wurden oder nur eingeschränkt differenzierte Informationen bereitstellen können.

Mit folgenden Evaluationsmethoden und -instrumenten können in einer schulinternen Evaluation neue Informationen bzw. Daten gesammelt werden (vgl. Burkard & Eikenbusch, 2000; Burkard, 2001; Buhren, 2001; Helmke et al., 2012; Langer, 2001):

1) **Schriftliche Befragung**, z. B. mithilfe von **Fragebögen**. Die schriftliche Befragung sichert die Anonymität der Befragten und ermöglicht es, auch kritische Aspekte offen zu nennen. Schriftliche Befragungen bieten sich insbesondere dann an, wenn die Sichtweisen von möglichst vielen Personen gefragt sind und präzise Fragestellungen berücksichtigt werden sollen.
Es können sowohl selbstentwickelte als auch bereits zugängliche Fragebögen (z. B. bereitgestellt von der Bertelsmann-Stiftung oder durch das Institut für Schulentwicklungsforschung der Technischen Universität Dortmund) genutzt werden. Selbstentwickelte Fragebögen bieten den Vorteil, dass sie je nach

Evaluationsgegenstand auf spezifische Evaluationsfragen hin ausgerichtet werden können und sich an eigenen bzw. gemeinsam entwickelten Zielsetzungen der Evaluation orientieren. Zugleich muss jedoch der mit der Fragebogenentwicklung verbundene zeitliche und organisatorische Aufwand berücksichtigt werden. Die schriftliche Befragung ermöglicht ein repräsentatives Bild der Meinungen oder Einstellungen im Hinblick auf eine Vielzahl von Themen, gleichzeitig ergibt sich dadurch aber auch eine große Menge von Ergebnissen, die bei der Analyse und Interpretation bearbeitet werden müssen. Die Beantwortung der Fragebögen und Auswertung der Daten kann unter Umständen sehr zeitintensiv sein. Vorgegebene Antwortalternativen schränken zudem die Antwortmöglichkeiten der Befragten ein.

2) **Strukturierte Gespräche bzw. Interviews**, z. B. mit **Leitfaden oder Fragenkatalog**. Die mündliche Befragung bietet die Möglichkeit für Rückfragen oder Erläuterungen und eignet sich insbesondere dann, wenn komplexe Themenstellungen untersucht, unbekannte Aspekte des Evaluationsgegenstands vermutet werden oder Ursachen für Probleme bzw. Gelingensbedingungen identifiziert werden sollen. Durch strukturierte Gespräche bzw. Interviews können sehr differenzierte Informationen zu einzelnen Themen gesammelt werden und es werden viele unterschiedliche Sichtweisen auf den jeweiligen Evaluationsgegenstand aufgezeigt. In Interviews können der Evaluationsgegenstand beschrieben, bewertet sowie Potenziale, Chancen und Grenzen geschildert werden (Langer, 2001). Die Zahl der Befragten ist in der Regel gering; die Anonymität der Befragten ist oftmals nicht gewährleistet. Die mündliche Befragung kann vor dem Hintergrund der detaillierten und differenzierten Datensammlung und der damit verbundenen intensiven Auswertungsphase einen hohen Zeit- und Arbeitsaufwand erfordern.

3) **Systematische Beobachtung**, z. B. mithilfe von **Beobachtungsbögen oder Leitfragen**. Die Methode der Beobachtung bietet sich insbesondere dann an, wenn es um Daten über unmittelbares Verhalten oder um die Analyse von Prozessverläufen gehen soll. Die Beobachtung gewährt einen unmittelbaren Einblick in die Praxis, in Verhalten und in tatsächliche Prozessabläufe und ermöglicht dadurch unmittelbaren Gesprächsanlass zwischen allen Beteiligten. Die Beobachtung erfordert die Akzeptanz aller beteiligten Personen und es muss berücksichtigt werden, dass es ggf. zu einer Beeinflussung der beobachtenden Situation durch die beobachtende Person kommen kann. Weiterhin kann die Dokumentation der Beobachtung mit einem hohen Arbeits- und Zeitaufwand einhergehen.

Literatur:

Altrichter, H. & Messner, E. (2001). Im Dickicht der Evaluation. Wie evaluieren ohne den Spaß daran zu verlieren? *Pädagogik, 53* (11), 6-11.

Buhren, C. G. (2001). Lehrer und Schüler entwickeln einen Fragebogen. *Pädagogik, 53* (11), S. 28-31.

Burkard, C. (2001). Wie evaluiert man ein Schulprogramm? *Pädagogik, 53* (11), 32-37.

Burkard, C. & Eikenbusch, G. (2000). *Praxishandbuch Evaluation in der Schule*. Berlin: Cornelsen.

Gollwitzer, M. & Jäger, R. S. (2007). *Evaluation. Workbook*. Weinheim: Beltz.

Helmke, A., Helmke, T., Leutner, D., Pham, G., Riecke-Baulecke, T. & Spoden, C. (2012). *Interne Evaluation. Grundlagen und Verfahren* (Schulmanagement-Handbuch, Bd. 144). München: Oldenbourg.

Landwehr, N. (2015). Von Evaluationsdaten zur Unterrichtsentwicklung. In H.-G. Rolff (Hrsg.), *Handbuch Unterrichtsentwicklung* (S. 157-181). Weinheim: Beltz.

Langer, R. (2001). Interviews durchführen und auswerten. Leitfadeninterviews als Evaluationsinstrument. Pädagogik, 53 (11), S. 24-27.

| Schulische Prozesse evaluieren | Kompetenzausprägung D |

Ich kann schulische Prozesse mithilfe von Evaluationsinstrumenten (z. B Schülerfeedback) dokumentieren.

Phase 4: Sammlung von Informationen bzw. Evaluationsdaten
Nachdem das methodische Vorgehen des Evaluationsverfahren abgestimmt und passende Evaluationsinstrumente ausgewählt bzw. entwickelt wurden, werden die erforderlichen Daten über den jeweiligen Evaluationsgegenstand gesammelt. Die Sammlung und Dokumentation der Daten erfolgt entsprechend der festgelegten methodischen Vorgehensweise und wird von den als verantwortlich bestimmten Personen (ggf. Projektgruppe) realisiert. In dieser Phase muss zudem geklärt werden, wer die Datensammlung koordiniert und die Daten für die spätere Auswertung zusammenstellt (Burkard & Eikenbusch, 2000).

Schülerfeedback zum Unterricht als Verfahren schulinterner Evaluation
In den letzten Jahren erfährt das Thema Feedback zum Unterricht, spätestens mit Veröffentlichung der Metaanalysen von Hattie (2009), zunehmend Beachtung. Feedback kann definiert werden als die bereitgestellte Information einer anderen Person (z. B. einer Lehrkraft, einer Kollegin bzw. einem Kollegen oder Lernende) zu Aspekten der eigenen Verhaltensweisen bzw. der eigenen Leistung (Hattie & Timplerley, 2007). In diesem Sinne stellt Feedback die Konsequenz einer vorherigen Leistung dar, mit dem Ziel, die Differenz zwischen Ist- und Soll-Zustand festzustellen und entsprechende Maßnahmen zur Überwindung dieser Differenz durchzuführen. Feedback kann dementsprechend als Verfahren für eine schulinterne Evaluation genutzt werden. Die Möglichkeiten ein unterrichtsbezogenes Feedback einzuholen sind vielfältig. Sie reichen von einer beobachtungsbasierten Rückmeldung durch die Schulleitung, über Coaching durch erfahrenere Kolleginnen und Kollegen hin zu Unterrichtsrückmeldungen durch die Lernenden. Unterrichtsfeedback kann sich zum einen auf die Qualität unterrichtlicher Prozesse (z. B. Wahrnehmung des Lehrerhandelns im Unterricht) und zum anderen auf die Qualität unterrichtlicher Produkte und Wirkungen (z. B. Lernerfolg der Lernenden) beziehen (Helmke et al., 2012; Wisniewski & Zierer, 2017). Unter dem Begriff Feedback kann somit sowohl das Feedback der Lehrperson an die Schülerinnen und Schüler als auch das Feedback der Lernenden an ihre Lehrperson verstanden werden. Beide Feedbackformen können wesentlich zur Lernentwicklung der Schülerinnen und Schüler und zur Weiterentwicklung der eigenen Professionalität von Lehrkräften beitragen (Hattie & Timperley, 2007).

Im Zusammenhang mit Unterrichtsevaluation und -entwicklung wird in aktuellen Publikationen der Schülerperspektive ein hoher Stellenwert zugesprochen (Bastian, Combe & Langer, 2016; Göbel & Neuber, 2017). Im Rahmen empirischer Studien zur Unterrichtswahrnehmung der Schülerinnen und Schüler konnte für verschiedene Unterrichtsfächer gezeigt werden, dass die Lernenden einzelne Aspekte der Qualität des Unterrichts durchaus valide einschätzen können (z. B. Ditton, 2002; Gruehn, 2000; Lenske, 2016). Unstrittig erscheint die Perspektive der Lernenden insbesondere bei jenen Unterrichtsaspekten, die sie selbst betreffen. Hierzu zählen die subjektive Wirkung von Unterricht und Lehrerhandeln auf ihren eigenen Lernfortschritt (Clausen, 2002), unterrichtliche Routinen und das soziale Klima in der Klasse, Merkmale der Klassenführung, der Klarheit und Strukturiertheit sowie Aspekte der wahrgenommenen Motivierung durch die

Lehrkraft (Baumert, Kunter, Brunner, Krauss, Blum & Neubrand, 2004). Da sich die Wahrnehmung des eigenen Handelns im Unterricht oftmals von der Fremdwahrnehmung und der Realität unterscheidet (Clausen, 2002), ermöglicht der Einbezug der Perspektive der Lernenden auf das Unterrichtsgeschehen den Abgleich mit den eigenen Ansichten auf den Unterricht und stellt somit eine hilfreiche Ergänzung zur eigenen Sichtweise der Lehrperson dar. Unterrichtsbezogene Rückmeldungen der Lernenden an die Lehrperson können weiterhin die folgenden Funktionen erfüllen (vgl. Tabelle 2):

Tabelle 2: Funktionen von unterrichtsbezogenen Rückmeldungen der Lernenden an die Lehrpersonen (vgl. Altrichter, Posch & Spann, 2018; Bastian, 2015; Helmke & Helmke, 2015; Wisniewski & Zierer, 2017):

Ebene der Lehrperson	*Ebene der Lernenden*
• Anerkennung, Bestärkung und Motivation (durch positive Rückmeldungen), • Entwicklung von Handlungssicherheit im Unterricht und damit einhergehend Erhöhung der beruflichen Wirksamkeitserwartung und Arbeitszufriedenheit, • Identifizierung von Stärken und Schwächen sowie „blinder Flecken" im unterrichtlichen und pädagogischen Handeln, • Impulse für eine unterrichtsbezogene Reflexion, • Entwicklung einer forschenden Haltung im Unterricht sowie von Offenheit und Sensibilität für die Perspektiven anderer.	• Impulse für die Reflexion eigener Lernerfahrungen und für die Entwicklung von selbstregulativen und metakognitiven Fähigkeiten, • Erfahrung von Wertschätzung, • Möglichkeit, sich konstruktiv zu Aspekten des Unterrichts zu äußern, • Stärkung der innerschulischen Vertrauens- und Respektbeziehungen (soziales Klima in der Klasse), • Förderung von Mitbestimmung und Partizipation der Lernenden im Unterricht (demokratische Unterrichtskultur).

Die Methoden, ein Schülerfeedback zum Fachunterricht einzuholen, sind vielfältig. Es können sowohl mündliche als auch schriftliche Feedbackformen unterschieden werden; weiterhin lassen sich Feedbackmethoden und damit verbundene Instrumente hinsichtlich ihres Ausmaßes an Strukturiertheit unterscheiden (vgl. Buhren, 2015; Bastian, Combe & Langer, 2016; Wisniewski & Zierer, 2017):

Freie Rückmeldung
- Kann sowohl mündlich (in Form eines Unterrichtsgesprächs) als auch schriftlich erfolgen.
- Es werden zumeist offene Fragen zum Unterricht gestellt, die z. B. auf Kritikpunkte oder Verbesserungsvorschläge seitens der Schülerschaft, abzielen.
- Vorteile: einfach zu handhaben; jederzeit durchführbar; geringer Vorbereitungs- und Zeitaufwand; ermöglicht es, spezifische Sachverhalten offen anzusprechen und unmittelbar Lösungen zu diskutieren.
- Nachteile: wird ggf. durch Einzelmeinungen in der Klasse dominiert; geringe Aussagekraft; niedriger Differenzierungsgrad; keine Anonymität.
- Beispiel: Blitzlicht-Methode.

Kriteriengeleitetes Feedback
- Um das Unterrichtsfeedback gezielter nutzen zu können, werden klar definierte Kriterien zu Grunde gelegt und es wird die ganze Klasse (i. d. R. anonym) befragt.
- Eignet sich sehr gut, um ein Stimmungsbild zu ausgewählten Aspekten des Unterrichtsgeschehens zu erhalten.
- Vorteile: geringer Zeitaufwand; jederzeit durchführbar.
- Nachteile: Begrenzte Auswahl an erfassten Aspekten des Unterrichts; ggf. Ergebnisverzerrungen.
- Beispiele: Feedback-Koordinatensystem, Zielscheibe, Ein-Punkt-Methode, Feedback-Hand, Vier-Felder-Tafel.

Schriftliche Befragung mithilfe von Fragebögen zum Unterricht
- Fragebögen können ein breiteres Spektrum von fächerübergreifenden Merkmalen der Qualität des Unterrichts berücksichtigen und ermöglichen somit eine differenzierte Rückmeldung zum Unterricht.
- äquivalente Frageformulierungen bieten die Möglichkeit, unterschiedliche Perspektiven auf den Unterricht (von Lernenden, Lehrkräften, Kolleginnen und Kollegen) zu erfassen.
- Vorteile: hohe Aussagekraft; hoher Differenzierungsgrad; hohe Reliabilität durch die Erfassung einer größeren Gruppe an Befragten (z. B. eine Klasse); Gewährleistung von Anonymität möglich.
- Nachteile: hoher Vorbereitungsaufwand (Auswahl oder ggf. Entwicklung von Fragebögen); hoher Zeitaufwand sowohl für die Durchführung als auch für die Auswertung der Daten; erfordert Kenntnisse im Umgang mit statistischen Daten (bei standardisiertem Fragebogenformat).
- Voraussetzungen an einen standardisierten Feedbackfragebogen zum Unterricht: adressatengerechtes Design (z. B. Orientierungshilfen, Schriftgröße) und adäquate Instruktion für die Lernenden; geschlossene und offene Fragen müssen für die jeweiligen Lernenden angemessen sein (z. B. einfache Wortwahl, kurze Sätze, Ich-Perspektive), Anonymität muss gewährleistet werden.
- Beispiele: Fragebögen aus empirischen Studien zum Unterricht (z. B. MARKUS-Studie, DESI-Studie, PISA-Studie, IGLU-Studie), oder aus Programmen wie „Selbstevaluation in Schulen" (SEIS), „Schüler als Experten für Unterricht" (SEfU), IFS-Schulbarometer, „Evidenzbasierte Methoden der Unterrichtsdiagnostik" (EMU).

	stimme nicht zu	stimme eher nicht zu	stimme eher zu	stimme zu
Klassenmanagement				
Die gesamte Unterrichtsstunde wurde für den Lernstoff verwendet.	☐	☐	☐	☐
Der Lehrer hat alles mitbekommen, was in der Klasse passiert ist.	☐	☐	☐	☐
Mir war jederzeit klar, was ich tun sollte.	☐	☐	☐	☐
Ich konnte ungestört arbeiten.	☐	☐	☐	☐
Ich war die ganze Stunde über aktiv bei der Sache.	☐	☐	☐	☐
Klarheit und Strukturiertheit				
Mir ist klar, was ich in dieser Stunde lernen sollte.	☐	☐	☐	☐
Der Lehrer hat so erklärt, dass ich alles verstanden habe.	☐	☐	☐	☐
Der Lernstoff wurde sichtbar gemacht, zum Beispiel durch Schaubild, Mindmap, Poster oder Zeichnung.	☐	☐	☐	☐
Der Lehrer hat darauf geachtet, dass jeder klar und deutlich spricht.	☐	☐	☐	☐
Die wichtigsten Punkte wurden zusammengefasst.	☐	☐	☐	☐

Abbildung 2: Beispiel für einen standardisierten Schülerfragebogen zur Unterrichtsstunde (Quelle: Evidenzbasierte Methoden der Unterrichtsdiagnostik (EMU), verfügbar unter der URL: www.unterrichtsdiagnostik.de)

Literatur:

Altrichter, H., Posch, P. & Spann, H. (2018). *Lehrerinnen und Lehrer erforschen ihren Unterricht* (5., grundlegend überarbeitete Auflage). Bad Heilbrunn: Julius Klinkhardt.

Bastian, J., Combe, A. & Langer, R. (2016). *Feedback-Methoden. Erprobte Konzepte, evaluierte Erfahrungen* (4. Auflage). Weinheim: Beltz.

Bastian, J. (2015). Feedback und Unterrichtsentwicklung. In H.-G. Rolff (Hrsg.), *Handbuch Unterrichtsentwicklung* (S. 143-156). Weinheim: Beltz.

Baumert, J., Kunter, M., Brunner, M., Krauss, S., Blum, W. & Neubrand, M. (2004). Mathematikunterricht aus Sicht der PISA-Schülerinnen und -Schüler und ihrer Lehrkräfte. In M. Prenzel et al. (Hrsg.), *PISA 2003: Der Bildungsstand der Jugendlichen in Deutschland – Ergebnisse des zweiten internationalen Vergleiches* (S. 314-354). Münster: Waxmann.

Buhren, C. G. (2015). Schüler-Lehrer-Feedback. Formen und Methoden. In C. G. Buhren (Hrsg.), *Handbuch Feedback in der Schule* (S. 211-230). Weinheim: Beltz.

Clausen, M. (2002). *Unterrichtsqualität: Eine Frage der Perspektive?* Münster: Waxmann.

Ditton, H. (2002). Lehrkräfte und Unterricht aus Schülersicht. Ergebnisse einer Untersuchung im Fach Mathematik. *Zeitschrift für Pädagogik, 48* (2), 262–286.

Gruehn, S. (2000). *Unterricht und schulisches Lernen: Schüler als Quellen der Unterrichtsbeschreibung.* Münster: Waxmann.

Göbel, K. & Neuber, K. (2017). Potenziale der Einholung von Schülerrückmeldungen für die Unterrichtsreflexion in den Phasen des Lehrerberufs. In K. Zierer (Hrsg.), *Allgemeine Didaktik und Lehrer/innenbildung (S. 88-101).* Baltmannsweiler: Schneider.

Hattie, J. (2009). *Visible learning.* London: Routledge.

Hattie, J. & Timperley, H. (2007). The Power of Feedback. *Review of Educational Research, 77* (1), 81-112.

Helmke, A. & Helmke, T. (2015). Unterrichtsdiagnostik als Ausgangspunkt für Unterrichtsentwicklung. In H.-G. Rolff (Hrsg.), Handbuch Unterrichtsentwicklung (S. 242-257). Weinheim und Basel: Beltz.

Helmke, A., Helmke, T., Leutner, D., Pham, G., Riecke-Baulecke, T. & Spoden, C. (2012). *Interne Evaluation. Grundlagen und Verfahren* (Schulmanagement-Handbuch, Bd. 144). München: Oldenbourg.

Lenske, G. (2016). Schülerfeedback in der Grundschule. Untersuchung zur Validität. Münster: Waxmann.

Wisniewski, B. & Zierer, K. (2017). *Visible Feedback. Ein Leitfaden für erfolgreiches Unterrichtsfeedback.* Baltmannsweiler: Schneider.

Internetquelle:

www.unterrichtsdiagnostik.de. Zugriff am 08.11.2018.

| Schulische Prozesse evaluieren | Kompetenzausprägung E |

Ich kann Evaluationsergebnisse auswerten und in den eigenen Unterricht zurückführen.

Phase 5: Aufbereitung, Analyse und Interpretation der Evaluationsdaten
Im Anschluss an die Datensammlung erfolgt die Phase der Ausbereitung, Analyse und schließlich Interpretation der Ergebnisse, um diese im Anschluss angemessen in den Unterricht zurückführen zu können. Die Aufbereitung, Analyse und Rückmeldung der Evaluationsdaten wird von den jeweils beteiligten und für die Evaluation verantwortlichen Akteure (ggf. Projektgruppe) realisiert. Folgende Leitfragen können in dieser Phase relevant sein (Burkard & Eikenbusch, 2000): Wer wird am Datenfeedback beteiligt? In welchen Gremien und bei welchen Gelegenheiten findet die Diskussion über die Daten statt? Wie soll der Ablauf des Datenfeedbacks methodisch gestaltet werden, welche Hilfen zur Interpretation der Daten sind ggf. nötig? Welchen Leitfragen folgt die Datenauswertung? Wer erhält Einsicht in die Daten?

Die inhaltliche Ausrichtung der Datenauswertung kann folgende Aspekte einbeziehen (Burkard & Eikenbusch, 2000):
- Eindeutige Positionen der Befragten, d. h. Fragen, bei denen besonders hohe Zustimmungsquoten oder besonders hohe Ablehnungsquoten auftreten, sowie Fragen, bei denen unterschiedliche Befragtengruppen (z. B. Lehrkräfte und Lernende) in gleicher Weise antworten.
- Meinungsverschiedenheiten, d. h. Fragen, bei denen zustimmende Antworten ablehnenden Antworten gegenüberstehen sowie Fragen, die von den Befragtengruppen unterschiedlich beantwortet wurden.
- Fragen, die ein Großteil der Befragten „unentschieden" beantwortet sowie Fragen, bei denen alle Antworten in etwa gleich ausfallen.
- Fragen, auf die von vielen Beteiligten keine Antwort gegeben wurde.
- Diskrepanzen zwischen realer und gewünschter Situation: Fragen, bei denen Ist- und Soll-Zustand in den Antworten weit auseinanderliegen.
- Widersprüche oder Zusammenhänge (bzw. Muster) im Antwortverhalten.

Im Hinblick auf die Auswertung von Interviewdaten empfiehlt Langer (2001) die Formulierung von Kernaussagen, die gemeinsam in den Interviews auftreten und somit das Gesagte bestmöglich zusammenfassen. Bei der Auswertung schriftlicher Evaluationsinformationen, z. B. Ergebnisse einer Fragebogenerhebung, können ggf. Analyseprogramme hilfreich sein, um beispielsweise eine statistische Häufigkeitsauszählung zu realisieren. Zur Interpretation statistischer Ergebnisse kann eine kriteriale Bezugsnorm, im Allgemeinen der theoretische Mittelwert, gewählt werden. Sofern im Fragebogen auch die empfundene Relevanz, die den evaluierten Gegenständen (z. B. kooperative Lernformen) zugesprochen wird, erfasst wird, kann diese als weitere, schulintern gesetzte Bezugsnorm dienen: Bei deutlicher Diskrepanz zwischen der Wichtigkeit einerseits und der Realisierung im Unterricht andererseits legt dies schulische Entwicklungsmaßnahmen nahe (z. B. die Erarbeitung eines Konzepts zur Umsetzung kooperativen Lernens).

Phase 6: Vereinbarung von Konsequenzen und Planung nächster Schritte
Ausgehend von den Evaluationsergebnissen und deren Interpretation werden in der letzten Arbeitsphase des Evaluationsprozesses gemeinsam mit Kolleginnen und Kollegen und ggf.

gemeinsam mit Schüler- und Elternvertretern Maßnahmen der Unterrichts- und Schulentwicklung beschlossen, die entsprechend im Schulleben umgesetzt werden sollen. Dabei können folgende Leitfragen hilfreich sein (Burkard & Eikenbusch, 2000): Welche Konsequenzen ergeben sich aus den Evaluationsergebnissen für die weitere Arbeitsplanung? Welche Ziele soll die weitere Arbeitsplanung anstreben? Wer ist für die Umsetzung der weiteren Arbeitsplanung verantwortlich? Wer überprüft die Umsetzung der Vereinbarungen? Bis wann werden diesbezüglich Ergebnisse erwartet (ggf. Planung einer erneuten Evaluation zur Überprüfung)?

Bereitgestellte Informationen aus Evaluationen werden jedoch nicht automatisch für schul- und unterrichtsbezogene Entwicklungszwecke genutzt (Landwehr, 2015). Beispielsweise besteht die Gefahr, dass Informationen übersehen, ignoriert oder missverstanden werden. Inwieweit eine intensive Auseinandersetzung mit den gesammelten Informationen über unterrichtliche und schulische Prozesse erfolgt, hängt insbesondere von der Verständlichkeit, Aktualität und Korrektheit des aufbereiteten Datenmaterials sowie von dessen Inhalt und Qualität ab (Helmke, 2014). Nur wenn die Evaluationsdaten den Bedürfnissen der Beteiligten gerecht aufbereitet und von diesen aktiv angeeignet werden, können Handlungskonsequenzen abgeleitet und für die schulinterne Qualitätsentwicklung genutzt werden. Der Diskussion der Evaluationsergebnisse innerhalb der Schule wird dabei eine entscheidende Bedeutung zugesprochen (Burkard & Eikenbusch, 2000; Helmke, 2014). Alle Beteiligten, d. h. je nach Evaluationsgegenstand sowohl Lehrkräfte als auch Lernende, sollten die Möglichkeit haben, ihre Einschätzungen und Perspektiven auf den Evaluationsprozess und die Evaluationsergebnisse einzubringen. Im gemeinsamen Austausch kann eruiert werden, welche Bedeutung den Evaluationsdaten insgesamt sowie für die eigene Arbeit beigemessen werden muss, wie die vorliegenden Daten sinnvoll interpretiert werden können und welche Erkenntnisse und Schlussfolgerungen sich im Hinblick auf die weitere Arbeitsplanung formulieren lassen. Schlussendlich sollten die beteiligten Lehrkräfte auf Basis der Evaluationsergebnisse konkrete Veränderungen in Erwägung ziehen, die im Sinne der Entwicklung von Unterricht und Schule auf eine Optimierung der Evaluationsgegenstände abzielen. Auch im Zusammenhang mit der Nutzung von Feedback zur Evaluierung des Unterrichts wird die Diskussion und Reflexion der Rückmeldeergebnisse mit der jeweiligen Klasse als zentrale Bedingung für die Feedbacknutzung erachtet (Gärtner, 2013). Im Austausch mit den Schülerinnen und Schülern können unverständliche oder widersprüchliche Rückmeldeergebnisse aufgeklärt und gemeinsam Handlungsalternativen für die weitere Gestaltung unterrichtlicher Prozesse formuliert werden. Auf diese Weise werden die Rückmeldeergebnisse unmittelbar in den Unterricht zurückgeführt.

Literatur:

Burkard, C. & Eikenbusch, G. (2000). *Praxishandbuch Evaluation in der Schule*. Berlin: Cornelsen.

Gärtner, H. (2013). Wirksamkeit von Schülerfeedback als Instrument der Selbstevaluation von Unterricht. In J. Hense, S. Rädiker, W. Böttcher & T. Widmer (Hrsg.), *Forschung über Evaluation. Bedingungen, Prozesse und Wirkungen* (S. 107–124). Münster: Waxmann.

Helmke, A. & Helmke, T. (2015). Unterrichtsdiagnostik als Ausgangspunkt für Unterrichtsentwicklung. In H.-G. Rolff (Hrsg.), *Handbuch Unterrichtsentwicklung* (S. 242-257). Weinheim und Basel: Beltz.

Helmke, A. (2014). *Unterrichtsqualität und Lehrerprofessionalität. Diagnose, Evaluation und Verbesserung des Unterrichts* (5. überarbeitete Auflage). Seelze: Klett-Kallmeyer.

Helmke, A., Helmke, T., Leutner, D., Pham, G., Riecke-Baulecke, T. & Spoden, C. (2012). *Interne Evaluation. Grundlagen und Verfahren* (Schulmanagement-Handbuch, Bd. 144). München: Oldenbourg.

Landwehr, N. (2015). Von Evaluationsdaten zur Unterrichtsentwicklung. In H.-G. Rolff (Hrsg.), *Handbuch Unterrichtsentwicklung* (S. 157-181). Weinheim: Beltz.

Langer, R. (2001). Interviews durchführen und auswerten. Leitfadeninterviews als Evaluationsinstrument. *Pädagogik, 53* (11), S. 24-27.

| Schulische Prozesse evaluieren | Kompetenzausprägung F |

Ich kann auf der Grundlage interner und externer Evaluationsergebnisse sowie aktueller fachdidaktischer und pädagogischer Diskurse Schul- und Unterrichtsentwicklung mitgestalten.

Inwieweit die vereinbarten Konsequenzen der Evaluationsergebnisse und die weitere Arbeitsplanung im Sinne der Schul- und Unterrichtsentwicklung tatsächlich realisiert werden, hängt von unterschiedlichen Bedingungsfaktoren ab. Hierzu zählen motivations- und kompetenzbezogene Voraussetzungen sowohl auf individueller als auch auf institutioneller Ebene (Helmke & Helmke, 2015; Landwehr, 2015):

Individuelle Ebene der Lehrperson
a) Motivationsbezogene Voraussetzungen:
- Allgemeine Akzeptanz von Evaluationsverfahren,
- Einstellung gegenüber schulischen Neuerungen und Innovationen sowie gegenüber der Messbarkeit schulischer und unterrichtlicher Prozesse bzw. Wirkungen,
- Individuelle Bereitschaft, unterrichtliche und schulische Prozesse datengestützt zu reflektieren und zu verbessern.

b) Kompetenzbezogene Voraussetzungen:
- Kenntnisse über das Evaluationsverfahren,
- Allgemeiner Umgang mit Evaluationsdaten (Einbezug in Qualitätsreflexion des Unterrichts),
- Individuelle Fähigkeiten zur „Lektüre" und zum Verständnis von Evaluationsergebnissen,
- Fähigkeit zur (sachbezogenen, kreativen, kritischen) Ursachenanalyse.

Institutionelle Ebene der Schule
a) Motivationsbezogene Voraussetzungen:
- Einbindung der Evaluationsergebnisse in das schulinterne Qualitätsmanagement-Konzept,
- Verbindliche Einforderung von Entwicklungsmaßnahmen, die auf die Evaluationsergebnisse Bezug nehmen,
- Zeitgefäße/Gruppenstrukturen für aktive Auseinandersetzungen mit den Evaluationsergebnissen,
- Zielvereinbarungen im Mitarbeitergespräch, die auf die Evaluationsergebnisse Bezug nehmen.

b) Kompetenzbezogene Voraussetzungen:
- Einführung der beteiligten Lehrperson in das Evaluationsverfahren und die Struktur der Evaluationsdaten,
- Schulungsangebote zur Planung, Durchführung und Auswertung von schulinternen Evaluationsverfahren,
- Bereitstellung von Handreichungen und Hilfsinstrumenten zur Dateninterpretation,
- Verfügbarkeit von Expertinnen und Experten für die Unterstützung der Teams bei der Interpretation der vorliegenden Evaluationsdaten.

Sofern also von den Beteiligten kein Anlass für Veränderungen gesehen wird (z. B. aufgrund der eigenen Zufriedenheit mit dem Unterricht oder aufgrund einer negativen Einstellung gegenüber schulischen Neuerungen), die Kosten-Nutzen-Bilanz der Evaluation kritisch gesehen wird oder nur unzureichend Unterstützung bei der Auswertung und Umsetzung der Evaluationsergebnisse durch die Institution erfolgt, besteht die Gefahr, dass geplante Arbeitsschritte gar nicht erst unternommen oder schnell wieder eingestellt werden.

Evaluationsdaten können als Impuls für Schul- und Unterrichtsentwicklung genutzt werden, wenn... (vgl. Landwehr, 2015, S. 172 ff.)
- ein konstruktivistisches Verständnis von Evaluation vorherrscht. Evaluationsergebnisse haben entsprechend keinen Anspruch auf eine objektive Beurteilung von Unterrichtsqualität. Vielmehr zeigen sie auf, wie Unterrichtsqualität in der Wahrnehmung von anderen Personen „konstruiert" wird und ermöglichen dadurch einen Austausch über den Unterricht.
- gezielt unterschiedliche Perspektiven eingeholt werden, z. B. von Lehrkräften und den Lernenden. Dies fördert die bewusste Auseinandersetzung mit Wahrnehmungsdifferenzen und damit verbundenen Wirklichkeitskonstruktionen.
- die Dateninterpretation gemeinsam mit anderen vorgenommen wird. Dies ermöglicht ein besseres Verständnis der vorliegenden Evaluationsdaten.
- die verschiedenen Ebenen für mögliche Interventionen vergegenwärtigt und bewusst gegeneinander abgewogen werden. Hierbei können Interventionen auf Ebene des Unterrichts (z. B. die gezielte Verbesserung von Unterrichtsmethoden), auf Ebene der Kommunikation (z. B. Gespräche über negativ wahrgenommene Unterrichtswirklichkeit) sowie auf Ebene der Lernenden (z. B. pädagogische Maßnahmen zur Verbesserung des Lernverhaltens) unterschieden werden.

Im Idealfall sollte im Anschluss an die Vereinbarung zukünftiger Arbeitsprozesse und deren Umsetzung in Schule und Unterricht geprüft werden, inwieweit die realisierten Veränderungen die damit verbundenen Zielstellungen erreichen konnten (Helmke, 2014). Am Ende einer Evaluation sollte zudem auch stets der Evaluationsprozess selbst bilanziert werden, um zum einen den Ertrag des Verfahrens bewusst zu machen und zum anderen von den gemachten Erfahrungen bei weiteren Evaluationen profitieren zu können (Burkard & Eikenbusch, 2000).

Literatur:
Burkard, C. & Eikenbusch, G. (2000). *Praxishandbuch Evaluation in der Schule*. Berlin: Cornelsen.
Helmke, A. & Helmke, T. (2015). Unterrichtsdiagnostik als Ausgangspunkt für Unterrichtsentwicklung. In H.-G. Rolff (Hrsg.), *Handbuch Unterrichtsentwicklung* (S. 242-257). Weinheim und Basel: Beltz.
Helmke, A. (2014). *Unterrichtsqualität und Lehrerprofessionalität. Diagnose, Evaluation und Verbesserung des Unterrichts* (5. überarbeitete Auflage). Seelze: Klett-Kallmeyer.
Landwehr, N. (2015). Von Evaluationsdaten zur Unterrichtsentwicklung. In H.-G. Rolff (Hrsg.), *Handbuch Unterrichtsentwicklung* (S. 157-181). Weinheim: Beltz.

| Schulische Prozesse evaluieren | CHECKLISTE |

A Ich kann Schule als lernende Organisation beschreiben sowie Ebenen und Funktionen von Evaluation benennen.

Mein aktueller Standort:
Wenn ich an eine typische Arbeitswoche denke, …
  kann ich den Begriff Evaluation definieren.
  kann ich die Ebenen von Evaluation beschreiben.
  kann ich zentrale Funktionen schulischer Evaluation benennen.
  verstehe ich Schule als lernende Organisation.

B Ich kann grundlegende Elemente interner und externer Evaluationsverfahren benennen und Chancen und Grenzen beschreiben.

Mein aktueller Standort:
Wenn ich an eine typische Arbeitswoche denke, …
  kann ich die Merkmale interner und externer Evaluation beschreiben.
  beteiligte ich mich an anwendungsbezogenen schulinternen Evaluationen, z. B. an Umfragen im Rahmen von Konferenzen.
  kann ich zentrale Chancen schulischer Evaluationen sowie deren Grenzen benennen.

So kann es gehen:
- Ich nutze einen schriftlichen Reflexionsbogen, um meine Unterrichtsplanung im Hinblick auf Zielstellungen, Inhalte und Methoden kritisch zu hinterfragen.
- Ich tausche mich regelmäßig mit Kolleginnen und Kollegen über meinen Unterricht aus.

C Ich kann eigene Evaluationsmaßnahmen mithilfe geeigneter Evaluationsinstrumente planen und vorbereiten.

Mein aktueller Standort:
Wenn ich an eine typische Arbeitswoche denke, …
  kann ich unterschiedliche Phasen des Evaluationsprozesses beschreiben.
  kenne ich die Inhaltsbereiche des Schulprogramms und kann zentrale Bereiche für schulische Evaluationen bestimmen.
  kann ich Instrumente für eine unterrichtsbezogene Evaluation zusammenstellen, z. B. Fragebögen zur Unterrichtsqualität.
  nutze ich die in der Schule bereits vorhandenen Daten zur Reflexion meiner unterrichtlichen und pädagogischen Arbeit.

So kann es gehen:
- Ich rege die Einrichtung einer Projektgruppe für schulinterne Evaluationen an bzw. beteilige mich an dieser.
- Ich frage die Schülerinnen und Schüler meiner Klasse, mit welchen Unterrichtsaspekten sie unzufrieden sind.
- Ich hospitiere bei meinen Kolleginnen und Kollegen im Unterricht, um Beispiele für bewährte und erfolgreiche Unterrichtspraxis zu erhalten.
- Ich initiierte eine kurze Befragung meiner Klasse über den Verlauf einer Unterrichtsreihe, um Hinweise zur Weiterentwicklung meines Unterrichts zu erhalten.

D Ich kann schulische Prozesse mithilfe von Evaluationsinstrumenten (z. B. Schülerfeedback) dokumentieren.

Mein aktueller Standort:
Wenn ich an eine typische Arbeitswoche denke, ...
    gebe ich regelmäßig ein Feedback zu Lernergebnissen.
    hole ich mir regelmäßig von meinen Schülerinnen und Schülern eine Rückmeldung ein, wie sie den Unterricht wahrnehmen.
    informiere ich mich regelmäßig über Feedbackmethoden zum Unterricht.

So kann es gehen:
- Ich nutze frei verfügbare Feedbackinstrumente zur Evaluation (z. B. EMU).
- Ich entwickele gemeinsam mit meinen Schülerinnen und Schülern einen Fragebogen zur Unterrichtsevaluation (z. B. in Bezug auf Klassenführung).
- Ich halte die Ergebnisse des Unterrichtsfeedbacks schriftlich fest oder tausche mich mit meinen Kolleginnen und Kollegen über die Rückmeldeergebnisse aus.

E Ich kann Evaluationsergebnisse auswerten, interpretieren und in den eigenen Unterricht zurückführen.

Mein aktueller Standort:
Wenn ich an eine typische Arbeitswoche denke, ...
    kann ich schriftliche Evaluationsergebnisse angemessen auswerten.
    beteilige ich die Schülerinnen und Schüler meiner Klassen an der Interpretation von unterrichtsbezogenen Evaluationsdaten.

So kann es gehen:
- Ich rege den kollegialen Austausch über die Evaluationsergebnisse (z. B. in Fachkonferenzen) an oder beteilige mich daran.
- Ich arbeite eindeutige Positionen, die in den Evaluationsergebnissen ersichtlich werden, heraus und formuliere Hypothesen zur schulischen Situation.
- Ich vereinbare gemeinsam mit meinen Schülerinnen und Schülern Maßnahmen für die zukünftige Unterrichtsgestaltung (z. B. Einführung neuer Klassenregeln).

F Ich kann auf der Grundlage interner und externer Evaluationsergebnisse sowie aktueller fachdidaktischer und pädagogischer Diskurse Schul- und Unterrichtsentwicklung mitgestalten.

Mein aktueller Standort:
Wenn ich an eine typische Arbeitswoche denke, ...
    bin ich bereit, unterrichtliche und schulische Prozesse datengestützt zu reflektieren,
    verfüge ich über Kenntnisse und Fähigkeiten hinsichtlich der Planung und Durchführung schulinterner Evaluationsverfahren.
    teile ich ein konstruktivistisches Verständnis von Evaluation.

So kann es gehen:
- Ich rege die Einrichtung von Zeit- und Gruppenstrukturen zur aktiven Auseinandersetzung mit Evaluationsvorhaben an bzw. beteiligte mich an diesen.
- Ich nehme Schulungsangebote zur Planung, Durchführung und Auswertung von schulinternen Evaluationsverfahren wahr.

6. Schlussbemerkung

Zielsetzung dieses Buches ist es, mit einem Kompetenzraster für Lehrende ein Instrument vorzustellen, welches Auskunft darüber gibt, was einzelne Lehrkräfte schon können und als nächsten Schritt optimieren könnten. Dies kann unserer Meinung nach ein kleiner Beitrag zur Professionalisierung von angehenden, aber auch erfahrenen Lehrkräften sein.
Hinter dieser Intention steht das *Kompetenzorientierte Lernen*. Zu Beginn dieses Buches wurde dieses kompetenzorientierte Lernverständnis dargestellt. Die Bedeutung für den Unterricht und für die Lehrerausbildung ist kurz skizziert worden. Sie machte deutlich, wie mit einem Kompetenzraster umgegangen werden kann; im Anschluss daran wurde das konkrete Kompetenzraster dargestellt. Der Hauptteil des Buches bestand aus kurzen erläuternden Texten zu den einzelnen Kompetenzstufen und Checklisten zur Reflexion über den Stand des Könnens.

Die Ausführungen machten deutlich, dass Kompetenzraster das kompetenzorientierte Lernen effektiv fördern, indem sie den individuellen Lernstand verdeutlichen und zur Festlegung von Zielen herausfordern. Das vorliegende Kompetenzraster kann unseres Erachtens wirksames Mittel zur Umsetzung der Lehrerbildungsstandards der Kultusministerkonferenz darstellen. Somit dienen sie auch dem selbstgesteuerten Lernen. Im Dialog zwischen Ausbilder und Referendar, aber auch in der Lehrerfortbildung, können sich mögliche Lernwege erschließen.

Der Begriff des ‚Kompetenzrasters' ist sicherlich ein nicht umstrittener Begriff, da mit Rastern häufig eine Vereinheitlichung von Entwicklungen und wenig flexiblen Lehr- und Lernformaten verbunden wird. Dagegen sind wir der festen Überzeugung, dass das hier vorgelegte Kompetenzraster zur eigenen Standortbestimmung dienen kann, aus der dann individuelle Professionalisierungschritte begangen werden.

Wir wünschen unserem Buch selbstbestimmte Leser bzw. Lerner, die angeregt durch die Kompetenzraster neue Wege in dem für uns schönsten Beruf der Welt, dem Lehrersein, gehen.